Abhandlungen der Sächsischen Akademie der Wissenschaften zu Leipzig · Philologisch-historische Klasse · Band 85 · Heft 6

# *Neuhes wyssen* – Quellen und Forschungen zur Kirchenpolitik Kurfürst Friedrichs und Herzog Johanns von Sachsen um 1520

### Herausgegeben von Armin Kohnle, Beate Kusche und Manfred Rudersdorf

Sächsische Akademie der Wissenschaften zu Leipzig · In Kommission bei S. Hirzel Stuttgart

Diese Publikation wird mitfinanziert durch Steuermittel auf der Grundlage
des vom Sächsischen Landtag beschlossenen Haushalts.

Herausgeber:
Prof. Dr. Armin Kohnle, Sächsische Akademie der Wissenschaften zu Leipzig,
Karl-Tauchnitz-Straße 1, 04107 Leipzig

Dr. Beate Kusche, Sächsische Akademie der Wissenschaften zu Leipzig,
Karl-Tauchnitz-Straße 1, 04107 Leipzig

Prof. Dr. Manfred Rudersdorf, Sächsische Akademie der Wissenschaften zu Leipzig,
Karl-Tauchnitz-Straße 1, 04107 Leipzig

Mit 9 Abbildungen

In der Plenarsitzung Drucklegung beschlossen und Manuskript eingereicht am 20.12.2023
Druckfertig erklärt am 07.03.2024

Bibliografische Information der Deutschen Nationalbibliothek

Die Deutsche Nationalbibliothek verzeichnet diese Publikation in der Deutschen
Nationalbibliographie; detaillierte bibliographische Daten sind im Internet
über <http://dnb.d-nb.de> abrufbar.

ISBN (Print): 978-3-7776-3537-8
ISBN (E-Book): 978-3-7776-3539-2

Jede Verwertung des Werkes außerhalb der Grenzen des Urheberrechtsgesetzes ist unzulässig und
strafbar. Dies gilt insbesondere für Übersetzung, Nachdruck, Mikroverfilmung oder vergleichbare
Verfahren sowie für die Speicherung in Datenverarbeitungsanlagen.
© 2024 Sächsische Akademie der Wissenschaften zu Leipzig
Vertrieb: S. Hirzel Verlag Stuttgart
Satz: Claudia Hollstein, Sächsische Akademie der Wissenschaften zu Leipzig
Druck: Beltz Grafische Betriebe GmbH, Bad Langensalza
Printed in Germany

# Inhalt

Vorwort . . . . . . . . . . . . . . . . . . . . . . . . . . . . . . . . . . . . . . 7

MANFRED RUDERSDORF
Die Friedrich-und-Johann-Edition 1513–1532. Einführung in Konzeption und Idee eines aktuellen Reformationsprojekts der Sächsischen Akademie der Wissenschaften . . 9

BEATE KUSCHE
*Sich eines ausschreibens halben vereinigen* – Neue Quellen zu den wettinischen Landesordnungen gegen Gotteslästerung . . . . . . . . . . . . . . . . . . . . . . 19

KONSTANTIN ENGE
Zwischen Engagement und Distanz. Friedrich der Weise und die Leipziger Disputation . . . . . . . . . . . . . . . . . . . . . . . . . . . . . . . . . . . . 41

ULRIKE LUDWIG
*Das können wir schwerlich ohne euer lieb zutun vollenden* – Zur Umsetzung des Regimentsmandats vom Januar 1522 durch die Bischöfe von Meißen und Merseburg in Kursachsen . . . . . . . . . . . . . . . . . . . . . . . . . . . . . . . . . . 59

SASKIA JÄHNIGEN
*Dergleychen der monch zu Machern sein geystlich claydt abgelegt* – Klosteraustritte und ehemalige Mönche in den frühen Reformationsjahren im Kurfürstentum Sachsen . . . . . . . . . . . . . . . . . . . . . . . . . . . . . . . . . . . . . 87

ALEXANDER BARTMUSS
Alte Briefe in neuer Zeit. Möglichkeiten und Grenzen der Edition frühneuzeitlicher Briefe mit digitalen Hilfsmitteln . . . . . . . . . . . . . . . . . . . . . . . . . 111

Autorinnen- und Autorenverzeichnis . . . . . . . . . . . . . . . . . . . . . . . 125
Personen- und Ortsregister . . . . . . . . . . . . . . . . . . . . . . . . . . . . 127

Professor Dr. Heiner Lück

zum 70. Geburtstag

# Vorwort

Das von Bund und Ländern finanzierte Akademienprogramm fördert seit über 40 Jahren geisteswissenschaftliche Projekte, die von einer der acht in Deutschland ansässigen Wissenschaftsakademien betreut werden. Erklärtes Ziel der zwischen zwölf und 25 Jahre laufenden Forschungsvorhaben sind die »Erschließung, Sicherung und Erforschung weltweiter kultureller Überlieferungen«. Den mit Abstand größten Anteil an den deutschlandweit 131 Projekten haben die (Stand 2023) 110 Editionen, die wichtige Beiträge zur Grundlagenforschung in ihren jeweiligen Fächern liefern. In diese Reihe fügt sich auch das an der Sächsischen Akademie der Wissenschaften zu Leipzig angesiedelte Vorhaben »Briefe und Akten zur Kirchenpolitik Friedrichs des Weisen und Johanns des Beständigen. Reformation im Kontext frühneuzeitlicher Staatswerdung« (BAKFJ). Es verbindet Fragestellungen der allgemeinen Geschichte mit denen der Kirchengeschichte. Die Mitarbeiterinnen und Mitarbeiter haben ihre Wurzeln annähernd paritätisch in der Geschichtswissenschaft und in der Theologie.

Der vorliegende Band der Abhandlungen der SAW verfolgt das Ziel, einige Ergebnisse der 2017 und 2022 erschienenen Bände 1 und 2 der Friedrich-und-Johann-Edition einer breiteren Öffentlichkeit zu präsentieren und zugleich Perspektiven für die Auswertung des immensen Schatzes an neu entdeckten oder zuverlässiger edierten Texten aufzuzeigen. Editionsprojekte aus dem Bereich der Reformationsgeschichte gehören – entsprechend ihrer Funktion als mitteldeutscher, für die Bundesländer Sachsen, Sachsen-Anhalt und Thüringen zuständiger Akademie – seit Jahrzehnten zur Spezialität der SAW. Das Wechselverhältnis von fürstlicher Politik und kirchlich-reformatorischer Herausforderung während der ersten Hälfte des 16. Jahrhunderts stand in Leipziger Akademieprojekten immer wieder im Mittelpunkt. Zu erinnern ist an die sechsbändige Ausgabe der Politischen Korrespondenz des Herzogs und Kurfürsten Moritz von Sachsen, die vierbändige Ausgabe der Akten und Briefe zur Kirchenpolitik Herzog Georgs von Sachsen und die dreibändige Gesamtausgabe der Schriften und Briefe Thomas Müntzers. Im Beitrag von *Manfred Rudersdorf* wird die Friedrich-und-Johann-Edition in diese bis in das Kaiserreich zurückreichenden Leipziger Traditionslinien eingeordnet und nach inhaltlicher Zielsetzung und Struktur näher vorgestellt.

Die Zeiten rein analoger Editionsarbeit gehören der Vergangenheit an, obwohl das gedruckte Buch nach wie vor ein unverzichtbares Medium der Verbreitung und langfristigen Sicherung von Forschungsergebnissen darstellt. Die Friedrich-und-Johann-Edition, die im Jahr 2014 ihre Arbeit aufnahm, war eines der ersten Großprojekte seiner Art, das von Anfang an auf eine hybride Textpräsentation im Internet und im Druck setzte. Die technischen Voraussetzungen dafür mussten allerdings erst geschaffen und mit dem Fortschreiten der Editionsarbeit weiterentwickelt werden. Der Beitrag von *Alexander Bartmuß* rückt die im Projekt genutzte virtuelle Forschungsumgebung FuD in die Geschichte der elektronischen Datenverarbeitung ein und zeigt den Weg auf, der von der archivalischen Erschließung und editorischen Aufarbeitung zur Präsentation in FuD und schließlich zum gedruckten Buch führt.

Vier Beiträge des vorliegenden Bandes greifen inhaltliche Fragen heraus, die mit den in BAKFJ 1 und 2 edierten Materialien auf teilweise neuer und viel breiterer Quellengrundlage bearbeitet werden können, als dies bisher der Fall war. *Beate Kusche* behandelt die landesherrlichen Mandate gegen Gotteslästerung, die im mitteldeutschen Kontext bisher kaum einmal beachtet wurden. Die im Mittelpunkt stehenden Ausschreiben der wettinischen Fürsten gegen Blasphemie aus dem Juni 1513 verweisen zugleich auf die Tatsache, dass die Friedrich-und-Johann-Edition bereits in den Jahren vor der Reformation einsetzt, um die Transformation der ernestinischen Kirchenpolitik durch das Auftreten Luthers nachvollziehen zu können. *Konstantin Enge* analysiert die Politik Friedrichs des Weisen am Beispiel eines Meilensteins der mitteldeutschen wie der allgemeinen Reformationsgeschichte, der Leipziger Disputation im Sommer 1519. Wie stark der Kurfürst in die Leipziger Vorgänge involviert war, war bisher kaum bekannt. Das gegen die Ausbreitung der Reformation gerichtete Handeln der Bischöfe von Meißen und Merseburg im Jahr 1522 ist in der Forschung zwar immer wieder einmal behandelt worden, aber erst die Erschließung neuer Texte in BAKFJ 2 eröffnet die Möglichkeit zu einer detaillierten und lückenlosen Analyse des fürstlichen Handelns gegenüber den Bischöfen. Wie *Ulrike Ludwig* in ihrem Beitrag zeigen kann, sprachen Kurfürst Friedrich und sein Bruder Herzog Johann jeden Schritt miteinander ab und entwickelten dabei die besondere Form einer Politik der Nichteinmischung bei gleichzeitiger passiver Verhinderung von Maßnahmen gegen die Reformation. Der Beitrag von *Saskia Jähnigen* behandelt keinen bestimmten Punkt der ernestinischen Kirchenpolitik, sondern die über Jahre anwachsende Welle der Austritte von Mönchen und Nonnen aus ihren Klöstern. Vor 1525 stellte sich die Frage nach der Versorgung der Ordenspersonen, die ihr Kloster verlassen hatten, ein Problem, das erst nach 1525 durch Auflösung der Klöster gelöst wurde. Zu diesem Schritt war Friedrich der Weise noch nicht bereit, während sein Bruder sich diesem Problem bereitwilliger öffnete.

Mehr als Schlaglichter und exemplarische Studien zu ausgewählten Themen können und wollen die inhaltlichen Beiträge zum vorliegenden Band nicht sein. Sie machen aber deutlich, dass die Geschichte der frühen Reformation in Mitteldeutschland ohne die Friedrich-und-Johann-Edition künftig nicht mehr erforscht werden kann. Die Bände 1 und 2 sowie der voraussichtlich 2025 erscheinende 3. Band bieten Quellen zu den unterschiedlichsten Aspekten der Geschichte der Wittenberger Reformation. Wenn der vorliegende Band dazu beiträgt, die Edition in der Fachwelt und darüber hinaus bekannter zu machen und neue Studien anzuregen, hat er seinen Zweck erfüllt.

Wir widmen Herrn Professor Dr. Heiner Lück, dem Vorsitzenden der projektbegleitenden Kommission und engagierten Ratgeber der Edition, diesen Band als Zeichen des Dankes und der Wertschätzung zum 70. Geburtstag am 22. Mai 2024.

Leipzig, im Oktober 2023
Armin Kohnle

Manfred Rudersdorf

# Die Friedrich-und-Johann-Edition 1513–1532

## Einführung in Konzeption und Idee eines aktuellen Reformationsprojekts der Sächsischen Akademie der Wissenschaften[1]

Meine sehr verehrten Damen und Herren,
liebe Mitarbeiter und Mitarbeiterinnen,

Anlass des heutigen Workshops ist das aktuelle Erscheinen von Band 2 unserer Friedrich-und-Johann-Edition: Band 1, erschienen 2017, umfasst die Jahre 1513 bis 1517 mit 658 Nummern[2]; Band 2, erschienen 2022, umfasst den Zeitraum von 1518 bis 1522 mit 1102 Nummern.[3]

In der Summe sind dies 1760 bearbeitete, regestierte und edierte Stücke. Allein die numerische Anzahl der Quellenstücke offenbart das Ausmaß der exorbitanten Überlieferungsdichte für die Anfangsjahre der Reformation in Kursachsen. Die Edition der »Briefe und Akten« erscheint in einer gedruckten und in einer elektronischen Ausgabe – sie wird also hybrid bearbeitet und veröffentlicht.

Eine Edition, die diesen zentralen Zeitraum im Ursprungsland der Reformation, im ernestinischen Kursachsen, abdeckt, gab es bislang nicht. Insofern stellt unsere Edition auch einen bedeutenden wissenschaftlichen Markstein weit über den zeitlichen Rahmen der großen Luther- und Reformationsdekade dar, die mit dem Jubiläumsjahr 2017 ihren ersten großen Höhepunkt erreicht hatte: 500 Jahre Martin Luther und Wittenberger Reformation. Wenn Sie so wollen, war 1517 das Startjahr für einen fundamentalen Wandel in der lateinischen Christenheit, der nicht nur in der Kirche, sondern auch in der säkula-

---

[1] Im Text ist die Form des Vortrages beibehalten worden, der den Workshop »Neuhes wyssen« des Projektes »Briefe und Akten zur Kirchenpolitik Friedrichs des Weisen und Johanns des Beständigen 1513 bis 1532. Reformation im Kontext frühneuzeitlicher Staatswerdung« am 15. November 2022 in der Sächsischen Akademie der Wissenschaften zu Leipzig einleitete.

[2] Briefe und Akten zur Kirchenpolitik Friedrichs des Weisen und Johanns des Beständigen 1513 bis 1532. Reformation im Kontext frühneuzeitlicher Staatswerdung, Bd. 1: 1513–1517, hrsg. von Armin Kohnle / Manfred Rudersdorf, bearb. von Stefan Michel / Beate Kusche / Ulrike Ludwig unter Mitarb. von Vasily Arslanov / Alexander Bartmuß / Konstantin Enge, Leipzig 2017.

[3] Briefe und Akten zur Kirchenpolitik Friedrichs des Weisen und Johanns des Beständigen 1513 bis 1532. Reformation im Kontext frühneuzeitlicher Staatswerdung, Bd. 2: 1518–1522 (im Folgenden: BAKFJ 2), hrsg. von Armin Kohnle / Manfred Rudersdorf, bearb. von Stefan Michel / Beate Kusche / Ulrike Ludwig / Konstantin Enge / Dagmar Blaha / Alexander Bartmuß unter Mitarb. von Saskia Jähnigen / Steven Bickel, Leipzig 2022.

ren Ständegesellschaft des Reichs und seiner europäischen Anrainer strukturelle geistes- und religionspolitische Spuren hinterließ.[4]

Friedrich der Weise (1486–1525) und Johann der Beständige (1525–1532), die beiden Brüder, die hintereinander Kurfürsten im ernestinischen Kursachsen waren, waren bekanntlich die entscheidenden Schlüsselgestalten, die für Inhalt, Form und Umsetzung des kirchlichen Erneuerungsprozesses die Verantwortung trugen, die zudem den politischen Rahmen schufen, innerhalb dessen sich der kirchliche Wandel Schritt für Schritt vollzog – die Abkehr von Rom und die Gestaltung der lutherischen Landeskirche im sächsischen Kurterritorium als Vorbild und Orientierung für andere Territorien.

Kurfürst Friedrich stand für einen moderaten Kurs in der Territorial- und Reichspolitik, er war ein defensiver und ausgleichender Reichsreformer, war Gründer der Wittenberger Universität 1502, der Leucorea. Noch weitgehend traditionell verankert in der Alten Kirche (siehe etwa seine ausgeprägte Heiltumspolitik), zeigte er sich aufgeschlossen für die neuen Formen humanistischer Geistigkeit in Bildung und Lehre. Als Beschützer und Protektor Luthers hielt er während der evangelischen Bewegung nach 1517/1521 bis zu seinem Tod 1525 die Hand über seinen berühmt gewordenen Wittenberger Universitätsprofessor, der sich ständig steigender Anfeindungen von der altgläubigen Seite ausgesetzt sah. 1519 hätte Friedrich, so darf man vermuten, auf dem Wahltag in Frankfurt am Main römisch-deutscher König werden können, wenn er es wirklich gewollt und gegenüber den Kurfürsten offensiv vertreten hätte. Seine Klugheit und Weitsicht hielten ihn davon ab, gegen den territorial und machtpolitisch übermächtigen habsburgischen Kandidaten König Karl I. von Spanien anzutreten.[5]

Kurfürst Johann bewährte sich als aktiver Fortsetzer und eigentlicher Vollender der lutherischen Reformation im Land, als politischer Verteidiger der evangelischen Lehre auf den Reichstagen 1526, 1529 und 1530 sowie als Mitbegründer des Schmalkaldischen Bundes zum Schutz des Augsburger Bekenntnisses und der evangelisch gewordenen Standesgenossen gegen die Phalanx des Widerstandes der altgläubigen, geistlichen wie weltlichen Mehrheitsseite.[6]

Unser Editionsprojekt, die sogenannte Friedrich-und-Johann-Edition, kann also mit gutem Recht einen hohen Stellenwert als wichtige Quellensammlung für die Entstehung und frühe Ausbreitung der Reformation in Deutschland beanspruchen – neben den sich parallel entfaltenden protestantischen Bewegungen in der Schweizer Eidgenossenschaft, zunächst in Zürich mit Huldrych Zwingli, später dann in Genf mit Jean Calvin.

Unser Projekt steht in einer Reihe großer anderer philologisch-historischer Akteneditionsprojekte, die in den vergangenen Jahrzehnten das Profil der Sächsischen Akademie

---

4 Vgl. exemplarisch die Beiträge in: Die Reformation. Fürsten – Höfe – Räume, hrsg. von Armin Kohnle/Manfred Rudersdorf unter Mitarb. von Marie Ulrike Jaros (Quellen und Forschungen zur sächsischen Geschichte, 42), Leipzig/Stuttgart 2017.
5 Kurfürst Friedrich der Weise von Sachsen (1463–1525). Beiträge zur Wissenschaftlichen Tagung vom 4. bis 6. Juli 2014 auf Schloss Hartenfels in Torgau, im Auftrag der Staatlichen Kunstsammlungen Dresden hrsg. von Dirk Syndram/Yvonne Fritz/Doreen Zerbe, Dresden 2014.
6 Doreen von OERTZEN BECKER, Kurfürst Johann der Beständige und die Reformation (1513–1532). Kirchenpolitik zwischen Friedrich dem Weisen und Johann Friedrich dem Großmütigen (Quellen und Forschungen zu Thüringen im Zeitalter der Reformation, 7), Wien/Weimar/Köln 2017.

der Wissenschaften in Leipzig in besonderer Weise empirisch-wissenschaftlich geprägt haben. Hinzuweisen ist in diesem Zusammenhang auf die im Jahr 2006 abgeschlossene sechsbändige Edition der *Politischen Korrespondenz des Herzogs und Kurfürsten Moritz von Sachsen*[7], auf das 2012 abgeschlossene, vier Bände umfassende Editionsprojekt der *Akten und Briefe zur Kirchenpolitik Herzog Georgs von Sachsen*[8] sowie auf die 2017 in drei Bänden fertiggestellte *Thomas-Müntzer-Ausgabe*[9], an der auch Armin Kohnle tatkräftig mitgewirkt hat. Alle drei großen Editionswerke, die in dem übergreifenden Projekt »Quellen und Forschungen zur sächsischen Geschichte« vereint waren, geleitet von dem Akademiemitglied Helmar Junghans, haben den reformationsgeschichtlichen Forschungsdiskurs unzweifelhaft bereichert und sich als besonders wertvoll und weiterführend erwiesen.

Der historische Bogen der vielen Bearbeiter spannt sich von den Anfängen im Wilhelminischen Kaiserreich mit Erich Brandenburg und Felician Geß bis hin zum Kreis der Leipziger Editoren in unserer Zeit Armin Kohnle, Johannes Herrmann, Heiko Jadatz, Christian Winter und nicht zuletzt dem früh verstorbenen Günther Wartenberg, dessen reformationsgeschichtliche Beiträge unvergessen sind.

Allenfalls das andere alte Reformationsland der ersten Stunde, die Landgrafschaft Hessen, verfügt über eine annähernd ähnlich gute editorische Aufarbeitung seiner bewegten Reformationsgeschichte. Dafür stehen symbolisch die Namen Max Lenz, Walther Sohm, Günther Franz, Friedrich Küch und Walter Heinemeyer sowie zuletzt Jan Martin Lies.[10]

---

7 Politische Korrespondenz des Herzogs und Kurfürsten Moritz von Sachsen, Bd. 1 (bis Ende des Jahres 1543), hrsg. von Erich Brandenburg, Leipzig 1900 (Reprint 1982); Bd. 2 (bis zum Ende des Jahres 1546), hrsg. von Erich Brandenburg, Leipzig 1904 (Reprint 1983); Bd. 3 (1. Januar 1547–25. Mai 1548), bearb. von Johannes Herrmann/Günther Wartenberg, Berlin 1978; Bd. 4 (26. Mai 1548–8. Januar 1551), bearb. von Johannes Herrmann/Günther Wartenberg, Berlin 1992; Bd. 5 (9. Januar 1551–1. Mai 1552), hrsg. von Johannes Herrmann/Günther Wartenberg/Christian Winter, Berlin 1998; Bd. 6 (2. Mai 1552–11. Juli 1553), bearb. von Johannes Herrmann/Günther Wartenberg/Christian Winter, Berlin 2006.

8 Akten und Briefe zur Kirchenpolitik Herzog Georgs von Sachsen, Bd. 1: 1517–1524, hrsg. von Felician Geß, Leipzig 1905 (Reprint 1985); Bd. 2: 1525–1527, hrsg. von Felician Geß, Leipzig 1917 (Reprint 1985); Bd. 3: 1528–1534, hrsg. von Heiko Jadatz/Christian Winter, Köln/Weimar/Wien 2010; Bd. 4: 1535–1539, hrsg. von Heiko Jadatz/Christian Winter, Köln/Weimar/Wien 2012.

9 Thomas Müntzer – Kritische Gesamtausgabe, Bd. 1: Thomas Müntzers Schriften, Manuskripte und Notizen, hrsg. von Armin Kohnle/Eike Wolgast unter Mitarb. von Vasily Arslanov/Alexander Bartmuß/Christine Haustein, Leipzig 2017; Bd. 2: Briefwechsel, bearb. von Siegfried Bräuer/Manfred Kobuch, Leipzig 2010; Bd. 3: Quellen zu Thomas Müntzer, bearb. von Wieland Held/Siegfried Hoyer, Leipzig 2004.

10 Urkundliche Quellen zur hessischen Reformationsgeschichte, Bd. 1: Territorium und Reformation in der hessischen Geschichte 1526–1555, bearb. von Walter Sohm (2. Auflage Günther Franz), Marburg ²1957; Bd. 2: 1525–1547, bearb. nach Walter Köhler/Walter Sohm/Theodor Sippell/Friedrich Wilhelm Schäfer von Günther Franz, Marburg 1954; Bd. 3: 1547–1567, bearb. nach Walter Köhler/Walter Sohm/Theodor Sippell/Friedrich Wilhelm Schäfer von Günther Franz/Eckhart G. Franz, Marburg 1955; Bd. 4: Wiedertäuferakten 1527–1626, bearb. nach Walter Köhler/Walter Sohm/Theodor Sippell von Günther Franz, Marburg 1951; Politisches Archiv des Landgrafen Philipp des Großmütigen von Hessen. Inventar der Bestände, Bde. 1–2, bearb. von Friedrich Küch,

Die von uns vorgelegten ersten beiden Bände der Friedrich-und-Johann-Edition unterstreichen also ohne Zweifel den hohen wissenschaftlichen Stellenwert, den die Reformationsforschung in der langen Tradition der Leipziger Editionspraxis beanspruchen darf.

Ziel des von uns bearbeiteten Projektes ist es, für die Konstitution des frühneuzeitlichen lutherischen Territorialstaates exemplarisch eine geschlossene Quellenüberlieferung zu erstellen, die den modernen Maßstäben vergleichbarer Editionen standhält. Eine solche editorische Ausgabe stellt bislang ein Desiderat für die Geschichte der frühen Reformation dar – für das ernestinische Kursachsen, aber auch für andere Reichsterritorien generell – und stößt unmittelbar in das Zentrum der derzeitigen Fragestellungen reformationsgeschichtlicher Forschungen vor.

Unter den Kurfürsten Friedrich und Johann begann – strukturell und zeitlich gesehen – die reichs- und europaweit ausstrahlende reformatorische Bewegung mit dem Epochenjahr 1517. Darüber hinaus kann in der Regierungszeit Johanns des Beständigen nach 1525, also nach der Niederschlagung des Bauernkriegs, der Übergang von der Phase der fließenden evangelischen Bewegung in den städtischen Kommunen in die Phase einer geregelten und institutionalisierten obrigkeitlichen Reformation dokumentiert werden.

Die Reihenfolge im Titel unserer Edition »Briefe und Akten« ist bewusst gewählt, weil die Kirchenpolitik der beiden ernestinischen Reformationsfürsten zu einem erheblichen Teil in Korrespondenzen und Anordnungen zu fassen ist. Gleichwohl soll das Augenmerk genauso auf die Frage gelegt werden, wie eng die kirchliche Reformationseinführung und die säkulare Staatswerdung im Kurfürstentum miteinander verschränkt waren und sich gegenseitig förderten und bedingten.

Konfessionalisierung und Säkularisierung entwickelten sich in der Folge zu bestimmenden politisch-geistigen Leitplanken der Epoche und zu prägenden Kraftfeldern der gesellschaftlichen Entwicklung im 16. und 17. Jahrhundert. Denn: Die Reformation war beileibe nicht nur ein theologisches Ereignis – dies war sie von ihrem Anspruch her natürlich zuerst –, sondern sie war von Beginn an auch eng mit den Fragen politischer Herrschaft und staatlicher Administration verbunden. In besonderer Weise steht hierfür das wirkungsstarke Kurfürstentum Sachsen, das aufgrund seiner Stellung als Ausgangsland der Reformation zum paradigmatischen, vielfach nachgeahmten Modell der Durchführung von Reformation in anderen Territorien im Reich und in Europa wurde.[11]

Die Wittenberger Reformation und die gestaltend eingreifende Kirchenpolitik der ernestinischen Herrscher bieten den besonderen Glücksfall, dass auf der Basis einer dichten Überlieferung Prozesse von grundsätzlicher Relevanz eruiert und nachvollzogen werden können.

Die vorreformatorische Kirchenpolitik der Fürsten, Friedrichs des Weisen und seines

---

Leipzig 1904–1910; Politisches Archiv des Landgrafen Philipp des Großmütigen von Hessen. Inventar seiner Bestände, Bde. 3–4, bearb. von Walter Heinemeyer, Marburg 1954–1959; Briefwechsel Landgraf Philipps des Großmütigen von Hessen mit Bucer, Teile 1–3, hrsg. von Max Lenz, Leipzig 1880–1891; Dokumente zu den politischen Beziehungen Philipps des Großmütigen von Hessen zum Haus Habsburg 1528–1541, bearb. und hrsg. von Jan Martin Lies, Marburg 2014.

11 Vgl. exemplarisch: Das Jahrhundert der Reformation in Sachsen, hrsg. von Helmar Junghans, Leipzig ²2005.

jüngeren Bruders Johanns des Beständigen, im ersten Band für die Jahre 1513 bis 1517 umfassend zu dokumentieren, ist unerlässlich, um Kontinuitäten und Brüche in ihrem kirchenpolitischen Handeln über das Epochenjahr 1517 hinweg abzubilden. Daher setzt die Edition mit dem Jahr der Mutschierung, der inneren Landesteilung unter den beiden Brüdern, ein, das heißt im Jahre 1513.

Schon die Quellen in Band 2 zeigen, wie nachhaltig in den Anfangsjahren der Reformation die administrative Durchdringung von kirchlicher Erneuerung, fürstlicher Mitgestaltung und territorialen Rahmenbedingungen auf den Wandel, auf das Transformationsgeschehen in Politik, Verwaltung und ständischer Gesellschaft des ernestinischen Territoriums eingewirkt hat.

Die Auswertung der Quellen für den genannten Zeitraum demonstriert sehr anschaulich, wie einflussreich die enge Korrespondenz und damit der Verständigungswille zwischen den beiden Brüdern in der langen Inkubationsphase vor der Durchsetzung der obrigkeitlich bestimmten Reformation nach 1525/26 waren.

Was also vermag der neue Band 2 der Edition im Wesentlichen zu zeigen? Er vermag beispielhaft zu zeigen, wie die ernestinische Politik auf das weichenstellende Geschehen der Reichstage in Worms 1521 und in Nürnberg 1522, auf die Verurteilung Martin Luthers als Ketzer, auf das Wormser Edikt und seine reichsweit gravierenden Konsequenzen reagiert hat, wie das Räderwerk der territorialen Kirchenpolitik, ausgehend von Hof, Kanzlei und Universität Wittenberg, raumgreifend auf die starke Einbindung der kirchlichen und weltlichen Amtsträger in Stadt und Land Einfluss genommen hat, wer angeschrieben und angesprochen wurde und wer wann mit welchen Argumenten darauf reagiert hat oder auch nicht.

Anhand der Dokumente kann nachgewiesen werden, wie die Konfrontation zwischen geistlicher Gerichtsbarkeit und weltlichem Recht zur allmählichen Zurückdrängung der traditionellen Jurisdiktionsgewalt der Bischöfe in Meißen, Merseburg und Naumburg-Zeitz sowie im Bistum Brandenburg führte (zu dessen Sprengel Wittenberg gehörte), in welchen Formen also die jahrhundertealte Herrschaftspraxis der römischen Kleriker-, Priester- und Prälatenelite überwunden wurde und was an neuem, gleichsam evangelischem Potential, an Akzeptanz und normativer Organisationskraft seelsorge- und heilsvermittelnd an deren Stelle trat.

Prägend für die stadtbürgerliche Szene im Gravitationszentrum Wittenberg waren die Auseinandersetzungen um die päpstliche Bannbulle *Exsurge Domine* im Jahr 1520, die Gegner und Verteidiger Luthers gleichermaßen auf den Plan riefen und die zeitweise zu Unruhen an der Universität und unter den städtischen Eliten im Kurfürstentum führten.[12]

Der Gegensatz zwischen der altgläubigen Kirchenpolitik im albertinischen Herzogtum Sachsen und der zwischen Gewährenlassen und reformerischem Impetus angesiedelten Politik der ernestinischen Brüder im Kurfürstentum Sachsen deutete die unversöhnlichen Differenzen der religionspolitischen Entwicklung im wettinischen Herrschaftsverband bereits frühzeitig an – auf der albertinischen Seite der konsequent

---

12 Vgl. dazu aus der Perspektive der Universität insbesondere die neue Gesamtgeschichte von Heiner Lück, Alma Leucorea. Eine Geschichte der Universität Wittenberg 1502 bis 1817, Halle an der Saale 2020, hier S. 27–119.

altgläubig gebliebene, romtreue Herzog Georg (bis zu seinem Tod 1539), auf der ernestinischen Seite der kontrastierende, nahezu irreversible Sog zur evangelischen Kirchenerneuerung und damit zur Distanzierung von der Hierarchie der römischen Papstkirche und deren traditionsbeladener Dogmenarchitektur.[13]

Summarisch lassen sich acht inhaltliche Punkte benennen, die aus der Auswertung von Band 2 resultieren und besondere Relevanz für die aktuelle reformationsgeschichtliche Diskussion aufzeigen:

1. Der Fokus liegt in den edierten Quellen nicht nur auf der Person Martin Luthers oder der Wittenberger Reformation im engeren Sinn, sondern auf der praxeologischen alltäglichen Ausrichtung, den grundsätzlichen Linien der kursächsischen Kirchenpolitik.
2. Von weltweiter reformatorischer Bedeutung und Ausstrahlung ist Luthers Bibelübersetzung auf der Wartburg, die Präsentation des Neuen Testaments nach seiner Rückkehr nach Wittenberg im Jahr 1522.
3. Immer wichtiger wird nach 1517/1521 die Lutherschutzpolitik Friedrichs des Weisen im eigenen Territorium und in der Beobachtung durch die Standesgenossen im Reich.
4. Immer deutlicher wird der gestalterische Anteil der administrativen Funktionseliten an der kursächsischen Kirchenpolitik; besonders wichtig ist die Rolle des Sekretärs Georg Spalatin als Ratgeber und Kommunikator in unmittelbarer Nähe zum Kurfürsten.
5. Die Position Herzog Johanns in Weimar, des jüngeren Bruders Friedrichs, ist von großer Bedeutung und darf in der Zeit vor 1525 nicht unterschätzt werden, besonders sein ausgeprägter konsensorientierter Verständigungswille mit dem älteren Bruder sticht hervor.
6. Die Manifestationen der urbanen reformatorischen Bewegung in Kursachsen bestimmen immer mehr das geistige Klima, die Religion und die Politik des kurfürstlichen Hofes.
7. Die Klöster als alte geistliche Kommunitäten im Herrschaftsbereich der Ernestiner stehen im Mittelpunkt des kirchenpolitischen Handelns, besonders die ersten Austritte von Mönchen werden schon früh gemeldet und führen zu Debatten.
8. Ebenso relevant für die hohe Politik werden die rechtlichen Konflikte um Patronatsrechte, Pfarreibesetzungen und erstmals postulierte evangelische Priesterheiraten – insgesamt also keineswegs kleinteilige Vorgänge, die über Kursachsen hinaus große Beachtung finden.

Auf einige dieser genannten Schwerpunkte werden die heutigen Referenten in ihren Beiträgen gleich noch näher eingehen.

---

13 Siehe hierzu die vergleichende Studie von Christoph VOLKMAR, Reform statt Reformation. Die Kirchenpolitik Herzog Georgs von Sachsen 1488–1525 (Spätmittelalter, Humanismus, Reformation, 41), Tübingen 2008.

Stefan Michel hat in seiner Einleitung zu Band 2 die genannten Punkte luzide herausgearbeitet und mit vielen Belegen aus den Korrespondenzen angereichert.[14]

Die Masse der Quellen, der Briefe, der Dekrete, der Relationen nimmt im Bearbeitungszeitraum 1513 bis 1532 stetig zu. Von Jahr zu Jahr wird die Überlieferung dichter, umfangreicher und komplexer – das beginnende Aktenzeitalter, das Zeitalter der Bürokratisierung und der Verschriftlichung steht im 16. Jahrhundert ante portas und löst die jahrhundertelange Epoche des dominierenden Urkundenzeitalters ab, ohne dass die juristische Gattung der Urkunde als solcher darunter Schaden nimmt.[15]

Im Projekt sind die Mitarbeiter und Mitarbeiterinnen daher im steten Zugzwang, aus Kapazitäts- und Rationalitätsgründen eine strenge Selektion und inhaltliche Bewertung der Quellen vorzunehmen, mit anderen Worten auch mit Fingerspitzengespür den Mut zur Lücke zu haben. Nur die relevantesten Stücke oder solche, die neu entdeckt werden, bislang also unbekannt waren, werden im Wortlaut, andere in Regestenform präsentiert. Bei all dem muss aus praktischen Gründen immer das drucktechnische Limit für den Bandumfang im Printverfahren im Auge behalten werden.

Das Projekt ist angesiedelt bei der Philologisch-historischen Klasse der Sächsischen Akademie der Wissenschaften, in deren Plenarsaal der Workshop stattfindet.

Für die hervorragende Unterstützung und Gewährleistung unserer Arbeit in den Räumen der Akademie haben wir dem Präsidenten Prof. Dr. Hans Wiesmeth, dem Generalsekretär Dr. Christian Winter und dem Sekretar der Klasse Prof. Dr. Armin Kohnle, der gleichzeitig auch Projektleiter der Edition ist, sowie dem Vorsitzenden der projektbegleitenden Kommission Prof. Dr. Heiner Lück und allen anderen Mitgliedern der Kommission herzlich zu danken.

Der Dank gilt ebenso den hilfsbereiten Unterstützern im Thüringischen Hauptstaatsarchiv Weimar und im Sächsischen Hauptstaatsarchiv Dresden, wo der Großteil unserer Quellen seit alters her aufbewahrt wird. Die Betreuung in den Archiven und Bibliotheken, den großen Wissensspeichern unserer Zeit über die Jahrhunderte hinweg, empfinden wir als großartige Hilfe, ohne die ein Vorankommen mit der Editionsarbeit nur schwerlich vorstellbar wäre.

Für die Verlagerung aller Texte auf eine internetbasierte Plattform namens FuD sei den Mitarbeitern des Trier Center für Digital Humanities / Kompetenzzentrum für elektronische Erschließungs- und Publikationsverfahren in den Geisteswissenschaften an dieser Stelle ausdrücklich gedankt.

Schließlich sei auch die vertrauensvolle Zusammenarbeit mit Herrn Michael Hübner von der Sächsischen Akademie der Wissenschaften und Frau Dr. Annette Weidhas von der Evangelischen Verlagsanstalt in Leipzig dankend hervorgehoben, die für die reibungslose Drucklegung der Edition mit verantwortlich zeichnen. Dadurch wird gewährleistet, dass die Edition sowohl in Printfassung als Buch wie auch im Internet (*bakfj.saw-leipzig.de*) für die Forschung zugänglich gemacht ist.

---

14 Vgl. Stefan MICHEL, Einleitung, in: BAKFJ 2 (wie Anm. 3), S. 11–29.
15 Zu diesem Komplex vgl. insbesondere Beate KUSCHE, Handschreiben und Kanzleischreiben. Die Korrespondenz zwischen Kurfürst Friedrich und Herzog Georg von Sachsen, in: BAKFJ 2 (wie Anm. 3), S. 31–42.

Was aber wäre das Projekt wert, ohne die zuverlässige, vorbildliche und stets zielorientierte Editions- und Kommentierungsarbeit des bewährten Projektteams, das den Erfolg des Unternehmens auch in der Zukunft sicherstellen wird. Ohne das taktmäßige, kooperative Funktionieren innerhalb der Projektgruppe über die letzten Jahre, auch über die vielen entbehrungsreichen Wochenenden hinweg, wäre das schnelle Erscheinen der beiden ersten Bände wohl schwerlich möglich gewesen.

Inzwischen ist die Arbeit an Band 3 (1523 bis 1525) schon beträchtlich vorangeschritten. Der Band wird den gewaltigen Transformationsprozess dieser Jahre in Politik, Verwaltung und Kirche sowie im Bereich der Kultur, der Bildung und schulischen Ausbildung im Zeichen von Renaissance, Humanismus und reformatorischem Aufschwung widerspiegeln.

Herr Kohnle und ich als Projektleiter danken daher heute an dieser Stelle allen Mitwirkenden im Team sehr nachdrücklich, sehr respektvoll und vor allem öffentlichkeitswirksam für die zuverlässige und erfolgreiche Arbeit an der Edition:

– der Leiterin der Arbeitsstelle Frau Dr. Beate Kusche
– der wissenschaftlichen Mitarbeiterin Frau Dr. Ulrike Ludwig
– den wissenschaftlichen Mitarbeitern:
    • Herrn Dipl.-Theologen Konstantin Enge
    • Herrn Dipl.-Theologen Alexander Bartmuß
    • Herrn Lucas Wölbing M. A.

In diesen Dank ausdrücklich eingeschlossen ist selbstverständlich Herr PD Dr. Stefan Michel, der ehemalige jahrelange Leiter der Arbeitsstelle, der im August 2021 als Dozent an das Institut für Evangelische Theologie an der TU Dresden gewechselt ist. Herr Michel hat sich als Leiter der Arbeitsstelle organisatorisch wie fachlich-philologisch in jeder Hinsicht bewährt. Er bleibt dem Projekt auch nach seinem Wechsel als Kooperationspartner weiter verbunden, was wir sehr begrüßen.

Herr Bartmuß ist weiterhin professionell zuständig für die digitale Erfassung und Bearbeitung des Quellenmaterials in Form der oben angesprochenen Datenbank sowie für die Pflege und Aktualisierung der sehr informativen Homepage des Projekts, die ich jedem ans Herz legen möchte.

Frau Dagmar Blaha, der ehemaligen Direktorin des Weimarer Hauptstaatsarchiv, gilt unser anerkennender Dank für die tätige Mithilfe bei der Bearbeitung wichtiger Dokumente in Band 2.

Ihren Anteil an der Realisierung des zweiten Bandes haben natürlich auch die wissenschaftlichen Hilfskräfte Steven Bickel, Saskia Jähnigen und Anne Herzig ebenso die studentischen Hilfskräfte Aileen Friedrich, Anna-Katharina Lill, Julius Schilling, Marie Stühmeier, Lukas Haupt, Christine Milkau und Rahel Reichelt sowie Marion Bechtold-Mayer als wissenschaftliche Mitarbeiterin, die im Rahmen der akademischen Nachwuchsförderung von Zeit zu Zeit wertvolle Dienste zum Gelingen der Edition geleistet haben.

Ihnen allen gilt die Anerkennung der beiden Herausgeber Kohnle und Rudersdorf, die am Ende dieser Vorstellung der Hoffnung Ausdruck verleihen, dass das Engagement aller Beteiligten auch weiterhin anhaltend hoch und zielorientiert bleiben möge, ja, dass Band 2 der Friedrich-und-Johann-Edition, der heute aus gegebenem Anlass im Mittelpunkt des Workshops steht, der aktuellen reformationsgeschichtlichen Forschung neue Einsichten und neue weiterführende Impulse vermitteln möge, und zwar sowohl in theologie- und kirchen- wie auch in allgemeinhistorischer Perspektive.

Wenn Sie auf die nachfolgenden Beiträge schauen, sehen Sie, dass wir diesem Anspruch jetzt in mehreren forschungsorientierten Vorträgen mit jeweils anschließender Diskussion gerecht werden wollen. Auf hehre Worte sollen nun auch hehre Taten folgen. Lassen Sie uns also mit der Präsentation der Ergebnisse durch die Referenten und Referentinnen beginnen, wenn es nach mir geht, durchaus unter dem reformatorischen Diktum: *Verbum Dei manet in aeternum.*

BEATE KUSCHE

# *Sich eines ausschreibens halben vereinigen* – Neue Quellen zu den wettinischen Landesordnungen gegen Gotteslästerung

Kurfürst Friedrich und sein Bruder Herzog Johann regierten gemeinsam seit dem Tod ihres Vaters, Kurfürst Ernst von Sachsen, im Jahr 1486 Kursachsen. Auch die innere Landesteilung zwischen den beiden Wettinern ernestinischer Linie 1513 beendete nicht deren enge Abstimmung in Landes- und Reichsfragen. Mitten hinein in die fast täglich geführte, intensive und vertrauliche schriftliche sowie mündliche Kommunikation zwischen den Brüdern führt ein Schreiben Johanns an Friedrich vom 1. Dezember 1521, in dem sich Johann zu verschiedenen Angelegenheiten äußerte.[1] Ein Punkt betraf ein neues Ausschreiben gegen gotteslästerliches Fluchen. Ein solches wollte Johann in seinem und im Namen Friedrichs für ihre Herrschaftsgebiete – den Kurkreis um Wittenberg, Gebiete in Thüringen, Franken, dem Vogtland und im meißnischen Kreis – ausgehen lassen. Da im Austausch der beiden Fürsten abweichende Meinungen selten vorkamen, ist es durchaus bemerkenswert, dass Friedrich mit dem Anliegen Johanns nicht umgehend einverstanden war. Vielmehr verwies er auf ein älteres Ausschreiben wegen Fluchens und etlicher anderer Artikel, welches sie einst gemeinsam mit Herzog Georg von Sachsen aus der albertinischen Linie der Wettiner erlassen hatten. Durch die Verständigung mit dem regierenden Landesherrn des Herzogtums Sachsen galten die Bestimmungen der alten Ordnung zur Abwendung der Gotteslästerung im gesamten wettinischen Herrschaftsraum in Mitteldeutschland.[2] Explizit wünschte Kurfürst Friedrich nun Ende 1521, dass Herzog Georg wegen einer gemeinsamen Erneuerung des Ausschreibens angefragt wird. Noch ein weiterer Aspekt des Meinungsaustausches zwischen den Brüdern Friedrich und Johann ist ungewöhnlich: Während Friedrich in zahllosen anderen Angelegenheiten auf seine Unkenntnis und auf mehr Informationsbedarf für das Einleiten weiterer Schritte verwies, hatte er Johann in diesem speziellen Fall über dessen Kanzler Gregor

---

1 Briefe und Akten zur Kirchenpolitik Friedrichs des Weisen und Johanns des Beständigen 1513 bis 1532. Reformation im Kontext frühneuzeitlicher Staatswerdung, Bd. 2: 1518–1522 (im Folgenden: BAKFJ 2), hrsg. von Armin Kohnle/Manfred Rudersdorf, bearb. von Stefan Michel/Beate Kusche/Ulrike Ludwig/Konstantin Enge/Dagmar Blaha/Alexander Bartmuß, Leipzig 2022, S. 571, Nr. 1394.
2 Seit der 1485 in Leipzig beurkundeten Teilung des Kurfürstentums Sachsen gab es zwei Linien des Adelsgeschlechts der Wettiner, die Ernestiner (namensgebend war Kurfürst Ernst, gestorben 1486) und die Albertiner (namensgebend war der Bruder Kurfürst Ernsts, Herzog Albrecht, gestorben 1500), sowie zwei selbstständige Reichsfürstentümer, das ernestinische Kurfürstentum Sachsen und das albertinische Herzogtum Sachsen. Herzog Albrecht hatte 1485 die meißnischen Landesteile erhalten. In vielfacher Hinsicht blieben aber beide wettinischen Länder zugunsten des übergreifenden Einheitsgedankens der Dynastie rechtlich und territorial miteinander verzahnt. Vgl. Karlheinz BLASCHKE, Die wettinischen Länder von der Leipziger Teilung 1485 bis zum Naumburger Vertrag 1554. Karte und Beiheft (Atlas zur Geschichte und Landeskunde von Sachsen, C III 1), Leipzig/Dresden 2010.

Brück ausdrücklich ausrichten lassen, dass er sich des älteren Ausschreibens *noch wol zuerinnern wuste.*³

Im folgenden Beitrag soll im ersten Teil die Frage beantwortet werden, woran sich Kurfürst Friedrich 1521 so gut erinnern konnte. Danach werden im zweiten Teil der Kontext und die Verhandlungsergebnisse rund um das Vorhaben eines neuen Ausschreibens 1521/22 dargelegt.

Sowohl das Schreiben vom 1. Dezember 1521 als auch etliche weitere im Zusammenhang mit dem Vorhaben eines neuen Ausschreibens gegen Gotteslästerung stehende Schriftstücke, wie Briefe, Protokolle und Mandatsentwürfe, zählen zu dem neu gebotenen Quellenmaterial des im Sommer 2022 erschienenen zweiten Bandes des an der Sächsischen Akademie der Wissenschaften zu Leipzig angesiedelten Editionsprojektes »Briefe und Akten zur Kirchenpolitik Friedrichs des Weisen und Johanns des Beständigen 1513 bis 1532. Reformation im Kontext frühneuzeitlicher Staatswerdung«.⁴ Insgesamt – mit den Haupt- und Fußnotenstücken – bietet die Editionsreihe nun bereits weit über 2.000 Schriftstücke, die als Grundlage für weitere Forschungen zu unterschiedlichen Themen unter verschiedensten Fragestellungen und methodischen Zugängen genutzt werden können. Dank intensiver historisch-kritischer Editions- und wissenschaftlicher Forschungsarbeit kann ein erheblicher Erkenntnisgewinn erzielt werden – *neuhes wyssen*⁵ entstehen. Dies gilt zum Beispiel für das im Zentrum der folgenden Untersuchung stehende Thema Blasphemie (Gotteslästerung)⁶, das viel Potential für die Quellenrecherche, auch über die genannten Editionsbände hinaus, sowie zur überregionalen, epochenübergreifenden und interdisziplinären Auswertung bietet. Gesetze auf Reichs-

---

3   BAKFJ 2 (wie Anm. 1), S. 571, Nr. 1394.
4   Projektwebsite: bakfj.saw-leipzig.de. Bislang sind zwei Bände im Druck erschienen: Briefe und Akten zur Kirchenpolitik Friedrichs des Weisen und Johanns des Beständigen 1513 bis 1532. Reformation im Kontext frühneuzeitlicher Staatswerdung, Bd. 1: 1513–1517 (im Folgenden: BAKFJ 1), hrsg. von Armin Kohnle/Manfred Rudersdorf, bearb. von Stefan Michel/Beate Kusche/Ulrike Ludwig, Leipzig 2017; sowie BAKFJ 2 (wie Anm. 1).
5   Kurfürst Friedrich war ein wacher Geist. Unermüdlich war er an neuen Nachrichten aus ganz Europa, um die er häufig ausdrücklich bat, und damit an einem neuen Wissens- und Erkenntnisstand interessiert. Als Leitfaden diente dieses Ziel auch dem Workshop des Friedrich-und-Johann-Projektes »*neuhes wyssen* – Quellen und Forschungen zur Kirchenpolitik Kurfürst Friedrichs und Herzog Johanns von Sachsen um 1520«, der anlässlich des Erscheinens des zweiten Bandes der Edition am 15. November 2022 in der Sächsischen Akademie der Wissenschaften zu Leipzig stattfand. In fünf Beiträgen stellten Bearbeiterinnen und Bearbeiter der Edition aus ihrer Arbeit heraus einige Quellen und neue Forschungserkenntnisse zu einzelnen Themenschwerpunkten vor. So handelt es sich auch bei dem vorliegenden Beitrag um die erweiterte Fassung des durch die Autorin gehaltenen Vortrags auf dem Workshop. Vgl. zum Workshop den auf H-Soz-Kult am 06.01.2023 veröffentlichten Tagungsbericht von Lucas Wölbing URL: https://www.hsozkult.de/conferencereport/id/fdkn-132513.
6   Allgemein ging es beim Delikt der Gotteslästerung um die Verletzung des Namens oder der Ehre Gottes, der Jungfrau Maria und der Heiligen mit beleidigenden Worten, Gesten oder Taten. Zum Delikt der Gotteslästerung gehörten als Unterfall die Materien Fluchen und Schwören (speziell der falsche eidliche Schwur). Vgl. zur Definition Gotteslästerung die unten in Anm. 8 angeführte Literatur sowie Ludwig Hödl, Gotteslästerung, in: Lexikon des Mittelalters 4 (2003), Sp. 1593f.; Wolfgang Schild, Meineid, in: Lexikon des Mittelalters 6 (2003), Sp. 472f.

ebene spielen dabei ebenso eine Rolle wie die Regelungen in verschiedenen Territorien des Reiches, zudem die Fragen nach Rechtsetzung und praktischer Umsetzung, nach Landesherrschaft, nach dynastischen Verbindungen und territorialen Verhältnissen, nach Sozialdisziplinierung beziehungsweise Sozialkontrolle[7] am Beginn der Frühen Neuzeit sowie nach kirchenpolitischen Hintergründen und nicht zuletzt nach den Auswirkungen der Lehren und des Wirkens Martin Luthers auf das Thema in seinen verschiedenen Facetten.

Ein Blick auf den bisherigen Forschungsstand zeigt, dass in den letzten Jahrzehnten einige rechts- und allgemeinhistorische Abhandlungen zum Thema Blasphemie erschienen sind. Dabei wurde die Strafbarkeit von Gotteslästerung, deren mannigfaltige, ja sogar zum Teil sich widersprechende Definitionsbemühungen durch Juristen und Theologen sowie deren gesellschaftliche Relevanz durch die Jahrhunderte von der Antike bis heute thematisiert.[8] Gerade vor diesem Hintergrund ist das Desiderat der Forschung für Mitteldeutschland im ausgehenden Mittelalter und zu Beginn der Neuzeit besonders auffällig. Weder das umfangreiche Archivmaterial aus dem Thüringischen Hauptstaatsarchiv Weimar noch aus dem Sächsischen Hauptstaatsarchiv Dresden sind bislang zum Thema aufgearbeitet worden.[9] Die wenigen in der Literatur und in bisher vorliegenden

---

7   Das Stichwort Sozialdisziplinierung verweist auf den »neuartigen Anspruch des entstehenden Territorialstaats auf Durchsetzung ›guter Polizei‹, also auf die Regelung aller öffentlichen Lebensbereiche«, was auch die religiöse Lebenswelt der Untertanen betraf; Christoph VOLKMAR, Reform statt Reformation. Die Kirchenpolitik Herzog Georgs von Sachsen 1488–1525 (Spätmittelalter, Humanismus, Reformation, 41), Tübingen 2008, S. 60. Karl Härter dagegen plädiert mit Blick auf die frühneuzeitliche Policey und Strafjustiz für das Modell der formellen Sozialkontrolle, »da es über normative Intentionen und institutionelle Durchsetzung (= Sozialdisziplinierung) auch Formen informeller, horizontaler Sozialkontrolle [...] als konstitutiv einbezieht.« Karl HÄRTER, Soziale Disziplinierung durch Strafe? Intentionen frühneuzeitlicher Policeyordnungen und staatliche Sanktionspraxis, in: Zeitschrift für Historische Forschung 26 (1999), S. 365–379, Zitat S. 371.

8   Es liegen umfangreiche Arbeiten zur Geschichte der Blasphemie vor, Studien zur Strafrechtsentwicklung und zur Reichsgesetzgebung, zur bayerischen Gesetzgebung sowie zu einzelnen städtischen Gesetzen. Beispielhaft sei hier verwiesen auf: Gerd SCHWERHOFF, Verfluchte Götter. Die Geschichte der Blasphemie, Frankfurt am Main 2021; Gerd SCHWERHOFF, Zungen wie Schwerter. Blasphemie in alteuropäischen Gesellschaften 1200–1650 (Konflikte und Kultur – Historische Perspektiven, 12), Konstanz 2005; Felix SCHMIDHÄUSER, Die Gotteslästerung im Wandel der Zeit. Historische Entwicklung und Legitimation von § 166 StGB – Teil 1, in: Zeitschrift für das juristische Studium 11 (2018), S. 403–411 (E-Artikel); Richard H. HELMHOLZ, Kanonisches Recht und europäische Rechtskultur, mit einem Vorwort von Peter Landau, deutsch von Jörg Müller, Tübingen 2013 (speziell Kapitel 10 »Kirchliches Strafrecht: Das Delikt der Gotteslästerung«); Alain CABANTOUS, Geschichte der Blasphemie, aus dem Französischen von Bernd Wilczek, Weimar 1999; Karl HÄRTER, Entwicklung und Funktion der Policeygesetzgebung des Heiligen Römischen Reiches Deutscher Nation im 16. Jahrhundert, in: Jus Commune. Zeitschrift für Europäische Rechtsgeschichte 20 (1993), S. 61–141; sowie Siegfried LEUTENBAUER, Das Delikt der Gotteslästerung in der bayerischen Gesetzgebung (Forschungen zur deutschen Rechtsgeschichte, 14), Köln/Wien 1984.

9   Das für Mitteldeutschland festgestellte Defizit betrifft nicht nur den Stand der Forschung, sondern auch den Stand der Quellenrecherche, -erhebung und -aufbereitung. So liegen bspw. zwar bereits zwölf grundlegende und die Forschung belebende Bände zu den Polizeiordnungen in der Frühen Neuzeit vor (= nach ausgewählten Territorien gegliederte Materialsammlungen), aber nicht

Editionen zu findenden Aussagen und Belegstellen zum Delikt der Gotteslästerung in der sächsischen Gesetzgebung sind nur punktuell, lückenhaft, oft einseitig und daher nicht selten auch fehlerhaft und irreführend.[10] Ziel des vorliegenden Beitrages ist es daher, Grundlinien und Bezüge auf der Basis der Quellenneufunde aufzuzeigen sowie auf weitergehende Forschungsperspektiven hinzuweisen.

## Die wettinische Ordnung gegen Gotteslästerung von 1513

### Kontextualisierung

In der Verständigung mit seinem Bruder Ende des Jahres 1521 verwies der sächsische Kurfürst Friedrich auf die im Sommer 1513 in enger Abstimmung zwischen den Ernestinern und Albertinern erlassenen Ausschreiben gegen Gotteslästerung. Diese landesherrlichen Spezialmandate, deren Bestimmungen in allen wettinischen Gebieten gelten sollten, sind einzuordnen in den Kontext der Reichsgesetzgebung.

Auf Reichsebene begleitete Kurfürst Friedrich das Thema spätestens seit dem Wormser Reformreichstag 1495, auf dem er persönlich anwesend war und sich aktiv an den Verhandlungen und der Ausarbeitung von Gesetzesentwürfen beteiligte.[11] Zur Diskussion stand unter anderem die *gute ordnung und policey*, zu deren Materien die Verhinderung und Unterbindung der Lästerung Gottes zählte.[12] Die Initiative, im Rahmen der Friedens-

---

zu Sachsen; Repertorium der Policeyordnungen der Frühen Neuzeit, hrsg. von Karl Härter/Michael Stolleis (Studien zur europäischen Rechtsgeschichte), 12 Bde., Frankfurt am Main 1996–2017.

10 Erkenntnisgewinne über die bisherigen Befunde und Interpretationen zur wettinischen Gesetzgebung hinsichtlich des Delikts der Gotteslästerung hinaus ermöglichen einerseits der Blick auf die Entwicklung der Reichsgesetzgebung auch nach dem bekannten Abschied des Wormser Reichstags und des kaiserlichen Mandats gegen Gotteslästerung 1495/97 sowie andererseits die Auswertung der bislang unberücksichtigten ernestinischen Überlieferung von 1513 sowie von 1521/22. Diese Überlieferung ergänzt nicht nur das für die albertinische Seite durch Gess edierte Quellenmaterial, sondern lässt auch einige Vorgänge und Aspekte in neuem Licht erscheinen und ermöglicht eine Neubewertung; Akten und Briefe zur Kirchenpolitik Herzog Georgs von Sachsen, Bd. 1: 1517–1524 (im Folgenden: ABKG 1), hrsg. von Felician Gess, Leipzig 1905.

11 Zu Kurfürst Friedrich als aktivem Reichspolitiker vgl. Armin KOHNLE, Kaiser, Reichstag, Reichsreform. Friedrich der Weise und das Reich, in: Kurfürst Friedrich der Weise von Sachsen. Politik, Kultur und Reformation, hrsg. von Armin Kohnle/Uwe Schirmer (Quellen und Forschungen zur sächsischen Geschichte, 40), Leipzig 2015, S. 12–22; speziell zum Wormser Reformreichstag vgl. Deutsche Reichstagsakten unter Maximilian I., Bd. 5: Reichstag von Worms 1495, Bd. 1 in 2 Teilen und Bd. 2, bearb. von Heinz Angermeier (Deutsche Reichstagsakten Mittlere Reihe, 5), Göttingen 1981.

12 »Die eigentliche Policeygesetzgebung des Reiches begann als Teil der Reichsreform auf dem Wormser Reichstag von 1495 – auf dem auch erstmals der Begriff der ›Policey‹ Eingang in die Gesetzessprache des Reiches fand – [...]«; Repertorium der Policeyordnungen der Frühen Neuzeit, hrsg. von Karl Härter/Michael Stolleis, Bd. 1: Deutsches Reich und geistliche Kurfürstentümer (Kurmainz, Kurköln, Kurtrier), hrsg. von Karl Härter (Studien zur Europäischen Rechtsgeschichte, 84), Frankfurt am Main 1996, S. 38. Härter verweist auf das greifbare Engagement des ernestinischen Kurfürsten von Sachsen im Zusammenhang mit der »Beratung und Verabschiedung reichspoli-

und Rechtswahrung gegen Gotteslästerung vorzugehen, ging von den Reichsständen aus, die den reichsweiten Regelungsbedarf betonten. Es gab zwar bereits Gesetze in einzelnen Städten und Gebieten des Reiches, die aber vor dem Hintergrund zahlreicher Krisen als unzureichend erachtet wurden. Gemeinsam waren die Strafen Gottes, wie Missernten, Hungersnöte, Teuerungen, Seuchen und Kriege, abzuwenden. Der Reichsabschied[13] sah schließlich ein königliches Verbot der Lästerung des Namens, der Glieder und Marter Gottes, der Jungfrau Maria und der Heiligen vor – und stellte, laut Schwerhoff, »als erste reichsweite Blasphemie-Norm zweifellos eine Innovation dar«.[14] Zwei Jahre später erließ König Maximilian das von den Kurfürsten, Fürsten und anderen Reichsständen geforderte Mandat, das auf das Datum des Wormser Reichsabschiedes zurückdatiert wurde. Die Strafen bei Zuwiderhandlung reichten von Haft, über Geld- und Leibesstrafen bis hin zur Todesstrafe.[15]

In den nächsten Jahrzehnten folgte eine rege Gesetzgebungstätigkeit im Reich, die von vielen Reformdebatten begleitet wurde. Im Bemühen, der Ehre Gottes zu dienen, das Alltagsleben zu versittlichen und ein Gemeinwesen zu schaffen, das an christlichen Normen orientiert war, kam dem Thema Gotteslästerung und damit verbunden den Themen unziemliches Schwören und Fluchen auf Gott eine wichtige und von den Zeitgenossen vielbeachtete Bedeutung zu. Zu den Diskussionen gehörten neben Modifikationen in der Umschreibung, was unter Gotteslästerung zu fallen habe, auch die zu verhängenden Strafen. Konsens bestand darin, in Norm und Praxis gegen die Missstände vorzugehen.

Auf Reichsebene wurde das Thema bereits auf dem Reichstag zu Augsburg 1500 wieder behandelt und die unzureichende Beachtung des königlichen Gotteslästerungsmandats von 1495/97 konstatiert. Aufgrund dessen sollte die Wormser Verordnung erneuert und nochmals verkündet werden. Alle Obrigkeiten wurden für ihren jeweiligen Zuständigkeitsbereich verpflichtet, die Bestimmungen des Mandats umzusetzen und Verstöße zu ahnden.[16] Offenbar bestand aber weiterer Klärungsbedarf, der sich nicht zuletzt aus der praktischen Umsetzung ergab und zu weiteren Verhandlungen auf den Reichstagen

---

zeilicher Normen« um 1500; HÄRTER, Entwicklung und Funktion der Policeygesetzgebung (wie Anm. 8), S. 89. Vgl. einführend zu den Themen *gute ordnung und policey* Johannes STAUDEMAIER, Die Policeyordnungen des 16. Jahrhunderts, in: Gute Ordnung. Ordnungsmodelle und Ordnungsvorstellungen in der Reformationszeit, hrsg. von Irene Dingel/Armin Kohnle (Leucorea-Studien zur Geschichte der Reformation und der Lutherischen Orthodoxie, 25), Leipzig 2014, S. 65–86; sowie Christian WINTER, Für gute Ordnung und Policey. Die Landesordnungen in der Frühen Neuzeit, in: ebd., S. 87–107.

13 ANGERMEIER, Deutsche Reichstagsakten Mittlere Reihe 5.1.2 (wie Anm. 11), S. 1140–1150, Nr. 1593 (Reichsabschied vom 7. August 1495), speziell der Abschnitt zur Gotteslästerung als Punkt 2 des Reichsabschiedes S. 1142 f.

14 SCHWERHOFF, Zungen wie Schwerter (wie Anm. 8), S. 149.

15 ANGERMEIER, Deutsche Reichstagsakten Mittlere Reihe 5.1.1 (wie Anm. 11), S. 575–577, Nr. 458 (königliches Mandat gegen Gotteslästerung). Zur Entstehung und Datierung, zum Inhalt und zur Einordnung des Mandats vgl. SCHWERHOFF, Zungen wie Schwerter (wie Anm. 8), S. 150–154. Vgl. zu Reichsabschied und kaiserlichem Mandat zudem HÄRTER, Repertorium der Policeyordnungen 1 (wie Anm. 12), S. 51.

16 Neue und vollständigere Sammlung der Reichs-Abschiede, welche von den Zeiten Kayser Conrads des II. bis jetzo, auf den Teutschen Reichs-Tägen abgefasset. Zweyter Theil derer Reichs-Abschiede

führte. Der im Rahmen des Reichstags zu Trier und Köln 1512 vorgelegte Entwurf der Reichsstände für eine neue Reichsordnung enthielt unter anderem eine ausführliche Umschreibung, was zum Delikt der Gotteslästerung gehören sollte, wie das Verbot bekannt zu geben wäre und welche Strafmaßnahmen gegen Gotteslästerer ergriffen werden sollten. Der Folgepunkt betraf zudem das Verbot des Zutrinkens. Nochmals wurde sowohl den geistlichen als auch den weltlichen Reichsständen dringend nahegelegt, die Entscheidungen in ihren Gebieten nun auch endlich umzusetzen.[17] Die entsprechenden Passagen fanden Eingang in die Endfassung der Reichsordnung, die Kaiser Maximilian am 26. August 1512 in Köln erließ.[18] Auch wenn der sächsische Kurfürst Friedrich 1512 nicht persönlich auf dem Reichstag erschienen war, sondern sich durch Gesandte hatte vertreten lassen, nahm er doch regen Anteil an den Verhandlungen.[19]

## Ausarbeitung und Veröffentlichung

Der reichsweiten Aufforderung an die Obrigkeiten, die 1512 zwischen den Reichsständen und dem Kaiser vereinbarten Regelungen zur Eindämmung von Gotteslästerung und Zutrinken zu vollziehen, folgten die wettinischen Fürsten wenige Monate später. Am 16. März 1513 antwortete Kurfürst Friedrich mit einem eigenhändig geschriebenen Brief auf ein Schreiben Herzog Georgs.[20] Friedrich bestätigte die Notwendigkeit, dass durch ihn, durch seinen Bruder Herzog Johann und durch Herzog Georg ohne Verzögerung diejenigen Laster zu verbieten seien, die Gott missfallen und ihren Landen und Leuten beschwerlich und nachteilig sind. In dem speziellen Thema, das also einer dringenden Regelung bedurfte, wollte Friedrich gern mit Georg einig sein und seine Räte, die sich am 3. April 1513 ohnehin in Schneeberg[21] mit den albertinischen Räten treffen würden, beauftragen, sich mit diesen zu verständigen. Ziel der Beratung waren die Erstellung des Entwurfs (*notel*) eines Ausschreibens und die Abstimmung über die praktische Umset-

---

von dem Jahr 1495 bis auf das Jahr 1551, hrsg. von [Heinrich Christian von Senckenberg/Johann Jacob Schmauß], Frankfurt/Main 1774, S. 81.
17 Deutsche Reichstagsakten unter Maximilian I., Bd. 11: Die Reichstage zu Augsburg 1510 und Trier/Köln 1512, 3 Teile, bearb. von Reinhard Seyboth (Deutsche Reichstagsakten Mittlere Reihe, 11), München 2017, S. 1275–1293, Nr. 989, speziell S. 1286–1288 zu den Themen Gotteslästerung, Schwören und Zutrinken.
18 SEYBOTH, Deutsche Reichstagsakten Mittlere Reihe 11 (wie Anm. 17), S. 1345–1367, Nr. 1011, speziell S. 1357 f.
19 Entwürfe und Abschriften der 1512 verhandelten und erlassenen Reichsordnung finden sich in den Beständen des Ernestinischen Gesamtarchivs in Weimar: Landesarchiv Thüringen – Hauptstaatsarchiv Weimar (im Folgenden: LATh – HStA Weimar), EGA, Reg. E 58.
20 Sächsisches Hauptstaatsarchiv Dresden (im Folgenden: SächsHStA Dresden), 10024 Geheimer Rat (Geheimes Archiv), Loc. 09853/05, Bl. 301rv (Ausfertigung), ediert in: ABKG 1 (wie Anm. 10), S. 236 Anm. 3 (Teiledition); BAKFJ 2 (wie Anm. 1), S. 70, Nr. 14 (Regest).
21 Treffen und Verhandlungen zwischen den ernestinischen und albertinischen Räten fanden häufig in der erzgebirgischen Stadt Schneeberg statt, sah doch die Leipziger Teilung 1485 gemeinsame Zuständigkeiten der beiden wettinischen Linien hinsichtlich der Bergwerke und eine gemeinsame Nutzung von deren Einnahmen vor, was ausdrücklich auch den Schneeberg umfasste; BLASCHKE, Die wettinischen Länder (wie Anm. 2), S. 22.

zung der Bestimmungen. Die Ergebnisse des Rätetreffens sind bereits im Juni greifbar. Ausgestellt wurden die Mandate in gedruckter Form. Das Mandat Georgs, das im Herzogtum Sachsen Gültigkeit beanspruchte, datiert vom 15. Juni 1513,[22] das Mandat Friedrichs und Johanns für das Kurfürstentum Sachsen vom 20. Juni 1513.[23] Mit Ausnahme des anderen Ausstellers, des Verweises auf die Ordnung im jeweils anderen Gebiet und der Datierung stimmen die Mandate inhaltlich und zum größten Teil auch wörtlich überein.

Überliefert sind neben den verschickten Mandaten auch einige Begleitschreiben der Fürsten an Amtleute, Adlige, Stadträte und Geistliche in ihren jeweiligen Herrschaftsbereichen.[24] Darin gaben die Fürsten bekannt, dass sie zum Lob Gottes, zur Ehrerbietung Marias und der Heiligen sowie für ihr Seelenheil und das ihrer Untertanen gemeinsam eine Ordnung gegen Gotteslästerung und Zutrinken erlassen haben. Die Empfänger der Begleitschreiben und der mitgeschickten gedruckten Ordnung sollten deren Inhalt öffentlich verlesen und dafür Sorge tragen, dass alle ihnen unterstehenden Personen fortan den Anordnungen Folge leisten. Festzuhalten ist, dass sich die landesherrliche Ordnung nicht nur an Laien richtete, sondern auch an Geistliche in den wettinischen Gebieten.

## Inhalt

Kurfürst Friedrich und Herzog Johann wandten sich in ihrem Mandat[25] an alle Prälaten, Grafen, Herren, Ritterschaften, Bürgermeister und Räte der Städte und Gemeinden im Kurfürstentum Sachsen sowie an alle anderen, die sich in ihren Ländern aufhielten oder Gewerbe trieben. Nach der Anrede erfolgte zunächst eine Erklärung der landesherrlichen Gesetzgebung. Als regierende Fürsten sei es ihre christliche Pflicht, darauf zu achten, dass in ihren Landen die göttlichen Gebote von jedem Christen eingehalten werden. Als Legitimationsgrundlage diente den Fürsten die Sorge um das Seelenheil ihrer Untertanen, aber auch die Sorge für das Wohl des Landes. Der Ungehorsam gegenüber Gott gefährde das ganze Land – würde doch Gott zu Strafmaßnahmen herausgefordert. Zu den Vergehen, die in der Welt ständeübergreifend durch viele Jüngere und Ältere leichtfertig begangen würden, gehörten der unnütze Schwur beim Namen Gottes und die Missachtung der göttlichen Allmacht. So würde täglich der Name Gottes gelästert und unordentlich bei dem Namen und den Gliedern Gottes, bei der Jungfrau Maria und den Heiligen geschworen sowie durch das unpfleglich Zutrinken viel gesündigt. Ausdrücklich verwiesen die Wettiner auf die deswegen getroffenen Beschlüsse des Kaisers und der Reichsstände auf dem letzten Reichstag zu Köln 1512. Da die benannten Laster auch in den wettinischen Landen vorkämen, hätten sie gemeinsam mit Herzog Georg handeln müssen, um göttlichen Strafen zuvorzukommen.

---

22 SächsHStA Dresden, 12883 Mandate, Jahr 1513.
23 BAKFJ 1 (wie Anm. 4), S. 83–87, Nr. 33.
24 BAKFJ 1 (wie Anm. 4), S. 82, Nr. 31 (Begleitschreiben Kurfürst Friedrichs und Herzog Johanns an ihre Amtmänner) und Nr. 32 (Begleitschreiben Kurfürst Friedrichs und Herzog Johanns an Klostervorstände vom 20. Juni 1513). Zu gedruckten Begleitschreiben Herzog Georgs vom 16. Juni 1513 vgl. BAKFJ 1 (wie Anm. 4), S. 84 Anm. 1.
25 BAKFJ 1 (wie Anm. 4), S. 83–87, Nr. 33.

Eine weitere Begründung für das landesherrliche Handeln fehlt dagegen, die noch in einem undatierten Konzept zu finden ist, das dem Diskussionsprozess im Vorfeld der ausgegangenen Mandate zuzuordnen ist. Kurfürst Friedrich und Herzog Johann verwiesen darin auf das Versagen der Bischöfe und Prälaten mit ihrer Geistlichkeit in den sächsischen Landen. Da diese es bisher durch ihre christliche Unterweisung, entsprechend der Ordnung der Kirche, nicht geschafft hätten, die Gotteslästerung und das falsche Schwören erfolgreich zu bekämpfen und zu beseitigen, obliege diese Aufgabe nun ihnen und Herzog Georg *als regirenden fursten in der weltlickeit*.[26] Für diesen Entwurf des Ausschreibens wurde wohl auf ältere Überlegungen und Vorlagen zurückgegriffen, wie sie beispielsweise im Zusammenhang mit den Bemühungen um eine gesamtwettinische Landesordnung zwischen 1498 und 1502 greifbar sind.[27] Diese Landesordnung wurde zwar nicht umgesetzt und enthielt auch nicht ausdrücklich das Thema Gotteslästerung, erhob aber bereits den landesherrlichen Anspruch auf Durchsetzung einer sittlichen Lebensführung und eines gottgefälligen Lebens der Untertanen. Als Begründung der Gesetzgebung durch die weltlichen Fürsten wurde bereits in der Fassung von 1498, die den ernestinischen und albertinischen Landständen auf dem Landtag zu Naumburg vorgelegt worden war, auf das derzeitige Versagen der Kirche verwiesen, deren Aufgabe es eigentlich sei, sündhaftes Verhalten zu bestrafen und zu vermindern. Die Landesherren müssten nun aktiv werden, damit Gott aufgrund des Ungehorsams der hiesigen Menschen gegenüber seinen Geboten nicht seine Gnade entziehe und das gesamte Land unter seinen Strafen leide.[28] In die letztlich ausgegangene, gedruckte Fassung der gemeinsamen Mandate gegen Gotteslästerung 1513 wurde dieser Verweis auf das Versagen der kirchlichen Institutionen nicht übernommen. Ob das Streichen der Passage aber aufgrund ernestinischen oder albertinischen Einspruchs erfolgte, ist nicht belegt. Zur Begründung der Gesetzesinitiative neu aufgenommen wurde dagegen der Bezug auf Kaiser und Reich, der in dem undatierten früheren Entwurf der Ordnung fehlte.

---

26 BAKFJ 1 (wie Anm. 4), S. 80–82, Nr. 30.

27 Vgl. Uwe SCHIRMER, Spätmittelalterliche Landesordnungen des mitteldeutschen Raumes (1440–1502), in: Nahaufnahmen. Landesgeschichtliche Miniaturen für Enno Bünz zum 60. Geburtstag, hrsg. von Alexander Sembdner/Christoph Volkmar (Schriften zur sächsischen Geschichte und Volkskunde, 67), Leipzig 2021, S. 499–523, speziell S. 518–522; Matthias KOPIETZ, Ordnung, Land und Leute. Politische Versammlungen im wettinischen Herrschaftsbereich 1438–1547 (Studien und Schriften zur Geschichte der sächsischen Landtage, 6), Ostfildern 2019; VOLKMAR, Reform statt Reformation (wie Anm. 7), S. 384–397; Manfred SCHULZE, Fürsten und Reformation. Geistliche Reformpolitik weltlicher Fürsten vor der Reformation (Spätmittelalter und Reformation, N.R., 2), Tübingen 1991, S. 112–114; Gregor RICHTER, Die ernestinischen Landesordnungen und ihre Vorläufer von 1446 und 1482 (Mitteldeutsche Forschungen, 34), Köln/Graz 1964, speziell S. 17f., 55–58.

28 Ernestinische Landtagsakten, Bd. 1: Die Landtage von 1487–1532, bearb. von Carl August Hugo Burkhardt (Thüringische Geschichtsquellen, N. F., 5), Jena 1902, S. 35–40, Nr. 67. Zum Landtag 1498 vgl. KOPIETZ, Ordnung, Land und Leute (wie Anm. 27), S. 145f., 451, 468; Ernst MÜLLER, Die ernestinischen Landtage in der Zeit von 1485–1572 unter besonderer Berücksichtigung des Steuerwesens, in: Forschungen zur thüringischen Landesgeschichte. Friedrich Schneider zum 70. Geburtstag am 17. Oktober 1957 (Veröffentlichungen des Thüringischen Landeshauptarchivs Weimar, 1), Weimar 1959, S. 188–228, hier S. 195.

Der Begründung für das Errichten der Ordnung folgten im Aufbau des Mandats die Ausführungen zu den konkreten Gesetzen und Geboten in drei Abschnitten: [1] Der erste Abschnitt enthielt das Verbot der Gotteslästerung, wobei für die Ausführungen der entsprechende Textteil der Reichsordnung von 1512 weitestgehend inhaltlich und sogar teilweise wörtlich übernommen wurde.[29] Die Bestimmungen sahen vor, dass unabhängig von Würde, Stand und Geschlecht diejenigen mit Strafen zu versehen waren, die auf kursächsischem Gebiet nachweislich öffentlich mit Worten Gott lästerten, ehrverletzend über Gott redeten und seine Allmacht verunglimpften oder schmälerten. Zudem waren die zu strafen, die auf Gott, Maria oder die Heiligen fluchten, die Gerechtigkeit Gottes anzweifelten oder die Heiligen verachteten sowie frevlerisch bei Gott schworen. Hinsichtlich des Strafmaßes wurde unterschieden zwischen direkter und indirekter Gotteslästerung. Bei einer Lästerung, die *wider got geschehn*, war laut der wettinischen Ordnung der Lästerer gefangen zu nehmen und über ihn eine Leibesstrafe zu verhängen. Die Reichsordnung von 1512 dagegen enthielt keinen ausdrücklichen Hinweis auf eine Haftstrafe, sondern benannte nur Leibesstrafen. Handelte es sich aber um eine indirekte Gotteslästerung (*lesterung in ander gestalt*) sollte eine Geldstrafe in Höhe von einer Mark Silbers (*margk lottigs silbers*) verhängt werden.[30] Im Vergleich mit der Reichsordnung war dies eine mildere Strafe – dort wurde die Höhe des Strafgeldes mit einer Mark Gol-

---

29 Die Übernahme des Textes bezog sich auf denjenigen Kernbestandteil der Reichsordnung zum Thema Gotteslästerung, in dem das Delikt sowie die aufzuerlegenden Strafen erklärt wurden. Abweichungen gab es in Bezug auf die Haftstrafe und auf die Höhe des Strafgeldes (SEYBOTH, Deutsche Reichstagsakten Mittlere Reihe 11 [wie Anm. 17], von S. 1357 Zeile 22 bis S. 1358 Zeile 1). Nicht übernommen wurden die anschließenden Bestimmungen zur Veröffentlichung der Ordnung und zur Zuständigkeit bei der Strafverfolgung. So sollten u. a. laut Reichsordnung alle Obrigkeiten im Reich verfügen, dass die Ordnung zum Verbot der Gotteslästerung jährlich zu Ostern, Pfingsten, am Tag Assumptionis Marie (15. August) und Christtag (25. Dezember) durch die Pfarrer oder Prediger öffentlich verkündigt oder verlesen werden soll. Während noch im undatierten Entwurf der Ordnung gegen Gotteslästerung von Kurfürst Friedrich und Herzog Johann die öffentliche Verkündigung in Kursachsen ausdrücklich dem Aufgabenbereich der Bischöfe mit ihren Geistlichen übertragen wurde (BAKFJ 1 [wie Anm. 4], S. 81 f. Punkt 2), enthielten die letztlich ausgegangenen wettinischen Mandate keine entsprechenden Anordnungen. Vielmehr beauftragten die wettinischen Fürsten die lokalen Obrigkeiten – sowohl geistliche als auch weltliche – mit der öffentlichen Bekanntmachung ihrer landesherrlichen Ordnung gegen Gotteslästerung in den sächsischen Fürstentümern.
30 Bei der Mark handelte es sich um ein Münzgewicht. »Grundlage der Gewichtseinteilung im mittelalterlichen Gold- und Silberhandel war das Münzgewicht. Das Münzgewicht ist das wirkliche Gewicht einer Münze, nach dem man in den Münzstätten die Münzsorten abwog. Als Norm wurde ½ Pfund Kölnische Mark = 16 Loth angenommen. Die kölnisch-erfurtische Mark des 12. Jahrhunderts wurde 1524 Grundlage des deutschen Münz- und Gewichtswesens sowie des Gold- und Silberhandels. Sie wog 233,8123 g.« Fritz NICKERL, Übersicht über alte, im sächsischen Bergbau verwandte Maße, Gewichte, Zahlungsmittel und Bezeichnungen, Schlettau 2001, S. 22. Vgl. auch Lexikon der Münzen, Maße und Gewichte. Zählarten und Zeitgrößen aller Länder der Erde, hrsg. von Richard Klimpert, Berlin 1885, S. 179–182 (Erklärung zu »Mark«). Eine Mark lötigen Silbers war zwar nicht ganz aus reinem (= feinem), unvermischtem Silber, enthielt »aber auch keinen absichtlich beigegebenen Zusatz«, ebd., S. 180.

des festgelegt.³¹ Sowohl in der Reichsordnung als auch im landesherrlichen Mandat folgte noch die Ergänzung, dass bei Zahlungsunfähigkeit eine Leibesstrafe als Ersatzstrafe dienen konnte. Beim Strafmaß sollten zudem ausdrücklich stets die Umstände des Vergehens berücksichtigt werden, speziell welchem Stand die Person angehörte, wie schwer das Vergehen war und aus welchen Ursachen die Gotteslästerung erfolgte sowie, ob es sich um eine Wiederholungstat handelte.

[2] Der zweite Abschnitt des Mandats enthielt ausführliche Bestimmungen zum Verbot des Zutrinkens, weil das Laster der Trunkenheit zu gotteslästerlichem Verhalten führe sowie zu Totschlägen und viel Üblem beitrage. Wiederum mit Blick auf das Seelenheil, auf Ehre, Leib und Gut wurde es allen Untertanen – Männern und Frauen, hohen und niederen Standes – verboten, durch Worte oder Gesten andere zum Mittrinken aufzufordern. Gestaffelte Strafen richteten sich nach dem Stand des Zutrinkenden und nach der Häufigkeit der Übertretung des Verbots. Nach Geldstrafen folgten Gefängnisstrafen von acht bis vierzehn Tagen. Dem Gefangenen durfte ausdrücklich nur Wasser und Brot gegeben werden und keine anderen Speisen. Zu inhaftieren waren auch diejenigen Gast- und Schankwirte sowie Gastgeber in ihren Privathäusern, die Verstöße gegen die Ordnung gestatteten und nicht den zuständigen Stellen und Amtsträgern meldeten. Der differenzierte Strafkatalog sah mehrere Varianten fürstlicher Ungnade vor, so sollte beispielsweise ein adliger Amtsträger am Fürstenhof Stelle und Amt verlieren, wenn er wiederholt dem unadligen bösen Laster des übermäßigen Trinkens und Zutrinkens überführt würde. Im Vergleich mit den Vorgaben der Reichsordnung von 1512 zum Punkt Zutrinken³² gingen die detaillierten landesherrlichen Bestimmungen deutlich darüber hinaus, während sich der kürzere Abschnitt zur Gotteslästerung am vorgegebenen Kerntext der Reichsordnung orientiert hatte. Im Gegensatz zum Thema der Gotteslästerung enthielten aber auch die älteren wettinischen Landesordnungen und Eingaben der sächsischen Landstände um 1500 bereits Bestimmungen gegen das Zutrinken, das als teuflischer Brauch großen Schaden anrichte, alle sächsischen Untertanen beträfe und von den Fürsten gemeinsam mit den Landständen durch Verbote und deutliche Strafen nachdrücklich bekämpft werden müsse.³³

---

31 Die sehr hoch angesetzte Strafe mit einer Mark Goldes in der Reichsordnung war offenbar bereits 1512/13 nicht unumstritten und wurde von den wettinischen Fürsten für ihre Gebiete nicht gefordert. Belegt sind für die 1520er Jahre Diskussionen, ob wegen der zu hohen Geldforderung die Reichsordnung in der Praxis nicht vollzogen wurde, Forderungen nach Abmilderung (wahrscheinlich von Seiten der Reichsstände bereits auf dem Reichstag 1518) und entsprechende Modifikationen der Bestimmungen (wie im Entwurf der Polizeiordnung 1521); vgl. SCHWERHOFF, Zungen wie Schwerter (wie Anm. 8), S. 156 f.; zum Reichstag in Augsburg 1518 und zum Reichstag in Worms 1521 vgl. die Ausführungen unten im vorliegenden Beitrag.
32 SEYBOTH, Deutsche Reichstagsakten Mittlere Reihe 11 (wie Anm. 17), S. 1358 Punkt 25.
33 Bereits die wettinische Landesordnung von 1482 sah eine hohe Geldstrafe für das Laster des Zutrinkens vor, vgl. RICHTER, Die ernestinischen Landesordnungen (wie Anm. 27), S. 52. In den Entwürfen für eine neue gesamtwettinische Landesordnung 1498/1502 wurden die Bestimmungen zum Verbot und zu den Strafen hinsichtlich des Zutrinkens deutlich ausgebaut und verschärft, was im Konsens mit den Landständen erfolgte. Vgl. bspw. den Entwurf der gesamtwettinischen Landesordnung von 1498 in: BURKHARDT, Ernestinische Landtagsakten 1 (wie Anm. 28), S. 36 f. (das Zutrinken ist *durch ingebunge des tewfels in ubunge komen*); ebd., S. 43 f. (Landtag zu Naumburg 1499, Straf-

[3] Der dritte Abschnitt des Mandats wurde eingeleitet mit einem Verweis darauf, dass die Ernestiner Friedrich und Johann sowie der Albertiner Georg die Vorschriften der Ordnung an ihren Höfen bereits beachten würden. Zudem hätten Bischöfe, Prälaten und andere geistliche Personen bereits häufig deren Befolgung angemahnt. Daher bezweifelten die Fürsten nicht, dass durch die nun errichtete Ordnung deren Inhalte künftig mehr Beachtung in der Praxis finden. Um dies sicherzustellen, trafen sie abschließend noch Regelungen zur gerichtlichen Zuständigkeit bei der Strafverfolgung und zur Verwendung der Strafgelder. Die Fürsten übertrugen die ihnen laut Recht in ihren Gebieten zustehende Strafausübung den lokalen Obrigkeiten, die Verstöße gegen die Ordnung durch ihre Untertanen mittels ihrer Gerichtsbarkeit klären sollten.[34] Die Empfänger der durch die wettinischen Fürsten verschickten Mandate und Begleitschreiben – fürstliche Amtleute sowie Landstände (Geistliche, Adlige und Stadträte als Inhaber von Gerichtsrechten) – waren also nicht nur für die Verbreitung und öffentliche Bekanntmachung der Mandate verantwortlich, sondern auch für deren Vollzug. Das eingenommene Strafgeld durften sie zur Hälfte behalten. Die andere Hälfte sollte für kirchliche Einrichtungen, für den Bau und die Unterhaltung von Kirchen, Brücken oder Wegen oder für andere gute Werke zur Ehre Gottes verwendet werden.

## Praktische Umsetzung

Die Beantwortung der Fragen, ob, wie und in welchem Ausmaß die fürstlichen Mandate gegen Gotteslästerung auch in der Praxis beachtet wurden, kann auf der Basis der bisherigen Quellenrecherchen und vorliegenden Editionen hier noch nicht abschließend erfolgen, da solche Fälle den lokalen Obrigkeiten zur Verfolgung und Klärung übertragen wurden und in der Regel nicht vor den Landesherrn gelangten.[35] Trotzdem kann bereits konstatiert werden, dass die 1513 erlassenen Ordnungen in den wettinischen Gebieten ihre Wirksamkeit entfalteten. So trugen beispielsweise auf einem Treffen der ernestinischen und albertinischen Räte in Schneeberg Anfang Mai 1519 der dortige Richter und die Schöppen den Fall des Nikel Heideler vor. Heideler war zu Ostern verhaftet worden, weil er Gott gelästert und auch sonst gefrevelt hatte und die für diese Fälle ausgegangenen fürstlichen Mandate beachtet wurden. Die Angelegenheit ist in den Räteprotokollen nur überliefert, weil Heideler bislang nicht um *erledigung* bat, sondern sich als *leichtfer-*

---

katalog); sowie RICHTER, Die ernestinischen Landesordnungen (wie Anm. 27), S. 56 f. (Entwurf der Landesordnung 1502). Vgl. auch SCHIRMER, Spätmittelalterliche Landesordnungen (wie Anm. 27), S. 513–523.
34 »Gotteslästerung wurde von der Kanonistik als *crimen mixti fori* oder *crimen communis fori* betrachtet. Das bedeutete, dass sowohl das geistliche als auch das weltliche Gericht oder beide rechtmäßig darüber urteilen konnten.« HELMHOLZ, Kanonisches Recht (wie Anm. 8), S. 299.
35 Aufgrund ihrer Fragestellung nach dem kirchenpolitischen Handeln der jeweiligen Landesherren bieten sowohl die Edition der Briefe und Akten zur Kirchenpolitik Friedrichs des Weisen und Johanns des Beständigen als auch die Edition der Akten und Briefe zur Kirchenpolitik Herzog Georgs von Sachsen wenig Material zur Beantwortung der Frage nach dem Verhältnis von Norm und Praxis. Um diesem Desiderat abzuhelfen, müssen in Zukunft andere Quellenbestände – wie der städtischen Gerichtsbarkeit oder Adelsarchive – herangezogen und ausgewertet werden.

*tiger trutziger gesell* erwies. Heideler hatte auch keine Unterstützung von einem seiner Freunde in der Sache erhalten. Anderenfalls wäre er offenbar bereits freigelassen worden. Nun aber baten der Richter und die Schöppen die Räte um Rat, wie sie sich weiter verhalten sollten, den diese auch gleich erteilten, ohne die Angelegenheit erst vor die Fürsten zu bringen. Der Ratschlag zielte auf das Stellen von Bürgen und Eidesleistungen ab, ehe Heideler wieder aus der Haft entlassen werden konnte.[36]

### Reichsebene

Für ihre Länder hatten also im Jahr 1513 Kurfürst Friedrich, Herzog Johann und Herzog Georg von Sachsen gemeinsam gesetzliche Grundlagen zum speziellen Thema der Gotteslästerung gelegt. Trotz der geltenden Reichsordnung war dies keine Selbstverständlichkeit, kamen doch etliche geistliche und weltliche Reichsfürsten der Aufforderung nach Umsetzung der Ordnung in ihren Gebieten und ihrem Landesrecht im zweiten Jahrzehnt des 16. Jahrhunderts nicht nach.[37] Die zügige Umsetzung, aber auch Modifikation der Reichsvorgaben durch Erlass einer für ihre Länder geltenden Spezialordnung verdeutlicht das persönliche Interesse der wettinischen Fürsten, insbesondere von Friedrich und Georg, an diesem Thema. Auf Reichsebene allerdings bestand auch noch nach den Beschlüssen von 1512 Klärungs- und Handlungsbedarf hinsichtlich der Polizeigesetzgebung. So gehörten auf dem Reichstag in Augsburg 1518 zu den Verhandlungsthemen zwischen Kaiser Maximilian und den Reichsständen im Juli unter anderem auch die Punkte Gotteslästerung und Zutrinken. Dazu sei zwar, so die Stände, eine ehrbare und vernünftige Ordnung ausgegangen, diese wurde aber nicht vollzogen. Das Problem hinsichtlich dieser Materien bestünde also in der Handhabung der Ordnung. Für den Vollzug sollte der Kaiser Sorge tragen und allen Reichsständen befehlen, die Ordnung in ihren Zuständigkeitsbereichen zu vollstrecken. Der Kaiser reagierte mit einem Vorschlag nach Prüfung einzelner Bestimmungen, ob diese abgemildert werden könnten, sowie mit einem Hinweis auf den Beratungsbedarf, wie die Ordnung umgesetzt werden soll.[38] Herzog Georg, der vorzeitig Anfang September 1518 aus Augsburg abreisen musste, beauftragte den ebenfalls persönlich am Reichstag teilnehmenden Kurfürsten Friedrich, in den weiteren Reichstagsverhandlungen als sein Vertreter zu handeln und erinnerte ihn an die gemeinsamen Abstimmungen. Mit Blick auf den Punkt Gotteslästerung bestätigte

---

36 BAKFJ 2 (wie Anm. 1), S. 207–209, Nr. 870.
37 Dies änderte sich im Laufe des 16. Jahrhunderts. Die Übernahme einzelner polizeilicher Materien aus der Reichsgesetzgebung oder der gesamten Reichspolizeiordnung durch Reichsstände in ihren Polizei- und Landesordnungen stieg nach 1521 langsam, dann nach 1530 und nochmals nach 1548 deutlich an; vgl. HÄRTER, Entwicklung und Funktion der Policeygesetzgebung (wie Anm. 8), S. 134–136.
38 LATh – HStA Weimar, EGA, Reg. E 66 (Beratungen zwischen Reichsständen und Kaiser im Juli 1518); Deutsche Reichstagsakten unter Maximilian I., Bd. 13: Der Reichstag zu Augsburg 1518, bearb. von Dietmar Heil (Deutsche Reichstagsakten Mittlere Reihe, 13), (in Vorbereitung). Ich danke Herrn Dr. Heil für die freundlichen Hinweise auf Quellen mit Bezug zum Thema Gotteslästerung.

Georg die Verhandlungsergebnisse über deren Verbot und betonte ausdrücklich die Vorbildfunktion der Fürsten.[39]

## Das Vorhaben eines neuen wettinischen Ausschreibens gegen missbräuchliches Fluchen und Gotteslästerung 1521/22

### Kontextualisierung

In der ersten Jahreshälfte 1521 fand der zeitgenössisch vielbeachtete und aufgrund des Wormser Edikts, das durch das neue Reichsoberhaupt – Kaiser Karl V. – erlassen worden war, auch heute noch durchaus bekannte Reichstag in Worms statt. Auf diesem Reichstag, den sowohl Kurfürst Friedrich als auch Herzog Georg von Sachsen persönlich besuchten, ging es laut Ausschreiben und Proposition zunächst gar nicht um die Lutherfrage, auch wenn diese in der öffentlichen Wahrnehmung und in Gesprächen der Reichstagsteilnehmer mitschwang.[40]

In den Ausschüssen des Reichstags wurde unter anderem erneut intensiv über die bereits seit dem Wormser Reformreichstag 1495 thematisierte Polizeiordnung beraten. Für die Erstellung eines neuen Entwurfs der Polizeiordnung[41] wurden einige ältere Passagen hinzugezogen, nicht aber für die Themen *gottslesterung, gotsschwuren und fluchen*. In den für diese Delikte weitgehend neu formulierten, sehr ausführlichen Abschnitten wurde beklagt, dass sich die Missstände vermehrt und nicht verbessert hätten, obwohl die Gotteslästerung laut geistlichem und weltlichem Recht sowie entsprechend den vorausgegangenen Reichstagsbeschlüssen bei hohen Strafen verboten sei. Eine Mitschuld würden die Obrigkeiten tragen, was umso schwerer wiege, da die Gotteslästerung zu den schwersten Übeln zähle. Gottes Zorn und Strafe träfen eben nicht nur den Übeltäter, sondern auch die Obrigkeiten, die es versäumt hätten, das Laster zu unterbinden. Zur leichteren Handhabung für die Gerichte folgte ein nach Vergehen und Standeszugehörigkeit differenzierter Strafkatalog. Im schwersten Fall der Behauptung, dass Gott etwas nicht vermag oder nicht gerecht sei, oder wenn jemand Gott flucht, war die Todesstrafe zu verhängen. Zu bestrafen waren auch diejenigen, die das Lästern hörten oder duldeten, dazu aber schwiegen und der Obrigkeit nicht anzeigten.

---

39 BAKFJ 2 (wie Anm. 1), S. 132, Nr. 765 (Regest); ABKG 1 (wie Anm. 10), S. 44, Nr. 56 (Teiledition).
40 Vgl. zum Reichstag zu Worms 1521: Deutsche Reichstagsakten unter Kaiser Karl V., Bd. 2, bearb. von Adolf Wrede (Deutsche Reichstagsakten Jüngere Reihe, 2), Gotha 1896 (ND Göttingen 1962); Armin KOHNLE, Reichstag und Reformation. Kaiserliche und ständische Religionspolitik von den Anfängen der Causa Lutheri bis zum Nürnberger Religionsfrieden (Quellen und Forschungen zur Reformationsgeschichte, 72), Heidelberg 2001, S. 85–104 (Der Wormser Reichstag von 1521 und das Wormser Edikt); Der Reichstag zu Worms von 1521. Reichspolitik und Luthersache, hrsg. von Fritz Reuter, Worms 1971.
41 WREDE, Deutsche Reichstagsakten Jüngere Reihe 2 (wie Anm. 40), S. 332–361, Nr. 30 (zu den Themen Gotteslästerung, Gottesschwur und Fluchen speziell S. 346–351). Eine Abmilderung des 1512 angesetzten, aber für die praktische Umsetzung zu hohen Strafmaßes von einer Mark Goldes wurde bezüglich Schwörens und Fluchens vorgesehen; ebd. S. 348–350.

Zum Abschluss der Polizeiordnung kam es in Worms 1521 noch nicht. Der Abschied des Reichstags sah vor, dass – in Abstimmung zwischen dem Kaiser und den Kurfürsten, Fürsten und anderen Reichsständen – künftig das neu zu bildende Reichsregiment das Gesetz, zu dem ausdrücklich auch der Punkt Gotteslästerung zählte, weiterentwickeln und vollenden sollte.[42] Im Spätherbst 1521 nahm dann das Reichsregiment in Nürnberg seine Arbeit auf. Die Interessen Kursachsens vertrat der Jurist Hans von der Planitz, der durch Kurfürst Friedrich im September 1521 nach Nürnberg beordert worden war und diesem von dort über Verhandlungen, Gerüchte und verschiedenste Neuigkeiten, die er erfuhr, berichtete. Am 16. Oktober 1521 schrieb Planitz unter anderem, dass der Reichsabschied vom letzten Wormser Reichstag im Reichsregiment verlesen wurde.[43]

Ohne Zweifel waren die Diskussionen und Gesetzesbemühungen auf Reichsebene 1521 rund um eine neue Polizeiordnung im Allgemeinen und zum Delikt der Gotteslästerung mit dem vor allem hinsichtlich direkter (auch bezeichnet als unmittelbarer oder eigentlicher) Gotteslästerung verschärften Strafkatalog im Speziellen den kursächsischen Landesherren Friedrich und Johann bekannt. Hinzu kam, dass in der zweiten Jahreshälfte 1521 die beiden Fürsten vermehrt Schreiben erreichten, in denen der Vorwurf der Gotteslästerung eine Rolle spielte und eine Neuerung darstellte, die in direktem Zusammenhang mit dem Wirken Martin Luthers und der evangelischen Bewegung stand. So rief der neue Propst des Wittenberger Allerheiligenstifts Justus Jonas öffentlich in Predigten dazu auf, Stiftungen und Seelenmessen abzuschaffen, da sie unnütz und Gotteslästerung seien. Darüber beschwerten sich andere Stiftsherren, welche die neuen Ideen und Änderungen hinsichtlich der Messe und der Stiftungspraxis ablehnten oder ein langsameres Vorgehen anmahnten.[44] Der Vorwurf der Blasphemie wurde aber nicht nur von den Lutheranern erhoben, sondern auch gegen sie vorgebracht. So betonte Herzog Georg von Sachsen in einem Schreiben an Herzog Johann am 26. November 1521 ausdrücklich, dass die Lehre Luthers den Irrtum sowie die Lästerung Gottes und der Heiligen heraufbeschworen habe, und forderte ihn auf, dagegen vorzugehen und vor allem seinen Bruder, Kurfürst Friedrich, dazu zu bewegen, gegen Luther und dessen Anhänger endlich aktiv zu werden.[45]

### Planungsphase und Verständigungsversuche

In diesem Kontext ist der eingangs des vorliegenden Beitrags vorgestellte Meinungsaustausch zwischen Kurfürst Friedrich und Herzog Johann zu bewerten. Johann hatte sich im November 1521 an seinen Bruder gewandt, um in Abstimmung mit ihm das ältere Ausschreiben wegen missbräuchlichen Fluchens, das einst erlassen wurde, weil aus dem Laster viel Übles entstehe, zu erneuern, damit die Ordnung beachtet werde. Friedrich

---

42 Vgl. WREDE, Deutsche Reichstagsakten Jüngere Reihe 2 (wie Anm. 40), S. 235, 718 f., 726–728, 729–743 (Nr. 101, der Abschied vom 26. Mai 1521, hier speziell Punkt 26).
43 Des kursächsischen Rathes Hans von der Planitz Berichte aus dem Reichsregiment in Nürnberg 1521–1523, hrsg. von Ernst Wülcker/Hans Virck (Schriften der königlich sächsischen Kommission für Geschichte, 3), Leipzig 1899 (ND Hildesheim/New York 1979), S. 7–11, Nr. 5.
44 BAKFJ 2 (wie Anm. 1), S. 557 f., Nr. 1374; vgl. auch ebd., S. 579 f., Nr. 1411, S. 581 f., Nr. 1413.
45 BAKFJ 2 (wie Anm. 1), S. 568 f., Nr. 1391.

ließ dem Bruder seine Antwort über dessen Rat und Kanzler Gregor Brück mitteilen. Er erinnerte daran, dass das Ausschreiben gegen Fluchen und wegen anderer Punkte einst im Namen aller drei wettinischen Landesherren – Friedrich, Johann und Georg – ausgegangen war und nun entsprechend gemeinsam erneuert werden müsste. Während Johann also ein neues Ausschreiben gegen Fluchen und Gotteslästerung in seinem und im Namen Kurfürst Friedrichs für Kursachsen anstrebte, bestand Friedrich auf einer Verständigung mit Herzog Georg zugunsten eines neuen Ausschreibens für alle wettinischen Länder. Nur wenn diese Verständigung nicht zum Erfolg führen sollte, wäre ein einseitiges Ausschreiben in Betracht zu ziehen. Johann bot am 1. Dezember an, die Anfrage zu übernehmen, was Friedrich am 6. Dezember schriftlich bestätigte.[46]

Wenig später durchquerte Herzog Georg den Herrschaftsbereich Herzog Johanns mit dem Ziel Nürnberg, um dort seinen Sitz im neu errichteten Reichsregiment einzunehmen. Johann beauftragte Gregor Brück, mit Herzog Georg über verschiedene, vor allem Luther betreffende Punkte zu sprechen. Die Unterredung fand am 22. Dezember 1521 in Saalfeld statt. In dem Bericht Brücks an Johann über das Gespräch findet sich zwar keine Erwähnung des Ausschreibens,[47] dafür aber in einem Schreiben Herzog Georgs vom 25. Dezember an seine daheimgebliebenen Söhne Johann und Friedrich, welche die Regierungsgeschäfte im Herzogtum Sachsen in der Zeit seiner Abwesenheit führten. Laut Georg wünschte Johann die Erneuerung des gemeinsamen Ausschreibens gegen Gotteslästerung, da die Ordnung von 1513 in ihren Gebieten nicht eingehalten werde. Über die Erneuerung sollten ihre Räte bei einem Treffen verhandeln. Diesem Rätetreffen stimmte Georg zu. Ausdrücklich wünschte er, dass die Räte in diesem Zusammenhang über die Irrtümer und Missbräuche in der Kirche und im christlichen Glauben beratschlagen sollten, die er in letzter Zeit mit Sorge festgestellt habe. Die entsprechenden Punkte listete Georg für seine Söhne und für die Räte auf.[48]

Mit diesem väterlichen Auftrag im Hintergrund bestätigten die albertinischen Herzöge Johann und Friedrich am 7. Januar 1522 die Bitte Herzog Johanns vom 31. Dezember 1521, ihre Räte zum nächsten, bereits wegen anderer Themen angesetzten Rätetreffen auch mit Vollmachten zur Erstellung eines neuen Ausschreibens gegen missbräuchliches Fluchen und Gotteslästerung auszustatten. Dieses Rätetreffen sollte am 22. Januar 1522 in Naumburg stattfinden.[49]

Die um den Jahreswechsel 1521/22 zwischen den Beteiligten gewechselten Schreiben zeugen von den unterschiedlichen Erwartungshaltungen und der immer angespannteren Situation. Den Albertinern ging es um eine Verständigung darüber, was gotteslästerlich ist mit klarer Zielrichtung gegen die neuen kirchlichen Gebräuche und Missstände.[50] Dies

---

46 BAKFJ 2 (wie Anm. 1), S. 571, Nr. 1394, S. 575 f., Nr. 1403.
47 BAKFJ 2 (wie Anm. 1), S. 599–601, Nr. 1431.
48 ABKG 1 (wie Anm. 10), S. 235–237, Nr. 275.
49 BAKFJ 2 (wie Anm. 1), S. 607, Nr. 1438, S. 614, Nr. 1447.
50 Auf den durch Herzog Georg von Sachsen im Winter 1521/22 entworfenen »Steckbrief des neuen Gegners, in welchem er ihn über ein Set äußerer Merkmale und symbolischer Handlungen definierte«, verwies auch Christoph Volkmar in seiner Dissertation, allerdings ohne Bezugnahme auf die zeitlich parallelen Verhandlungen mit den Ernestinern über ein neues Ausschreiben gegen Gotteslästerung. Diesen »Steckbrief der evangelischen Bewegung« oder auch »Katalog« legte Herzog

kommunizierten sie auch im Vorfeld des Rätetreffens, was die Nervosität auf ernestinischer Seite steigerte. Von Seiten Herzog Johanns und Gregor Brücks erreichten Kurfürst Friedrich Bedenken hinsichtlich der Gespräche und Ergebnisse in Naumburg.[51]

Kurfürst Friedrich schwebte Anfang Dezember 1521 offenbar eine allgemeine knappe Definition vor, so wie sie auch im Ausschreiben von 1513 und in den Reichsgesetzen zu finden war, und keine konkretisierende Tatbestandsbeschreibung von Gotteslästerung, wie sie von Herzog Georg betrieben wurde, der sich mit seinem Anliegen an verschiedene Adressaten richtete. Als Oberhaupt des Hauses Sachsen wollte Friedrich wohl mit Blick auf den Stand der Causa Lutheri ein gesamtwettinisches Ausschreiben als ein auf reichsweite Außenwirkung abzielendes Statement ausgehen lassen und erteilte noch am 2. Januar 1522 seinem Bruder, der ihm über die Gespräche in Saalfeld berichtet hatte, seine Zustimmung für die anstehenden Räteverhandlungen zugunsten der Einigung über das Ausschreiben.[52] Letztlich instruierten Friedrich und Johann mit Blick auf die Verhandlungen in Naumburg ihre Räte, sich über den Entwurf eines allgemeinen Ausschreibens gegen Gotteslästerung mit den albertinischen Räten zu verständigen, sich aber auf keine Diskussionen über Missbräuche im Glauben einzulassen. Wenn nötig, sollten sie sich die Missbräuche einfach nur ansagen lassen.[53] Die Protokolle über die Räteverhandlung bestätigen die Umsetzung dieser Verhaltensanweisung. Das Rätetreffen endete ohne Entwurf eines neuen Ausschreibens gegen Gotteslästerung, dafür mit dem Versprechen der ernestinischen Räte an die albertinische Seite, dass sie die Auflistung der Punkte zum Thema *ketzerey* (laut Protokoll der ernestinischen Räte) beziehungsweise *lesterung gotes belangende* (laut Protokoll der albertinischen Räte) zunächst Herzog Johann vorlegen.[54] Die von albertinischer Seite unterbreitete Auflistung, was unter Gotteslästerung und andere unchristliche Verhaltensweisen zu zählen ist, enthielt unter anderem das Verlassen der Klöster durch Mönche, das Predigen gegen das Messehalten, das Reichen des Abendmahls unter beiderlei Gestalt, Fleischessen am Freitag, das Zerstören von Heiligenbildern sowie Eheschließungen durch Geistliche.

Gleich darauf trieb Herzog Johann seinen ursprünglichen Plan voran, eine Erneuerung der Ordnung nur für Kursachsen ausgehen zu lassen. Er wandte sich mit der Bitte um Rat an seinen Bruder und verwies darauf, dass zwar eine Einigung auf dem Rätetreffen in Naumburg nicht erzielt werden konnte, ein neues Ausschreiben gegen Fluchen

---

Georg Ende November/Dezember 1521 und im Januar 1522 nicht nur den Ernestinern, seinen Söhnen und den albertinischen Amtleuten vor, sondern auch dem Reichsregiment. »Durch das Mandat des Reichsregiments vom 20. Januar 1522 erreichte der Albertiner die Aufnahme seines Katalogs von Erkennungsmerkmalen in die antilutherische Reichsgesetzgebung.«; VOLKMAR, Reform statt Reformation (wie Anm. 7), S. 501.

51 BAKFJ 2 (wie Anm. 1), S. 615f., Nr. 1449 (Gregor Brück an Kurfürst Friedrich, aus Weimar am 10. Januar 1522); ebd., S. 619, Nr. 1455 (Kurfürst Friedrich an Herzog Johann, aus Allstedt am 17. Januar 1522, Reaktion Friedrichs auf ein Schreiben Johanns von 10. Januar).
52 BAKFJ 2 (wie Anm. 1), S. 610, Nr. 1441.
53 BAKFJ 2 (wie Anm. 1), S. 621f., Nr. 1459 (Instruktion); vgl. auch ebd., S. 619, Nr. 1455 (Abstimmung zwischen Friedrich und Johann zur Vorbereitung des Rätetreffens in Bezug darauf, welche Befugnisse ihre Räte erhalten sollten).
54 BAKFJ 2 (wie Anm. 1), S. 622–624, Nr. 1460.

und Gotteslästerung aber nötig sei, da der Missbrauch täglich zu- und überhandnehme. Friedrich riet Johann, sich in der Angelegenheit mit Friedrich von Thun zu besprechen, wenn dieser wieder am Fürstenhof Johanns eintreffe. Friedrich von Thun, Hauptmann zu Weimar, hatte als Rat Herzog Johanns bereits an den Verhandlungen in Naumburg teilgenommen. Es sollte ein neues Ausschreiben formuliert und Kurfürst Friedrich übersandt werden.[55] Bereits am 7. Februar 1522 schickte Johann den Entwurf aus Weimar. Das neue Ausschreiben sollte, sofern es Friedrichs Zustimmung erhalte, in die kursächsischen Städte und Ämter gesandt werden, so wie es bereits Ende November 1521 in dem durch Gregor Brück vermittelten brüderlichen Meinungsaustausch angedacht worden war. Mit Blick auf die nicht erfolgte Einigung mit den Räten Herzog Georgs riet Friedrich von Thun, das neue unilaterale Ausschreiben auf die ältere gemeinsame Ordnung zu beziehen, die im neuen Ausschreiben lediglich *erhelt werde*.[56]

### Inhalt

Den undatierten Entwurf des neuen Ausschreibens schickte Herzog Johann seinem Bruder in zwei Teilen zu. Das erste Konzept umfasste das Eingangsprotokoll, die Begründung für das Ausstellen der Ordnung sowie die abschließende Strafandrohung. Der Abschnitt mit der eigentlichen rechtlichen Verfügung wurde nur angerissen und nach den ersten Worten mit »etc.« abgekürzt.[57] An dieser Stelle sollte offenbar das zweite Konzept eingefügt werden, bei dem es sich um den Vorschlag von Friedrich von Thun für den Kernbestandteil des neuen Ausschreibens handelte und das die Bestimmungen enthielt, welche Personengruppen für welche Vergehen mit welchen Strafen zu belegen seien und wie die Ordnung bekanntzumachen sei.[58]

Die am Beginn des Ausschreibens stehenden Teile Intitulatio und Inscriptio wurden, wie in Konzepten durchaus üblich, lediglich angedeutet. Als Aussteller namentlich genannt wurde nur Johann. Dieser erinnerte zunächst an das durch Kurfürst Friedrich, Herzog Georg von Sachsen und ihn erlassene allgemeine Ausschreiben, das an alle Stände ihrer Länder gerichtet war und unter anderem missbräuchliches Schwören und Gotteslästerung betraf. Obwohl diese alte Ordnung – aus dem Jahr 1513 – hohe und schwere Strafen bei Verstößen vorsah, sei Ungehorsam festzustellen. Kurfürst Friedrich und Herzog Johann hätten *nit mit geringer beschwerunge gehort*, dass im Kurfürstentum Sachsen das göttliche Gebot, wonach der Mensch bei Gottes Namen nicht *unnutzlich schwern* soll, leichtfertig übergangen werde und der Missbrauch mit Fluchen und Schwören deutlich überhandnehme. Da Friedrich und Johann als regierende Fürsten verpflichtet seien, zur Abwendung göttlicher Strafe darauf zu achten, dass in ihren Gebieten die Gebote Gottes eingehalten werden, erneuern sie nun die alte Ordnung.

Im Aufbau des Mandats folgte die Dispositio, die gesondert formuliert worden war. Der Einstieg mit der Erklärung des Tatbestandes, also wer für welches Vergehen zu be-

---

55 BAKFJ 2 (wie Anm. 1), S. 632f., Nr. 1470 (Punkt 1).
56 BAKFJ 2 (wie Anm. 1), S. 632f., Nr. 1470 (Punkt 2).
57 BAKFJ 2 (wie Anm. 1), S. 630f., Nr. 1468.
58 BAKFJ 2 (wie Anm. 1), S. 631f., Nr. 1469.

strafen sei, wurde wörtlich aus der Ordnung des Jahres 1513 übernommen. Zu bestrafen seien nach Inkrafttreten der Ordnung alle Personen – unabhängig von Würde, Stand und Geschlecht –, denen Gotteslästerung, Fluchen auf Gott, Maria oder die Heiligen beziehungsweise freventliches Schwören innerhalb des Kurfürstentums Sachsen nachgewiesen werden könne.

Hinsichtlich der Festlegung der Strafen gab es aber im Vergleich der wettinischen Ordnungen von 1513 und 1522 signifikante Unterschiede, die wohl die Intention des Vorhabens Herzog Johanns offenbaren: Während 1513 noch Haft- und Leibesstrafen für Verstöße unmittelbarer Lästerung (*wider got*) vorgesehen waren, enthielt der Entwurf 1522 keine Unterscheidung mehr in direkte und indirekte Gotteslästerung, die unterschiedlich zu bestrafen wären, und auch keine Bestrafung mit Inhaftierung. Ebenso sah er, im Gegensatz zum Entwurf der Polizeiordnung auf dem Wormser Reichstag 1521 für schwere Fälle direkter Gotteslästerung und Fluchen, keine Todesstrafe vor. Vielmehr sollte laut dem Entwurf 1522 allgemein für eine *gots lesterung widder got* die Geldstrafe von einer Mark Silbers verhängt werden und nur, wenn der Lästerer das Geld nicht aufbringen konnte, sollte er am Leib gestraft werden. Weiterhin durften die zuständigen lokalen Obrigkeiten und ihre Gerichte als Strafverfolger das Strafmaß entsprechend der Person des Lästerers, der Häufigkeit und Schwere sowie der Umstände der Gotteslästerung anpassen – sowohl verringern als auch erhöhen. Die eingenommenen Strafgelder sollten die lokalen Obrigkeiten zur Hälfte behalten dürfen, die andere Hälfte war zur Ehre Gottes für Kirchen, Brücken, Wege und Stege einzusetzen.

Schließlich wurde noch darauf verwiesen, dass Friedrich und Johann die Bestimmungen der Ordnung an ihren Höfen bereits als Gesetz eingeführt hätten und beachten würden, was den fürstlichen Untertanen hohen und niederen Standes als Vorbild dienen sollte.

Die Aufgabe der Veröffentlichung, Verbreitung und Erklärung der Inhalte der Ordnung gegen missbräuchliches Schwören und Gotteslästerung wurde im Gegensatz zur gesamtwettinischen Ordnung von 1513 im Entwurf 1522 ausdrücklich der geistlichen Obrigkeit auferlegt. Die Bischöfe sollten Sorge dafür tragen, dass durch ihre Geistlichen, speziell durch ordentlich bestallte Prediger und Pfarrer, in Kursachsen die Ordnung öffentlich verkündigt wird, verbunden mit der christlichen Unterweisung, *wie groß diese ubertrettung bey gott dem almechtigen angesehen wird*.

Die abschließende Strafandrohung enthielt den Befehl, dass alle Verstöße geahndet werden müssen. Sollten diejenigen, die für die Strafverfolgung zuständig waren – wie Amtleute als Beauftragte der Fürsten, Adlige mit entsprechenden Herrschafts- und Gerichtsrechten sowie Stadträte – jemanden, der gegen das göttliche Gebot und gegen die landesherrliche Ordnung verstößt, nicht oder nur nachlässig bestrafen, sollte sie die Ungnade und Strafe Kurfürst Friedrichs und Herzog Johanns treffen.

**Nichtrealisierung**

Auf das Schreiben Herzog Johanns mit dem beigelegten Entwurf des neuen Ausschreibens antwortete Kurfürst Friedrich seinem Bruder bereits am 9. Februar 1522, also nur zwei Tage später, und begründete ausführlich seine Meinung, mit einem solchen Ausschreiben noch abzuwarten.⁵⁹ Für die Publikation würde zwar sprechen, dass mit Schwören und Fluchen viel Missbrauch geschehe, wodurch Gott erzürnt und zu Strafen veranlasst werde, und es daher nicht nachteilig sein sollte, ein Verbot ausgehen zu lassen. Als Argumente gegen das neue Ausschreiben verwies Friedrich allerdings darauf, dass derzeit auch sonst viel Aufruhr in ihren Landen vorhanden sei und er ein Schreiben vom Reichsregiment zu Nürnberg erhalten habe, wie Johann bereits wisse.

Das Reichsregimentsmandat vom 20. Januar 1522 enthielt den Befehl, kirchliche Neuerungen bis zur Entscheidung auf einem Konzil oder einer Reichsversammlung zu unterbinden,⁶⁰ und hatte den von Herzog Georg von Sachsen zusammengestellten und eingebrachten Katalog der Neuerungen und Missstände aufgenommen.⁶¹ Friedrich hielt es nun also für gefährlich, ein allein ernestinisches Ausschreiben in nur einem Artikel ausgehen zu lassen vor dem Hintergrund, dass mit den albertinischen Räten in anderen Punkten keine Einigung erzielt werden konnte. Friedrich plädierte für ein Aufschieben des Ausschreibens für den Fall, dass auch wegen der anderen Punkte ausgeschrieben werden soll, *und biß man sehe, wu die sachn hynauß wolten*. Abschließend stellte es Friedrich seinem Bruder frei, das Mandat trotz seiner Bedenken zu veröffentlichen. Darauf verzichtete Johann, so dass 1522 weder ein gesamtwettinisches noch ein kursächsisches Ausschreiben gegen Gotteslästerung ausging.⁶²

## Fazit und Ausblick

Die Offenheit der kirchenpolitischen Entwicklungen auf Reichs- und Landesebene sowie auch die Brisanz der Lutherfrage Anfang des Jahres 1522 ließen den sächsischen Kurfürsten abwarten und die Initiative seines Bruders nicht mittragen. Johann ging es zum

---

59 BAKFJ 2 (wie Anm. 1), S. 635 f., Nr. 1473 (Allstedt, 9. Februar 1522).
60 BAKFJ 2 (wie Anm. 1), S. 620 f., Nr. 1457; KOHNLE, Reichstag und Reformation (wie Anm. 40), S. 105–112 (Das Regimentsmandat vom 20. Januar 1522). Vgl. zum Regimentsmandat auch die Beiträge von Ulrike Ludwig und Saskia Jähnigen im vorliegenden Band.
61 Vgl. die Ausführungen oben zu den Diskussionen zwischen den Albertinern und Ernestinern in Saalfeld und in Naumburg 1521/22 sowie die Anm. Nr. 50.
62 Ein unilaterales Ausschreiben gegen Gotteslästerung, Fluchen und unnützes Schwören, das auch andere Themen, wie Verbot des Karten- und Würfelspielens sowie Bestimmungen zu Bettlern enthielt, ließ Herzog Georg von Sachsen im Jahr 1523 für das Herzogtum Sachsen im Druck ausgehen. In seinem Mandat ordnete der Albertiner an, dass Gotteslästerung weder von Fremden noch von Einwohnern gestattet werden dürfe, sondern zu bestrafen sei. Mit Blick auf die *frembden* verwies er auf die Anordnungen des Reichsregiments; VOLKMAR, Reform statt Reformation (wie Anm. 7), S. 398; ediert in: ABKG 1 (wie Anm. 10), S. 489 f., Nr. 487 (30. März 1523; Editionsgrundlage ist ein Exemplar der Mandatesammlung des Sächsischen Hauptstaatsarchivs Dresden). Ein weiteres Exemplar des Drucks befindet sich in: Sächsisches Staatsarchiv Leipzig, 20392 Rittergut Gnandstein, 784, Bl. 182rv (hier allerdings wurde der Druck des Mandats mit der Datumsangabe »Datum ut supra« zusammen mit einem Mandat Kurfürst Friedrichs und Herzog Johanns, das Münzfragen betraf und vom 19. April 1523 datiert, ebd. Bl. 180rv, überliefert). Die Empfänger der im Staatsarchiv Leipzig überlieferten Mandate der wettinischen Landesherren waren die Brüder Heinrich Hildebrand und Heinrich Abraham von Einsiedel.

einen darum, den allgemeinen Strafbestand der Gotteslästerung zwar öffentlich unter Strafe zu stellen, aber im Strafmaß deutlich abzuschwächen. Damit wäre die strengere Verfolgung vor allem der Delikte Schwören und Fluchen angemahnt, jedoch die Tragweite und Schwere eines Blasphemie-Vorwurfs erheblich entschärft worden. Zum anderen sollte im Ausschreiben Johanns die Pflicht zur Veröffentlichung der Ordnung sowie zur Ermahnung und Unterrichtung über Verstöße gegen Gottes Gebote als geistliche Sachen wieder den Bischöfen und ihren Geistlichen übertragen werden. Sie falle nicht in die Zuständigkeit der weltlichen Fürsten.

Diese Argumentation findet sich auch im schriftlichen Vorschlag der Räte Herzog Johanns Mitte Februar 1522, wie auf die Bitte des Meißner Bischofs an Kurfürst Friedrich um Unterstützung bei der Durchsetzung des Reichsregimentsmandats auf kursächsischem Gebiet regiert werden könnte: Da die aufgelisteten Neuerungen als geistliche Sachen in den Aufgabenbereich der kirchlichen Amtsträger fallen würden, stünde es den weltlichen Fürsten nicht zu, hier zu urteilen und dagegen vorzugehen. Sie hätten es aber schon lange gern gesehen und geduldet, wenn von der zuständigen geistlichen Seite aus gegen Missstände, wie unziemliches Schwören und Gotteslästerung oder das unter den Geistlichen verbreitete Konkubinat, vorgegangen worden wäre.[63] Von der um 1500 und 1513 in Entwürfen wettinischer Ordnungen formulierten Notwendigkeit des aktiven Eingreifens der sächsischen Fürsten aufgrund des Versagens der Kirche war keine Rede mehr. Die offizielle Zurückhaltung des weltlichen Landesherrn eröffnete 1522 aber der evangelischen Bewegung Möglichkeiten und Freiheiten zur Ausbreitung und Festigung in Kursachsen.

Das Thema Gotteslästerung war auch in den folgenden Jahren auf Reichsebene und in den einzelnen Territorien des Reiches hoch aktuell und beschäftigte Juristen, Theologen und politische Amtsträger. Martin Luther stufte als Gotteslästerer nicht nur den Papst und die römische Kirche ein, sondern unter anderem auch die aufständischen Bauern und die Täufer.[64] Auf der Gegenseite wurde Luther und seinen Anhängern Gotteslästerung vorgeworfen und entsprechende Anzeigen wurden den wettinischen Landesherren zur Untersuchung und Entscheidung vorgelegt.

Abschließend sei hier noch auf die Reichspolizeiordnung verwiesen, die auf dem Reichstag zu Augsburg 1530 nach jahrzehntelangen Diskussionen endlich erlassen wurde und – mit Ergänzungen 1548 und 1577 – »als ein ›Grundgesetz‹ bis zum Ende des Reiches im Jahr 1806 in Kraft« blieb.[65] Gleich als erste Materie widmete sich die

---

63 BAKFJ 2 (wie Anm. 1), S. 638–640, Nr. 1478. Vgl. dazu auch den Beitrag von Ulrike Ludwig im vorliegenden Band.
64 Zum Thema Luther und Gotteslästerung vgl. SCHWERHOFF, Zungen wie Schwerter (wie Anm. 8), S. 66–73.
65 ROmischer Keyser=||licher Maiestat Ord=||nung vñ Reformation || g[ue]ter Pollicei im Hey=||ligen R[oe]mischen Reich || Anno M.D.xxx.|| zů Augspurg vff=||gericht, [Mainz: Johann Schöffer 1530] (VD16 D 1053); ROmischer Keyszerlicher || Maießtat Ordenung vnnd || Reformation/ guter Pol=||licei im Heyligen R[oe]=||mischen Reich.|| Anno. M.D.xxx.|| zu Augspurgk || Vffgericht, [Leipzig: Melchior Lotter d. Ä. 1530] (VD16 D 1054). Zur Reichspolizeiordnung von 1530 vgl. HÄRTER, Entwicklung und Funktion der Policeygesetzgebung (wie Anm. 8), S. 61 (Zitat); HÄRTER, Repertorium der Policeyordnungen 1 (wie Anm. 12), S. 56 f.; SCHWERHOFF, Zungen wie Schwerter (wie Anm. 8),

durch verschiedene Drucke im Reich schnell verbreitete Ordnung dem Delikt der Gotteslästerung und des Gottesschwörens und sah strenge und schwere Strafen bei Verstößen oder Duldung von Verstößen vor, die von Geld-, über Haft- und Leibesstrafen bis hin zur Todesstrafe reichten. Das Vorbild des Reiches zeigte wiederum Auswirkungen auf die Landesebene. 1531 wünschten ernestinische Landstände die Beachtung und Erneuerung des allgemeinen Mandats gegen Gotteslästerung und Zutrinken, das Johann, mittlerweile sächsischer Kurfürst, einst vor 18 Jahren hatte ausgehen lassen. Eine Präzisierung sollte hinsichtlich des Strafmaßes erfolgen, eingenommene Strafgelder sollten nun in den Gemeinen Kasten[66] gegeben werden. Zudem bestanden Wünsche danach, dass Gotteslästerung und Schwören durch Prediger verboten werden sowie dass eine Schrift über Gotteslästerung durch Gelehrte der Wittenberger Universität verfasst und diese regelmäßig öffentlich verlesen werde.[67] Johann bewilligte, dass die Ordnung von 1513 erneuert wird, da trotz der intensiven Verkündigung von Gottes Wort, das durch die neue Lehre reiner gelehrt würde, die Laster in Kursachsen in den letzten Jahren nicht, so wie er gehofft hatte, aus Liebe und Gottesfurcht abgestellt worden seien. Kurfürst Johann verwies aber ausdrücklich darauf, dass die Inhalte überarbeitet werden müssten, da Einiges in der alten Ordnung nach der jetzt erkannten Wahrheit nicht dem Evangelium entspräche.[68]

---

S. 156–158. Der entsprechende Band der Reichstagsakten zum Augsburger Reichstag 1530 befindet sich derzeit noch in Vorbereitung (Deutsche Reichstagsakten Jüngere Reihe, 9).

66 Vgl. Christian PETERS, Der Armut und dem Bettel wehren. Städtische Beutel- und Kastenordnungen von 1521 bis 1531, in: Gute Ordnung. Ordnungsmodelle und Ordnungsvorstellungen in der Reformationszeit, hrsg. von Irene Dingel/Armin Kohnle (Leucorea-Studien zur Geschichte der Reformation und der Lutherischen Orthodoxie, 25), Leipzig 2014, S. 239–255.

67 BURKHARDT, Ernestinische Landtagsakten 1 (wie Anm. 28), S. 212f., Nr. 403, S. 216f., Nr. 409, S. 217f., Nr. 411, S. 233–235, Nr. 425; vgl. MÜLLER, Die ernestinischen Landtage (wie Anm. 28), S. 202.

68 BURKHARDT, Ernestinische Landtagsakten 1 (wie Anm. 28), S. 217, Nr. 410; vgl. RICHTER, Die ernestinischen Landesordnungen (wie Anm. 27), S. 60f. Im Jahr 1531 erschien im Druck die Vermahnung Kurfürst Johanns von Sachsen gegen Gotteslästerung und Völlerei. »Ein von seiner Gattung her singuläres Dokument [...]. Nach Form und Inhalt handelt es sich dabei nicht um ein obrigkeitliches Mandat, sondern einen von Theologen verfaßten Sermon, [...]«, vgl. dazu SCHWERHOFF, Zungen wie Schwerter (wie Anm. 8), S. 57f., 61 (Zitat S. 57).

Konstantin Enge

# Zwischen Engagement und Distanz

## Friedrich der Weise und die Leipziger Disputation

Mit der Leipziger Disputation fand vom 27. Juni bis zum 15. Juli 1519 ein Ereignis statt, das sowohl für die Entwicklung der Theologie Martin Luthers und der Wittenberger Reformation als auch für die sächsische Reformationsgeschichte von richtungsweisender Bedeutung war.[1] Die historische und kirchenhistorische Forschung hat sich in diesem Zusammenhang in vielfältiger Weise mit den Disputanten Martin Luther, Andreas Bodenstein aus Karlstadt[2] und Johannes Eck, aber auch mit der Rolle der Universität Leipzig, des zuständigen Diözesanbischofs Adolf von Merseburg und nicht zuletzt des albertinischen Herzogs Georg von Sachsen,[3] in dessen Herrschaftsbereich die Disputation statt-

---

1   Zur Leipziger Disputation vgl. v. a. Die Leipziger Disputation von 1519. Ein theologisches Streitgespräch und seine Bedeutung für die frühe Reformation, hrsg. von Markus Hein/Armin Kohnle (Herbergen der Christenheit. Sonderband, 25), Leipzig 2019 = aktualisierte und erweiterte Neuausgabe von: Die Leipziger Disputation 1519. 1. Leipziger Arbeitsgespräch zur Reformation, hrsg. von Markus Hein/Armin Kohnle (Herbergen der Christenheit. Sonderband, 18), Leipzig 2011; sowie Johann Karl Seidemann, Die Leipziger Disputation im Jahre 1519, Dresden/Leipzig 1843; Felix Richard Albert, Aus welchem Grunde disputierte Johann Eck gegen Martin Luther in Leipzig 1519, Gotha 1873; Otto Clemen, Litterarische Nachspiele zur Leipziger Disputation, in: Beiträge zur Sächsischen Kirchengeschichte 12 (1897), S. 56–83 = Ders., Kleine Schriften, Bd. 1: 1897–1903, hrsg. von Ernst Koch, Leipzig 1982, S. 54–83; Ders., Ein gleichzeitiger Bericht über die Leipziger Disputation 1519, in: Neues Archiv für Sächsische Geschichte und Altertumskunde 51 (1930), S. 44–57 = Ders., Kleine Schriften, Bd. 5: 1922–1932, hrsg. von Ernst Koch, Leipzig 1984, S. 496–509; William Herman Theodore Dau, The Leipzig Debate in 1519. Leaves from the Story of Luther's Life, St. Louis 1919; Kurt-Victor Selge, Der Weg zur Leipziger Disputation zwischen Luther und Eck im Jahr 1519, in: Bleibendes im Wandel der Kirchengeschichte, hrsg. von Bernd Moeller/Gerhard Rubach, Tübingen 1973, S. 169–210; Kurt-Victor Selge, Die Leipziger Disputation zwischen Luther und Eck, in: Zeitschrift für Kirchengeschichte 86 (1975), S. 26–40; Konrad Amman, Die Leipziger Disputation als akademisches Streitgespräch, in: Bayern und Europa, hrsg. von Konrad Amman u. a., Frankfurt am Main u. a. 2005, S. 57–73; Anselm Schubert, Libertas Disputandi. Luther und die Leipziger Disputation als akademisches Streitgespräch, in: Zeitschrift für Theologie und Kirche 105 (2008), S. 411–442; sowie das entsprechende Kapitel bei Martin Brecht, Martin Luther. Sein Weg zur Reformation 1483–1521, Berlin 1986, S. 285–332.

2   Vgl. neben Stefania Salvadori, Andreas Bodenstein von Karlstadt und die Leipziger Disputation, in: Hein/Kohnle, Die Leipziger Disputation von 1519 (wie Anm. 1), S. 135–158; jetzt auch den zahlreiche Quellen zur Leipziger Disputation beinhaltenden zweiten Band der Karlstadt-Edition: Kritische Gesamtausgabe der Schriften und Briefe Andreas Bodensteins von Karlstadt, Bd. II: Briefe und Schriften 1519, hrsg. von Thomas Kaufmann (Quellen und Forschungen zur Reformationsgeschichte, 93), Gütersloh 2019.

3   Zu Herzog Georg von Sachsen vgl. u. a. Christoph Volkmar, Reform statt Reformation. Die Kirchenpolitik Herzog Georgs von Sachsen 1488–1525 (Spätmittelalter, Humanismus, Reformation, 41), Tübingen 2008; Armin Kohnle, Wandel fürstlicher Frömmigkeitspraxis in der Refor-

fand, beschäftigt. Seltener berücksichtigt wurde hingegen die Frage, ob und in welcher Form auch der Landesherr Luthers und Karlstadts, der ernestinische Kurfürst Friedrich von Sachsen, genannt der Weise,[4] Anteil an der Leipziger Disputation genommen oder diese beeinflusst hat. Der kürzlich erschienene zweite Band der Quellenedition[5] zur Kirchenpolitik Friedrichs des Weisen und Johanns des Beständigen ermöglicht es nun erstmals, eine Reihe von Quellen, die darüber Auskunft geben können, im Zusammenhang auszuwerten und in die bisherige Forschung einzuordnen, was im folgenden Aufsatz unternommen werden soll.

---

mationszeit – der Fall Herzog Georgs von Sachsen, in: Alltag und Frömmigkeit am Vorabend der Reformation in Mitteldeutschland. Wissenschaftlicher Begleitband zur Ausstellung »Umsonst ist der Tod«, hrsg. von Enno Bünz/Hartmut Kühne (Schriften zur sächsischen Geschichte und Volkskunde, 50), Leipzig 2015, S. 65–80; DERS., Herzog Georg von Sachsen und sein evangelischer Adel. Die Einsiedel, Schönberg und Hopfgarten, in: Adel – Macht – Reformation. Konzepte, Praxis und Vergleich, hrsg. von Martina Schattkowsky, Leipzig 2020, S. 181–191; Christian WINTER, Der Reformationskonflikt im Haus Sachsen. Herzog Georg als Gegenspieler der ernestinischen Reformationsfürsten, in: Die Reformation. Fürsten – Höfe – Räume (Quellen und Forschungen zur sächsischen Geschichte, 42), hrsg. von Armin Kohnle/Manfred Rudersdorf, Leipzig/Stuttgart 2017, S. 292–313; Heiko JADATZ, Sächsische Landesherrschaft contra Wittenberger Reformation. Die Kirchen- und Religionspolitik Herzog Georgs von Sachsen, in: Denkströme. Journal der Sächsischen Akademie der Wissenschaften 4 (2010), S. 121–132; Siegfried HOYER, Georg von Sachsen. Reformer und Bewahrer des alten Glaubens, in: Europäische Herrscher. Ihre Rolle bei der Gestaltung von Politik und Gesellschaft vom 16. bis zum 18. Jahrhundert, hrsg. von Günter Vogler, Weimar 1988, S. 95–105; Otto VOSSLER, Herzog Georg der Bärtige und seine Ablehnung Luthers, in: Historische Zeitschrift 184 (1957), S. 272–291; sowie mehrere Beiträge im Sammelband: Zwischen Reform und Abgrenzung. Die Römische Kirche und die Reformation (Quellen und Forschungen zur sächsischen Geschichte, 37), hrsg. von Armin Kohnle/Christian Winter, Leipzig/Stuttgart 2014; und die vierbändige Quellenedition: Akten und Briefe zur Kirchenpolitik Herzog Georgs von Sachsen, hrsg. von Felician Geß/Heiko Jadatz/Christian Winter, Leipzig/Köln 1905–2012 (im Folgenden: ABKG). Vgl. zudem zu Herzog Georg sowie zu den anderen genannten Protagonisten die entsprechenden Beiträge im Sammelband: HEIN/KOHNLE, Die Leipziger Disputation von 1519 (wie Anm. 1); sowie die dort genannte einschlägige Literatur.

4   Zu ihm vgl. Ingetraut LUDOLPHY, Friedrich der Weise. Kurfürst von Sachsen 1463–1525, Göttingen 1984; Kurfürst Friedrich der Weise von Sachsen. Politik, Kultur und Reformation (Quellen und Forschungen zur sächsischen Geschichte, 40), hrsg. von Armin Kohnle/Uwe Schirmer, Leipzig/Stuttgart 2015; Beate KUSCHE, Friedrich III. der Weise von Sachsen (1463–1525), in: Herrschaft und Glaubenswechsel. Die Fürstenreformation im Reich und in Europa in 28 Biographien, hrsg. von Susan Richter/Armin Kohnle (Heidelberger Abhandlungen zur mittleren und neueren Geschichte, 24), Heidelberg 2016, S. 28–45; Bernd STEPHAN, »Ein itzlichs Werck lobt seinen Meister«. Friedrich der Weise, Bildung und Künste (Leucorea-Studien zur Geschichte der Reformation und der Lutherischen Orthodoxie, 24), Leipzig 2014.

5   Briefe und Akten zur Kirchenpolitik Friedrichs des Weisen und Johanns des Beständigen 1513 bis 1532. Reformation im Kontext frühneuzeitlicher Staatswerdung, Bd. 2: 1518–1522, hrsg. von Armin Kohnle/Manfred Rudersdorf, bearb. von Stefan Michel/Beate Kusche/Ulrike Ludwig/Konstantin Enge/Dagmar Blaha/Alexander Bartmuß, Leipzig 2022 (im Folgenden: BAKFJ 2).

## Kurfürst Friedrich und der Weg zur Leipziger Disputation

Auf die infolge der 95 Thesen seit dem Anfang des Jahres 1518 geführte Auseinandersetzung zwischen Martin Luther, Andreas Karlstadt und Johannes Eck muss angesichts der hervorragenden Forschungslage an dieser Stelle nicht in aller Ausführlichkeit eingegangen werden.[6] In Kürze sei angeführt, dass die zunächst auf Vermittlung des Nürnbergers Christoph Scheurl entstandene Gelehrtenfreundschaft zwischen Luther und Eck sich wandelte, nachdem der Ingolstädter Professor die Ablassthesen Luthers kritisierte und mit als »Obelisci« bezeichneten polemischen Anmerkungen versah, auf die Luther seinerseits mit »Asterisci« reagierte.[7] Den Anstoß, diese allenfalls halböffentlich geführte gelehrte Auseinandersetzung in Form einer Disputation auszutragen, gab schließlich eine Anfang Juni 1518 durch Andreas Karlstadt veröffentlichte Thesenreihe,[8] die sich gegen Eck richtete und den Auslöser für den Wechsel etlicher Streitschriften und schließlich für die Leipziger Disputation darstellte.

Für die Vorbereitung dieses Streitgesprächs spielte der im folgenden Herbst in Augsburg durchgeführte Reichstag eine Schlüsselrolle. Hier trafen Martin Luther, der aufgrund des am Rande des Reichstags abgehaltenen Verhörs durch Kardinal Cajetan vor Ort war,[9] und Johannes Eck im Karmeliterkloster aufeinander. Luther verhandelte als eine Art Unterhändler Karlstadts mit dem Ingolstädter Theologen über die weitere Vorgehensweise und verständigte sich in der zu diesem Zeitpunkt noch offenen Frage nach einem möglichen Austragungsort einer Disputation auf Erfurt oder Leipzig. Nachdem auch Karlstadt diesen Vorschlägen zugestimmt hatte, entschied sich Eck schließlich für Leipzig.[10]

In Augsburg zeigte sich auch, dass Kurfürst Friedrich nicht nur für seine Landeskinder und Universitätsprofessoren Luther und Karlstadt ein wichtiger Ansprechpartner im Kontext der Disputation war, sondern auch für deren Gegner Johannes Eck. Wie dieser in einem unmittelbar nach der Disputation am 22. Juli 1519 an den Kurfürsten gerichte-

---

6 Vgl. u. a. Johann Peter WURM, Johannes Eck und die Disputation von Leipzig 1519. Vorgeschichte und unmittelbare Folgen, in: HEIN/KOHNLE, Die Leipziger Disputation von 1519 (wie Anm. 1), S. 159–173; SELGE, Der Weg zur Leipziger Disputation (wie Anm. 1); BRECHT, Martin Luther (wie Anm. 1), S. 285–295.

7 Martin LUTHER, Asterisci Lutheri adversus Obeliscos Eckii, ediert in: D. Martin Luthers Werke: Kritische Gesamtausgabe, Bd. 1, Weimar 1883, S. 278–314.

8 Andreas KARLSTADT, CCCLXX et Apologeticae Conclusiones pro sacris litteris et Wittenbergensibus, ediert in: Kritische Gesamtausgabe der Schriften und Briefe Andreas Bodensteins von Karlstadt, Bd. I: Schriften 1507–1518, Teilbd. 2: 1518, hrsg. von Thomas Kaufmann (Quellen und Forschungen zur Reformationsgeschichte, 90/2), Gütersloh 2017, S. 789–861, Nr. 85. Wenig später erschien ein Auszug dieser Thesenreihe unter dem Titel: Contra D. Joannem Eckium [...] Apologeticae propositiones pro Reverendo Patre D. Martino Luther, ediert ebd., S. 871–898, Nr. 88.

9 Vgl. Armin KOHNLE, Reichstag und Reformation. Kaiserliche und ständische Religionspolitik von den Anfängen der Causa Lutheri bis zum Nürnberger Religionsfrieden (Quellen und Forschungen zur Reformationsgeschichte, 72), Gütersloh 2001, S. 27–31; BRECHT, Martin Luther (wie Anm. 1), S. 237–255.

10 Vgl. D. Martin Luthers Werke. Kritische Gesamtausgabe: Briefwechsel, Bd. 1, Weimar 1930 (im Folgenden: WA.Br 1), S. 230 f., Nr. 109; sowie WURM, Johannes Eck (wie Anm. 6), S. 165 f.

ten Schreiben mitteilte, hatte er in Augsburg vergeblich versucht, zu einem persönlichen Gespräch mit Friedrich vorgelassen zu werden: Nach eigener Aussage war er dabei *sechs mal in E. Ch. G. hoffhaltung zu Augspurg kommen. Ich* [= Eck, Anm. d. Autors] *wayß aber nit auß was ansynnen / ich nie für E. Ch. G. hab mügen kommen.*[11] Wenn Eck auch nicht explizit erwähnt, welches Anliegen er dabei verfolgte, so lässt der unmittelbare zeitliche und inhaltliche Kontext sowohl dieser Versuche als auch ihrer Erwähnung an dieser Stelle keinen Zweifel daran, dass er sich in seinem Konflikt mit den Wittenberger Theologen um kurfürstliche Unterstützung bemühen wollte.

Obwohl Leipzig als Austragungsort der Disputation gar nicht im ernestinischen Herrschaftsbereich lag, sondern zum albertinischen Herzogtum gehörte, richteten sich auch von dort bereits frühzeitig Blicke auf den Kurfürsten. So äußerten die Mitglieder der Theologischen Fakultät zu Leipzig in ihrem erfolglosen Bemühen, die Disputation in Leipzig zu verhindern, im Dezember 1518 gegenüber Herzog Georg unter anderem die Befürchtung, *das villeicht dadurch u. g. h. herzog Friderich churfurst etc. uf gemeyne universitet und uns seyne ungnade wenden und villeichte daraus zwischen s. kf. und E. F. G. unwillen enspriessen mochte.*[12] Auch wenn das Argument eines infolge der Disputation drohenden Konflikts zwischen den beiden sächsischen Herrscherhäusern zu diesem Zeitpunkt eher vorgeschoben wirkt, sollte es sich, wie später noch gezeigt werden kann, als nicht unbegründet erweisen.

Dass Kurfürst Friedrich in diesem Zeitraum nicht unmittelbar und öffentlich in die Vorbereitungen der Leipziger Disputation eingriff, bedeutete keineswegs, dass der kursächsische Hof diese Vorbereitungen tatenlos verfolgte. Eine Schlüsselrolle kam in diesem Zusammenhang dem kursächsischen Hofkaplan Georg Spalatin zu, der wie so oft als entscheidendes Bindeglied zwischen Luther und seinem Landesherrn wirkte.[13] Spalatin sah sich spätestens zu dem Zeitpunkt zum Handeln veranlasst, als infolge der von Johannes Eck um den Jahreswechsel 1518/19 herausgegebenen Disputationsthesen eine neue Dynamik einsetzte.[14] Die eigentlich gegen Karlstadt gerichteten Thesen enthielten auch auf Luther abzielende Aussagen über den Primat der Römischen Kirche, durch die sich Luther herausgefordert sah, eine eigene Teilnahme an der Disputation anzustreben. Im vollen Bewusstsein der Tragweite und der möglichen politischen Konsequenzen dieser Entwicklung führte Spalatin im Frühjahr 1519 Schriftwechsel und Gespräche mit Luther und Karlstadt, um in die Vorbereitung der Disputation einbezogen zu werden und mäßigend auf die Wittenberger Theologen einzuwirken.[15]

---

11 BAKFJ 2 (wie Anm. 5), S. 236f., Nr. 912; Doctor Martin ludders Underricht an Kurfursten von Sachssen. disputation zu Leypszig belangent vnnd D. Eckius briue von der selbigen, [Augsburg 1520] (VD16 L 6831), fol. Aiiir (Zitat).

12 ABKG 1 (wie Anm. 3), S. 49–51 (Zitat S. 50), Nr. 63; vgl. dazu auch Selge, Der Weg zur Leipziger Disputation (wie Anm. 1), S. 180f.

13 Vgl. Irmgard Höss, Georg Spalatin 1484–1545. Ein Leben in der Zeit des Humanismus und der Reformation, Weimar 1956; Björn Schmalz, Georg Spalatin am kursächsischen Hof, in: Kohnle/Schirmer, Kurfürst Friedrich der Weise (wie Anm. 4), S. 48–61; Georg Spalatin. Steuermann der Reformation, hrsg. von Armin Kohnle/Christina Meckelnborg/Uwe Schirmer, Halle 2014.

14 Vgl. Wurm, Johannes Eck (wie Anm. 6), S. 166–168.

15 Vgl. dazu ausführlich Höss, Georg Spalatin (wie Anm. 13), S. 156–160.

Als bald deutlich wurde, dass weder Luthers Teilnahme an der Disputation noch seine offene Abwendung vom Papsttum verhindert werden konnten, scheinen Spalatin und der Kurfürst dies akzeptiert und sich von nun an um Unterstützung für den Reformator bemüht zu haben. Darauf deutet etwa die Äußerung Luthers in einem Schreiben an Johannes Lang vom 13. April 1519 hin, dass Herzog Georg seine nachträgliche Zulassung zur Disputation auf ein Wort Friedrichs hin befohlen habe.[16] Über die Gründe für diese Unterstützung lässt sich nur spekulieren: Neben einem wahrscheinlichen eigenen Interesse Kurfürst Friedrichs an der Klärung der zur Debatte stehenden Fragen sowie daran, dem eigenen Universitätsprofessor die Verteidigung seiner Thesen zu ermöglichen, mögen auch die scheinbar günstigen äußeren Rahmenbedingungen durch die Vakanz des Kaiserthrons und die daraus resultierende Zurückhaltung der Kurie eine Rolle gespielt haben.[17]

In den Zusammenhang der Unterstützung Luthers gehört außerdem ein aller Wahrscheinlichkeit nach auf die Initiative Spalatins zurückzuführender Briefwechsel Kurfürst Friedrichs mit Erasmus von Rotterdam im Frühjahr 1519. Nachdem dem führenden Humanisten seiner Zeit bereits im Herbst 1518 eine Schaumünze Friedrichs und im Frühjahr 1519 ein Schreiben Luthers übersandt worden waren,[18] hatte sich Erasmus am 14. April 1519 mit einem Brief an den Kurfürsten gewandt.[19] Darin äußerte er vorsichtige Sympathie für die Lehren Luthers und den Wunsch, dass Friedrich für einen fairen Umgang mit dem Reformator sorgen würde. In dem als Antwort darauf verfassten Schreiben vom 14. Mai brachte der Kurfürst seine Freude über die Äußerungen des Erasmus zum Ausdruck und bekräftigte seinen Willen, für eine gerechte Behandlung Luthers zu sorgen.[20]

Dass der Kontakt mit Erasmus auf eine Unterstützung der Wittenberger Theologen im Vorfeld der Disputation abzielte und von den Zeitgenossen auch so wahrgenommen wurde, zeigt eine wenig später in Leipzig gedruckte Schrift.[21] Diese enthält die Disputationsthesen Ecks, Luthers und Karlstadts, denen der Brief des Erasmus an Kurfürst Friedrich vorangestellt ist. In einem kurzen Einleitungstext[22] wird der Leser auf das Schreiben

---

16 WA.Br 1 (wie Anm. 10), S. 368–372, Nr. 167; vgl. dazu auch SELGE, Der Weg zur Leipziger Disputation (wie Anm. 1), S. 193 f.
17 Vgl. dazu etwa KOHNLE, Reichstag und Reformation (wie Anm. 9), S. 31.
18 Vgl. HOSS, Georg Spalatin (wie Anm. 13), S. 161.
19 BAKFJ 2 (wie Anm. 5), S. 202 f., Nr. 864.
20 BAKFJ 2 (wie Anm. 5), S. 218, Nr. 884.
21 Ohne Titel, daher nach dem Inhaltsverzeichnis bezeichnet als: Contenta in hoc Libello […], [Leipzig, Melchior Lotter d. Ä., 1519] (VD16 E 2831).
22 »AD LECTOREM. Habes hic, Lector optime, ad illustriss. Saxon. ducem, Rom. imp. electorem, FRIDERICVM prudentissimum principem, ERASMI ROTERODAMI prudentissimi scriptoris Epistolam. Qua vir ille, vere Theologus, benignissimo studiorum Mecoenati, primum literas meliores, earumque professores commendat. Deinde, MARTINI LVTHERII causam paucis attingens in re scrupulosa sic versatur, vt nec temeritatem in pronunciando, nec praeuaricationem in patrocinando, calumniari possis. Qua parte, miraberis Erasmici stili popularem libertatem. Porro, LVTHERIANA causa, quorsum sit euasura, forsan patebit ex euentu scholasticae disputationis. Quam Lipsiae vicesima septima mensis Iunii die fore, iamdudum inter partes conuenit. Quisquis ergo rari conflictus spectator esse cupis, fac hospes in tempore adsis. Bene vale.« (Contenta [wie Anm. 21], fol. [Ai]r).

des Erasmus als gewissenhafter Stellungnahme zur Luthersache hingewiesen und die Einladung ausgesprochen, deren weiteren Fortgang im Rahmen der Leipziger Disputation zu verfolgen.

Insgesamt zeigte sich somit in den Monaten vor dem Streitgespräch, welches schließlich vom 27. Juni bis zum 15. Juli in der Leipziger Pleißenburg in Abwesenheit Kurfürst Friedrichs, der zu dieser Zeit an der Königswahl in Frankfurt teilnahm,[23] stattfand, dass der Landesherr Luthers und Karlstadts sowohl von den Teilnehmern der Disputation als auch vor Ort in Leipzig durchaus als bedeutender Akteur im Umfeld dieses Ereignisses wahrgenommen wurde. Persönliche oder gar öffentliche Äußerungen zu den diskutierten Fragestellungen sind seitens des Kurfürsten, der sich in seinem Agieren in der Luthersache immer wieder auf den Standpunkt stellte, die theologischen Debatten als Laie nicht beurteilen zu können, freilich ebenso wenig überliefert wie eine direkte Einflussnahme auf die organisatorischen Fragen im Vorfeld der Disputation, etwa hinsichtlich eines geeigneten Austragungsortes. Dies sollte indes nicht als Ausdruck von Desinteresse oder Passivität des kursächsischen Hofs missverstanden werden, der – vor allem in Person Georg Spalatins als Kenner sowohl der kurfürstlichen Diplomatie wie auch der lutherischen Lehre – die Entwicklungen aufmerksam verfolgte und sich durch die Beratung der Wittenberger Disputationsteilnehmer und die Gewinnung prominenter Fürsprecher wie Erasmus von Rotterdam um Unterstützung für Luther und Karlstadt bemühte.

Es ist also davon auszugehen, dass Friedrich über den Prozess, der zur Disputation führte, bestens informiert war und wusste, was in Leipzig zur Debatte und auf dem Spiel stand. Er scheint ein Interesse daran gehabt zu haben, dass die Disputation stattfinden konnte und für Luther erfolgreich verlief. Dabei vermied er es allerdings, allzu offensiv oder öffentlichkeitswirksam für den Reformator einzutreten. Dies entspricht dem allgemeinen Zug der Politik Friedrichs eines vorsichtigen Taktierens zwischen Engagement für und Distanz zu Luther.

## Kurfürst Friedrich und die unmittelbaren Folgen der Leipziger Disputation

Diese Rolle Friedrichs als wichtiger Ansprechpartner und aktiver Beobachter der Ereignisse fand auch während und unmittelbar nach der Disputation ihre Fortsetzung, wie vor allem eine Reihe von Berichten über die Leipziger Ereignisse zeigen, die dem Kurfürsten zum Teil infolge eines entsprechenden Auftrags und zum Teil unaufgefordert zugeschickt wurden.

Zu den im kurfürstlichen Auftrag an der Disputation Teilnehmenden gehörte etwa der einflussreiche Grimmaer Amtmann Hans von der Planitz[24], über den Luther nach der

---

23 Vgl. dazu Heiner LÜCK, Friedrich der Weise und die Königswahl von 1519, in: KOHNLE/SCHIRMER, Kurfürst Friedrich der Weise (wie Anm. 4), S. 23–47.

24 Zu ihm vgl. Regine METZLER, Hans von der Planitz, in: Sächsische Biografie, hrsg. vom Institut für Sächsische Geschichte und Volkskunde, 13.09.2016. URL: https://saebi.isgv.de/biografie/3167 [2023-08-15].

Disputation äußerte: *Und wäre Herr Hans von Plaunitz, E. K. Gn. Hauptmann zu Grimm, nit gewesen, so wäre ich Hans Dahinten* [= im Hintertreffen, Anm. d. Autors] *gewesen, wie derselb E. K. Gn. wohl mag berichten.*[25] Der von Planitz mit Sicherheit erstattete Bericht ist allerdings nicht überliefert und könnte auch mündlich erfolgt sein. Gleiches gilt im Fall des kursächsischen Höflings Veit Warbeck[26]. Dass dieser ebenfalls der Disputation beiwohnte und beauftragt war, dem Kurfürsten zu berichten, wissen wir aus einem Brief Spalatins an Warbeck vom 29. Juli 1519, in dem der Hofkaplan mitteilte, dass der Kurfürst bereits ungeduldig auf Mitteilungen Warbecks wartete.[27]

Neben diesen nicht oder nicht mehr zugänglichen Mitteilungen können etliche in schriftlicher Form überlieferte Berichte angeführt werden. Dies gilt etwa für das bisher von der Forschung wenig beachtete und nun erstmals edierte Schreiben des Simon Pistoris d. Ä.[28] an Kurfürst Friedrich vom 23. Juli 1519.[29] Pistoris, der sich kurz zuvor noch im Gefolge Friedrichs in Frankfurt aufgehalten hatte, teilte mit, dass er auf kurfürstlichen Befehl hin Erkundigungen über den Verlauf des Streitgesprächs eingezogen und von seinem Sohn Simon Pistoris d. J.[30] erhalten hatte, dem bei der Disputation die Rolle zugekommen war, die Disputationsteilnehmer im Namen der Universität feierlich zu begrüßen. Dieser Sohn hatte Pistoris d. Ä. mitgeteilt, dass Martin Luther in der Auseinandersetzung als der Gelehrtere erschien und daher Eck trotz dessen rhetorischer Talente überlegen war. Scharfsichtig benannte Pistoris zudem die Punkte, die bis heute in der Beurteilung der Leipziger Disputation als zentral angesehen werden, nämlich den bei aller Einigkeit in den Fragen der Buße (*de poenitentia*) und der Ablässe (*de indulgentiis*) offenbar gewordenen Dissens im Hinblick auf die päpstliche Gewalt (*de potestate pape*) sowie die Sympathien Luthers für Johannes Hus[31], die für großes Aufsehen gesorgt hätten. Die berühmt gewordene Reaktion Herzog Georgs[32] auf den letzten Aspekt lässt Pistoris unerwähnt, nicht aber die Unterstützung Ecks durch die Leipziger Theologen.

---

25 WA.Br 1 (wie Anm. 10), S. 465–478 (Zitat S. 474), Beilage zu Nr. 192; vgl. BAKFJ 2 (wie Anm. 5), S. 246 f., Nr. 925 Anm. 2.
26 Zu ihm vgl. Melanchthons Briefwechsel, Bd. 16: Personen T–Z und Nachträge, bearb. von Heinz Scheible, Stuttgart 2022, S. 240 f.
27 Christian Schlegel, Historia vitae Georgii Spalatini. Theologi, politici […], Jena 1693, S. 203, Nr. V; Regest bei: Georg Mentz, Die Briefe G. Spalatins an V. Warbeck, nebst ergänzenden Aktenstücken, in: Archiv für Reformationsgeschichte 1 (1904), S. 197–246, hier S. 199, Nr. 5.
28 Zu ihm vgl. Melanchthons Briefwechsel, Bd. 14: Personen O–R (im Folgenden: MBW 14), bearb. von Heinz Scheible, Stuttgart 2021, S. 276 f.
29 BAKFJ 2 (wie Anm. 5), S. 237 f., Nr. 913.
30 Zu ihm vgl. MBW 14 (wie Anm. 28), S. 277 f.
31 Zu ihm und der infolge seines Wirkens entstandenen hussitischen Bewegung in Böhmen vgl. Thomas Krzenck, Johannes Hus. Theologe, Kirchenreformer, Märtyrer (Persönlichkeit und Geschichte, 170), Gleichen/Zürich 2011; Peter Hilsch, Johannes Hus. Prediger Gottes und Ketzer, Regensburg 1999; František Šmahel, Die hussitische Revolution, 3 Bde., Hannover 2002; Franz Machilek, Hus/Hussiten, in: Theologische Realenzyklopädie 15 (1986), S. 710–735; sowie die ausführliche Einleitung mit zahlreichen Angaben zu weiterführender Literatur in der deutschen Werkausgabe: Johannes Hus deutsch, hrsg. von Armin Kohnle/Thomas Krzenck, Leipzig 2017.
32 Laut dem 1566 abgefassten Bericht des bei der Leipziger Disputation anwesenden Sebastian Fröschel, Vom Königreich Jhesu […], Wittenberg 1566 (VD16 F 3094), fol. Aiiv–Biiir; soll Herzog

Einen weiteren Bericht fertigte am 27. Juli 1519 der Benediktinermönch Matthäus Hitzschold[33], genannt Hisolidus, an.[34] Anders als Pistoris sandte Hitzschold diesen aber nicht in Form eines handschriftlichen Briefs an den Hof, sondern veröffentlichte eine als Schreiben an den Kurfürsten stilisierte Druckschrift. Wenn dieser Bericht somit durchaus auf eine breitere Öffentlichkeit abzielte und nicht eindeutig nachzuweisen ist, ob und wie er von Friedrich wahrgenommen wurde,[35] ist er dennoch an dieser Stelle mit zu berücksichtigen. Dies gilt insbesondere aufgrund der Motivation, die Hitzschold für das Verfassen seiner Schrift angibt: Da er aufgrund landesherrlicher Unterstützung in Wittenberg studieren konnte, fühlte er sich dem Kurfürsten verpflichtet. Deshalb kam er dem Befehl des mittlerweile am 3. Juli in Frankfurt verstorbenen kursächsischen Kämmerers Degenhardt Pfeffinger[36] nach, dem Kurfürsten von der Leipziger Disputation, deren Augen- und Ohrenzeuge er war, zu berichten. Auch wenn er nach eigener Aussage wenig von der Disputation mitgeschrieben hatte, fühlte sich Hitzschold trotzdem verpflichtet, den vielfältig kursierenden Berichten und Meinungsäußerungen zur Leipziger Disputation seine Wahrnehmung entgegenzusetzen. In der Folge charakterisierte er Ecks Auftreten als reißerisch und ausfallend und kritisierte dessen andauernde Bemühungen, Luther und Karlstadt in Misskredit zu bringen. Anders als Pistoris benannte Hitzschold nicht nur die Bewertung des päpstlichen Primats oder der Lehren des Johannes Hus als entscheidende Streitpunkte, sondern auch die Frage, ob die Versöhnung des Menschen allein aus Gnade gänzlich (*totaliter*) oder ganz (*totum*) Gottes Werk sei und also dem Menschen eine Möglichkeit der Mitwirkung in Form guter Werke bliebe oder nicht. Eck habe sich dabei und während der gesamten Disputation gänzlich auf auswendig Gelerntes und schriftliche Notizen verlassen und sei anders als seine Gegner nicht zu einer lebendigen Auslegung der Heiligen Schrift in der Lage gewesen. Der Hitzschold-Druck macht somit deutlich, dass die Sympathien des Autors ganz den Wittenberger Theologen gehörten, und ist als öffentliche Fürsprache für Luther und Karlstadt gegenüber dem Kurfürs-

---

Georg auf die Aussage Luthers, dass nicht alle Artikel des Johannes Hus häretisch gewesen seien, wie folgt reagiert haben: »Darauff sprach Hertzog Georg mit lauter Stimme / laut / das mans uber das gantze Auditorium hört / Das walte die sucht / und schüttelt den Kopff / und setzet beide Arme in die beide seiten« (ebd., fol. Biir). Vgl. dazu auch Heiko JADATZ, Herzog Georg von Sachsen und die Leipziger Disputation, in: HEIN/KOHNLE, Die Leipziger Disputation von 1519 (wie Anm. 1), S. 109–124.

33 Zu ihm vgl. Thomas T. MÜLLER, Frühreformation in Westthüringen. Jakob Strauß in Eisenach und Matthäus Hisolidus in Creuzburg (Beiträge zur Reformationsgeschichte in Thüringen, 15), Jena 2019, S. 52–75.
34 BAKFJ 2 (wie Anm. 5), S. 239 f., Nr. 916; vgl. dazu CLEMEN, Litterarische Nachspiele (wie Anm. 1), S. 56–62.
35 Das einzige bekannte Exemplar des Drucks in der Universitätsbibliothek Leipzig, Kirchg.1032(K)1 trägt auf dem Titelblatt die handschriftliche Widmung: »Ill~: P: E: D: F: SAX: D: etc. : F: M: H:« und könnte somit also Friedrich zugegangen sein.
36 Zu ihm vgl. Albert GÜMBEL, Der kursächsische Kämmerer Degenhart von Pfeffingen, der Begleiter Dürers auf der »Marter der Zehntausend Christen« (Studien zur deutschen Kunstgeschichte, 238), Straßburg 1926.

ten zu verstehen, dem Hitzschold zur Untermauerung seiner Position zudem die Lektüre der Mitschriften der Disputation empfahl.[37]

Neben diesen Berichten, die sowohl das Interesse Friedrichs an Verlauf und Ausgang der Disputation wie auch die ihm daraufhin zugegangenen Informationen dokumentieren, sind natürlich die Äußerungen der Disputanten selbst gegenüber dem Kurfürsten von entscheidender Bedeutung. Martin Luther übersandte einen ersten Bericht am 20. Juli an Georg Spalatin.[38] Neben zahlreichen Klagen über die Winkelzüge und Gehässigkeiten Ecks sowie über die schlechte Behandlung der Wittenberger Theologen durch die Leipziger lieferte Luther dabei auch einen kurzen Überblick zu den inhaltlichen Aspekten des Streitgesprächs. Während in vielen Fragen, vor allem in der des Ablasses, eine überraschende Einigkeit mit Eck bestanden hätte, wären maßgebliche Differenzen im Hinblick auf den päpstlichen Primat und die Verurteilung des Johannes Hus sichtbar geworden. Luther führte zudem einige Begebenheiten an, die mit den bereits erwähnten Beschreibungen in Einklang zu bringen sind. So wies er auch hier auf die zentrale Bedeutung der Unterstützung durch Hans von der Planitz hin, dessen Bericht Spalatin sicher noch hören würde. Darüber hinaus erwähnte er eine Einladung und das Wohlwollen des Simon Pistoris d. J., welches sich auch in dem bereits vorgestellten Bericht dessen Vaters niederschlug. Zudem berichtete Luther von einer Unterredung mit Herzog Georg, der, negativ beeinflusst durch Eck und die Leipziger Theologen, die Parteinahme des Wittenbergers für die hussitischen Böhmen kritisiert habe.[39]

Während nicht eindeutig nachzuweisen ist, wann und in welcher Form Spalatin die von Luther übermittelten Informationen an den Kurfürsten weitergab,[40] wandte sich Eck zwei Tage später, noch von Leipzig aus, direkt an Friedrich. In seinem auf den 22. Juli datierten Schreiben[41] stellte der Ingolstädter seine Wahrnehmung der Disputation und

---

37 Vgl. zu diesen Mitschriften Christian WINTER, Die Protokolle der Leipziger Disputation, in: HEIN/KOHNLE, Die Leipziger Disputation von 1519 (wie Anm. 1), S. 61–72. Vgl. dazu auch BAKFJ 2 (wie Anm. 5), S. 239, Nr. 914 Anm. 1.

38 WA.Br 1 (wie Anm. 10), S. 420–431, Nr. 187. Deutsche Übersetzung des lateinischen Schreibens bei: Dr. Martin Luthers Sämtliche Schriften, Bd. 15: Reformations-Schriften, hrsg. von Johann Georg Walch, St. Louis ²1899, Sp. 1162–1170, Nr. 381.

39 Herzog Georg erinnerte Luther einige Jahre später am 28. Dezember 1525 selbst an diese Begegnung und das dort erfolgte Gespräch über Luthers Haltung zum Hussitismus, ABKG 2 (wie Anm. 3), S. 472–478, Nr. 1195.

40 Gegenüber Johannes Eck gab der Kurfürst am 24. Juli an, bisher keine Berichte Luthers und Karlstadts erhalten zu haben, BAKFJ 2 (wie Anm. 5), S. 239, Nr. 914; vgl. auch WA.Br 1 (wie Anm. 10), S. 463, Nr. 192, Beilage 2 Anm. 1.

41 BAKFJ 2 (wie Anm. 5), S. 236f., Nr. 912. Eine handschriftliche Überlieferung des Schreibens ist nicht bekannt. Die älteste bekannte Überlieferung stellt somit die Druckschrift: Doctor Martin ludders Underricht (wie Anm. 11) dar, die neben diesem Schreiben noch weitere Stücke des im Folgenden dargestellten Briefwechsels enthält. Die Druckschrift wurde von Michael Eck, wohl auf Grundlage der seinem Verwandten Johannes Eck vorliegenden Handschriften, zusammengestellt und war Johann von Schwarzenberg gewidmet. Dass der vorliegende Brief Ecks an den Kurfürsten nicht im Bestand Ernestinisches Gesamtarchiv in Weimar aufzufinden ist, dürfte daran liegen, dass der Kurfürst das Schreiben zur Beantwortung an Martin Luther weiterleitete, der es nach eigenen Angaben später nicht mehr auffinden konnte, vgl. BAKFJ 2 (wie Anm. 5), S. 247, Nr. 925 Anm. 3.

ihres Ausgangs dar. Am Anfang brachte er dabei eine Entschuldigung gegenüber dem Kurfürsten vor, dem und dessen Universität er nicht habe schaden wollen. Vielmehr hätte er im Sinne der Wahrheit gehandelt und dabei auch persönliche Nachteile in Kauf genommen. Wie schon Pistoris und Luther kennzeichnete auch Eck den päpstlichen Primat und die Artikel des Johannes Hus als die wesentlichen Streitpunkte. Luther habe sich bei diesen Fragen auf einen Irrweg begeben, den Eck angesichts dessen Talents bedauerte. Neben seinem Bemühen, die Deutungshoheit über die Leipziger Ereignisse in der Hand zu behalten, schlägt sich auch der Wunsch Ecks, seine Position für die nun zu erwartenden weiteren Auseinandersetzungen zu verbessern, in dem Schreiben nieder, indem er gegenüber dem Kurfürsten das unbotmäßige Verhalten der Wittenberger herausstellte. So kritisierte er Luthers Vorhaben, den Kreis der Gutachter an den mit einem Urteil beauftragten Universitäten Paris und Erfurt über die Theologen hinaus auf Juristen, Mediziner und Artisten zu erweitern,[42] sowie die Drohung seiner Gegner, Schriften über die Leipziger Disputation zu veröffentlichen, bevor diese Urteile vorliegen würden. Eck gab an, dass er ebenfalls derartige Schriften veröffentlichen könnte, sich aber den Anweisungen Friedrichs, dessen Verantwortung gegenüber *dem christenlichen Glauben, Land und Leuten*[43] er betonte, unterwerfen wollte. In einer Nachschrift wehrte sich Eck gegen den kursierenden Vorwurf, dass kurfürstliche Untertanen – insbesondere der Wittenberger Medizinprofessor Peter Burckhard – ihm unter der Hand Schriften Luthers über den päpstlichen Primat zugespielt hätten, um seine Vorbereitung zu erleichtern, und gab zugleich den Ratschlag, derartige Schriften zu verbrennen.

Die zwei Tage später am 24. Juli 1519 abgefasste Antwort des Kurfürsten dürfte Eck kaum den Eindruck vermittelt haben, dass er Friedrich auf seine Seite gezogen hatte.[44] Knapp teilte dieser mit, dass sich weder Eck bisher im Vorfeld oder nach der Disputation an ihn gewandt habe noch ein entsprechender Bericht Karlstadts und Luthers vorliege. Diesen beiden wollte er Ecks Schreiben daher weiterleiten und sie zu einer Antwort auffordern. Falls nötig, wollte er Eck daraufhin erneut schreiben.

Am 31. Juli reagierte zuerst Andreas Karlstadt auf das Schreiben Ecks, welches ihm durch den Kurfürsten zugeleitet worden war.[45] Er wies alle Vorwürfe und Beleidigungen Ecks zurück und stellte sich selbst als Sieger über den Ingolstädter dar. Eck habe Karlstadt letztlich Recht geben müssen, der seinerseits den Konkurrenten Irrtümern und eines falschen Zitats überführte. Dies hatte Karlstadt dem Kurfürsten schnellstmöglich mitteilen wollen, dem er schließlich noch die erbetene ausführliche Antwort, die er gemeinsam mit Luther anfertigen sollte und wollte, in Aussicht stellte.

Diese Antwort übersandten Karlstadt und Luther schließlich am 18. August 1519 gemeinsam mit einem Begleitbrief[46] an den Kurfürsten. In diesem Begleitbrief gingen sie auf den Wunsch des Kurfürsten nach einer Antwort an Eck sowie auf eine inzwischen

---

42 Vgl. dazu Schubert, Libertas Disputandi (wie Anm. 1), S. 439; sowie ABKG 1 (wie Anm. 3), S. 92–94, Nr. 124.
43 WA.Br 1 (wie Anm. 10), S. 460.
44 BAKFJ 2 (wie Anm. 5), S. 239, Nr. 914; auch dieses Schreiben ist nicht handschriftlich, sondern nur im Rahmen der Druckschrift: Doctor Martin ludders Underricht (wie Anm. 11) überliefert.
45 BAKFJ 2 (wie Anm. 5), S. 241, Nr. 918.
46 BAKFJ 2 (wie Anm. 5), S. 246f., Nr. 925.

bereits im Druck erschienene Erklärung ein. Bei letzterer handelte es sich um den als Vorrede zu Luthers »Resolutiones Lutherianae super propositionibus suis Lipsiae disputatis«[47] erschienenen lateinischen offenen Brief an Georg Spalatin. An Spalatin schrieb Luther ebenfalls am 18. August und verwies auf die an den Kurfürsten übersandte Antwort, für die er offenbar maßgeblich verantwortlich war.[48] Da Luther nicht gewusst habe, ob der Kurfürst von ihm die Veröffentlichung einer lateinischen Schrift oder die Zusendung einer deutschen Antwort wünschte, habe er beide Wege verfolgt. Diese deutsche Antwort könnte, so gaben Karlstadt und Luther in ihrem Schreiben an Friedrich an, Eck zugeschickt werden, was sie begrüßen würden, da dieser inzwischen eine Kampagne der öffentlichen Verunglimpfung der Wittenberger Theologen betreibe.

Auch wenn sich die Antwortschrift somit unmittelbar an und gegen Eck richtete, war sie der äußeren Form nach als Schreiben an den Kurfürsten eingerichtet. Eingangs gingen Luther und Karlstadt darauf ein, dass Friedrich ihnen den Brief Ecks zugesandt habe, in dem dieser es unternehme, sie *zuverunglympffen und doch mit seinen sophistischen tücken dahin erbeyttet, wie er E. Ch. G. durch sein gewonlich böß gschwetz beweg, uns mit angesichts seines schreybens und schwynds urtayls zum land außjagen*.[49] Als Entgegnung auf die Vorwürfe Ecks überschickten sie nun ihrerseits ihren Bericht von der Disputation, der ganz als Reaktion auf die von Eck in seinem Schreiben und in Leipzig vorgebrachten Vorwürfe zu verstehen ist. Erst im Schlussteil wird der Kurfürst wieder angesprochen und gebeten, das lange Schreiben, mit dem sie ebenso wie mit ihren lateinischen Schriften nur die Wahrheit ans Licht bringen wollten, nicht ungnädig aufzunehmen.

Erst am 12. Oktober leitete der Kurfürst, der nach eigenen Angaben bisher verhindert gewesen war,[50] die inzwischen sicher von Spalatin und anderen durchgesehene Antwort[51] mit einem kurzen, neutralen Begleitbrief[52] an Eck weiter. Dieser reagierte schließlich

---

47 D. Martin Luthers Werke: Kritische Gesamtausgabe. Schriften, Bd. 2, Weimar 1884, S. 388–435. Vgl. auch BAKFJ 2 (wie Anm. 5), S. 246, Nr. 925 Anm. 1.
48 Vgl. zum Anteil Luthers und Karlstadts an den infolge der Disputation geführten Korrespondenzen SALVADORI, Andreas Bodenstein (wie Anm. 2), v. a. S. 153–158.
49 Doctor Martin ludders Underricht (wie Anm. 11), fol. [Aiiii]v.
50 Kurfürst Friedrich litt in dem betreffenden Zeitraum unter einem starken Schub seiner Gichterkrankung. Zudem fällt in diese Wochen die Übergabe der Goldenen Rose durch Karl von Miltitz. Vgl. für beide Aspekte u. a. BAKFJ 2 (wie Anm. 5), S. 264, Nr. 937.
51 Da auch hier keine handschriftliche Überlieferung vorliegt und die älteste bekannte Fassung in der Druckschrift: Doctor Martin ludders Underricht (wie Anm. 11) vorliegt, kann nicht nachvollzogen werden, inwiefern am Hof mit dem von Karlstadt und Luther eingereichten Schreiben gearbeitet wurde. Die in seinem Schreiben an Spalatin ausgesprochene Zustimmung Luthers zu einer Lektüre und Redaktion am kurfürstlichen Hof sowie die lange Dauer bis zur Weiterleitung legen aber nahe, dass eine solche Durchsicht stattgefunden hat. Der Umstand, dass im Bestand Ernestinisches Gesamtarchiv in Weimar kein Exemplar erhalten ist, deutet allerdings darauf hin, dass das Schreiben schließlich in seiner ursprünglichen Form an Eck weitergeleitet wurde.
52 BAKFJ 2 (wie Anm. 5), S. 275, Nr. 953; auch dieses Schreiben ist nicht handschriftlich, sondern nur im Rahmen der Druckschrift: Doctor Martin ludders Underricht (wie Anm. 11) überliefert.

darauf noch einmal mit einer umfangreichen Entgegnung, die vom 8. November datiert.[53] Wie zuvor die Wittenberger verfasste auch Eck diese Antwort der äußeren Form nach als Schreiben an Kurfürst Friedrich – der Inhalt war aber ganz auf Karlstadt und Luther berechnet, auf deren ebenfalls an den Kurfürsten adressiertes, aber an Eck gerichtetes Schreiben er reagierte. Parallel zu ihrem zeitgleich mittels lateinischer Druckschriften und Sendschreiben ausgetragenen öffentlichen Konflikt,[54] führten die ehemaligen Disputationsteilnehmer somit eine weitere schriftliche Auseinandersetzung in deutscher Sprache, die über den kurfürstlichen Hof vermittelt wurde.

Friedrich dem Weisen kam dabei die etwas merkwürdige Rolle zu, mehrmals zum Empfänger von Schreiben zu werden, die er dann ohne erkennbare inhaltliche Würdigung an die eigentlichen Korrespondenzpartner weiterleitete. Diese Rolle hatte der Kurfürst allerdings bewusst gewählt, als er schon auf die von Eck in seinem ersten Schreiben angebrachten Punkte in keiner Weise einging und diesem lediglich mitteilte, dass er das Schreiben an Karlstadt und Luther weitergegeben und sie mit einer Antwort beauftragt hatte. Dies entsprach voll der von Friedrich auch sonst verfolgten Argumentationslinie, dass er die Lehren seines Theologieprofessors als Laie nicht beurteilen könne und deshalb Luther selbst diese zu verantworten habe. Damit brachte er sich in die Position, auf Forderungen nach politischen oder juristischen Maßnahmen gegen den Reformator, wie sie auch Eck ursprünglich vorgebracht hatte, nicht eingehen zu müssen. Die betont neutral wirkende Untätigkeit des Kurfürsten bedeutete somit keine echte Äquidistanz zu den Kontrahenten, sondern faktisch eine Unterstützung Luthers, der seine inhaltliche Auseinandersetzung mit Eck ohne Angst vor äußerem Zwang weiterführen konnte. Zudem ist die durch die unkommentierte Weiterleitung der jeweiligen Schreiben imaginierte Gleichbehandlung der Korrespondenzpartner insofern nur Fassade, als Luther – vor allem in der Person Spalatins – über einen unmittelbaren Zugang zum Hof und somit über Möglichkeiten zu hintergründigen Abstimmungsprozessen verfügte,[55] die Eck selbstverständlich verwehrt waren. Diese Beobachtungen zur demonstrativen Distanz zu und zum informellen Engagement für Luther zeigen, dass wesentliche Argumentations- und Handlungsmuster der von Kurfürst Friedrich in den folgenden Jahren betriebenen »Lutherschutzpolitik«[56] somit bereits in den Korrespondenzen infolge der Leipziger Disputation erkennbar werden.

---

53 Ob der Kurfürst auch diese Abschrift an Luther weiterleitete, ist unklar. Jedenfalls existiert auch hier keine handschriftliche Überlieferung, sodass der Abdruck in: Doctor Martin ludders Underricht (wie Anm. 11), fol. Civr–Giv die älteste bekannte Fassung darstellt. Vgl. auch BAKFJ 2 (wie Anm. 5), S. 275, Nr. 953 Anm. 1.

54 Vgl. dazu etwa Brecht, Martin Luther (wie Anm. 1), S. 309–311.

55 Gerade in dem Zeitraum der über den Hof vermittelten Auseinandersetzung zwischen Luther und Eck bezeugen zahlreiche Schreiben den engen Austausch und das gute Verhältnis zwischen Luther und dem Hof. So widmete der Reformator dem erkrankten Kurfürsten im September eine Trostschrift (vgl. BAKFJ 2 [wie Anm. 5], S. 265 f., Nr. 939) und bedankte sich wenig später bei Spalatin für Geschenke, die der Kurfürst Luther und Karlstadt zukommen ließ (ebd., S. 269, Nr. 943).

56 Vgl. dazu Stefan Michel, Einleitung, in: BAKFJ 2 (wie Anm. 5), S. 11–21, hier v. a. S. 12–15; Kohnle, Reichstag und Reformation (wie Anm. 9), S. 22–44 u. ö.; Ders., Kurfürst Friedrich der Weise, Martin Luther und die Reformation, in: Sächsische Heimatblätter 63 (2/2017), S. 82–90; Bernd Stephan, Friedrich der Weise und Luther: Distanz und Nähe, in: Kohnle/Schirmer, Kurfürst

## Die Folgen der Leipziger Disputation
## für das innerwettinische Verhältnis

Wie bereits erwähnt, bedeutete die Leipziger Disputation auch einen Wendepunkt im Verhältnis des albertinischen Herzogs Georg von Sachsen zu Martin Luther und dessen Theologie.[57] Es handelte sich bei Georg um einen theologisch gebildeten und an Kirchenreformen interessierten Fürsten, der in der Lage war, sich mit Luthers Lehren auseinanderzusetzen.[58] Die von dem Wittenberger in den 95 Thesen geäußerte Kritik am Ablasswesen nahm Georg, der vor allem der von Johann Tetzel betriebenen Petersablass-Kampagne ablehnend gegenüberstand und diese wie seine ernestinischen Vettern in seinem Herrschaftsbereich untersagte, äußerst positiv auf und befahl sogar die Veröffentlichung der Thesen in seinem Herrschaftsgebiet.[59] Die sich in der Folgezeit entwickelnde öffentliche Debatte um die Ablasskritik verfolgte er mit wohlwollendem Interesse, das wohl hauptsächlich darauf abzielte zu klären, welche weiterführenden Konsequenzen sich aus den 95 Thesen ergaben. Deshalb stand Georg auch der Leipziger Disputation offen gegenüber, deren Stattfinden in der in seinem Herrschaftsbereich liegenden Stadt er gegen den Willen der Theologischen Fakultät und des zuständigen Bischofs Adolf von Merseburg durchsetzte.

Als in Leipzig dann die Ablassfrage gar kein großes Konfliktpotential mehr barg, hingegen aber deutlich wurde, wie stark die weitere Entwicklung Luthers diesen inzwischen von der römischen Kirche entfremdet hatte, änderte sich auch die Haltung Georgs zu dem Wittenberger Theologen. Der Ablehnung des päpstlichen Primats und vor allem den hier erstmals geäußerten Sympathien des Reformators für Johannes Hus konnte und wollte sich der Albertiner nicht anschließen. Da der Hussitismus für Georg sowohl politisch – das Herzogtum Sachsen war durch seine lange Grenze zu Böhmen immer wieder von den dort stattfindenden Auseinandersetzungen tangiert – als auch persönlich – sein Großvater Georg von Podiebrad war als Hussit exkommuniziert worden – ein Stein des Anstoßes war, sah er hier eine Grenze überschritten.[60]

Nachdem Luther in Leipzig mehrere auf dem Konstanzer Konzil von 1415 verworfene Artikel des Johannes Hus für rechtgläubig erklärt hatte und wenig später in einem gedruckten Sermon zum Abendmahl[61] auch die Forderung der böhmischen Utraquisten

---

    Friedrich der Weise (wie Anm. 4), S. 424–435; Wilhelm Borth, Die Luthersache (Causa Lutheri) 1517–1524 (Historische Studien, 414), Lübeck 1970, v. a. S. 45–99.
57  Vgl. dazu Jadatz, Herzog Georg (wie Anm. 32); Volkmar, Reform (wie Anm. 3), S. 446–473; sowie die bei Anm. 3 angeführte weitere Literatur zur Kirchenpolitik Herzog Georgs.
58  Vgl. Volkmar, Reform (wie Anm. 3), S. 78–82. Ein in der Literatur gelegentlich behauptetes Universitätsstudium hält Volkmar zwar für unwahrscheinlich. Aufgrund der ursprünglich geplanten geistlichen Laufbahn und entsprechender Erziehung durch seine Mutter Sidonie sowie durch Hauslehrer und Hofkapläne sei Georg aber an der »Spitze vorreformatorischer Laienbildung« (S. 82) zu verorten.
59  Vgl. Volkmar, Reform (wie Anm. 3), S. 449–452.
60  Vgl. Volkmar, Reform (wie Anm. 3), S. 453–465.
61  Martin Luther, Ein Sermon von dem hochwürdigen Sakrament des heiligen wahren Leichnams Christi und von den Brüderschaften, ediert in: D. Martin Luthers Werke. Kritische Gesamtausgabe, Bd. 2, S. 738–758.

nach dem Laienkelch aufgriff, war der Bruch Georgs mit der neuen Lehre unausweichlich. Der Herzog wandte sich von Luther nicht nur ab, sondern sah es in den nächsten Jahren zunehmend als seine Aufgabe an, die Ausbreitung der evangelischen Bewegung in seinem Territorium und darüber hinaus zu verhindern. Georg entwickelte sich damit zu einem der entschiedensten Gegner der neuen Lehre im Reich und machte das albertinische Herzogtum zum »Geburtsland des Kampfes gegen die Reformation«[62].

Diese Entwicklung konnte auch für das Verhältnis zwischen den beiden wettinischen Linien nicht folgenlos bleiben. Seit der Leipziger Teilung von 1485 war der wettinische Herrschaftsbereich in das ernestinische Kurfürstentum und das albertinische Herzogtum Sachsen aufgeteilt.[63] Da beide Territorien eng miteinander verzahnt blieben und verschiedene Herrschaftsrechte gemeinsam ausgeübt wurden, blieben beide Linien auf eine enge Kooperation angewiesen, die sich beispielsweise in regelmäßigen Treffen beiderseitiger Räte, aber auch in direkter Korrespondenz der jeweiligen Fürsten ausdrückte. Kurfürst Friedrich und Herzog Georg, die beide über einen sehr langen Zeitraum in dieser Konstellation regierten,[64] pflegten infolgedessen einen intensiven persönlichen und schriftlichen Austausch.[65] Bald schlug sich auch hier der seit der Leipziger Disputation bestehende Gegensatz zwischen dem Albertiner, der Luthers Lehre nun für eine akute Bedrohung der religiösen und territorialen Ordnung hielt, und seinem ernestinischen Vetter, der seinen Theologieprofessor zu schützen versuchte, nieder.

Den Auftakt dieser für die nächsten Jahre das Verhältnis prägenden Auseinandersetzung stellt ein Schreiben dar, das Herzog Georg gut fünf Monate nach der Leipziger Disputation am 27. Dezember 1519 an den Kurfürsten übersandte.[66] Den Anlass des Schreibens bot der bereits erwähnte Abendmahls-Sermon Luthers, und die von Georg

---

62 Vossler, Herzog Georg (wie Anm. 3), S. 272.
63 Vgl. dazu André Thieme, 1485 – Die Leipziger Teilung der wettinischen Lande, in: Zäsuren sächsischer Geschichte, hrsg. von Reinhardt Eigenwill, Beucha 2010, S. 68–93; Jörg Rogge, Herrschaftsweitergabe, Konfliktregelung und Familienorganisation im fürstlichen Hochadel. Das Beispiel der Wettiner von der Mitte des 13. bis zum Beginn des 16. Jahrhunderts (Monographien zur Geschichte des Mittelalters, 49), Stuttgart 2002, S. 222–226; Karlheinz Blaschke, Die Leipziger Teilung der wettinischen Länder, in: Beiträge zur Verfassungs- und Verwaltungsgeschichte Sachsens. Ausgewählte Aufsätze, hrsg. von Karlheinz Blaschke, Leipzig 2002, S. 323–335 = Sächsische Heimatblätter 31 (1985), S. 276–280.
64 Friedrich regierte vom Tod seines Vaters Ernst 1486 bis zu seinem eigenen Tod im Jahr 1525. Georg übte bereits ab 1488 in Vertretung seines zumeist abwesenden Vaters Albrecht die Regierungsgeschäfte aus und regierte dann ab dessen Tod im Jahr 1500 bis zu seinem eigenen Lebensende 1539.
65 Vgl. zur Korrespondenz zwischen den beiden Fürsten: Beate Kusche, Handschreiben und Kanzleischreiben. Die Korrespondenz zwischen Kurfürst Friedrich und Herzog Georg von Sachsen, in: BAKFJ 2 (wie Anm. 5), S. 31–42; sowie allgemein: Enno Bünz, Nähe und Distanz: Friedrich der Weise und Herzog Georg von Sachsen (1486–1525), in: Kohnle/Schirmer, Kurfürst Friedrich der Weise (wie Anm. 4), S. 123–141; Winter, Der Reformationskonflikt (wie Anm. 3); Reiner Gross, Ernestinisches Kurfürstentum und albertinisches Herzogtum Sachsen zur Reformationszeit. Grundzüge außen- und innenpolitischer Entwicklung, in: Glaube und Macht. Sachsen im Europa der Reformationszeit. Begleitband zur 2. Sächsischen Landesausstellung in Torgau, hrsg. von Harald Marx/Cecilie Hollberg, Dresden 2004, S. 52–60; Enno Bünz, Territorium – Stadt – Universität, in: Hein/Kohnle, Die Leipziger Disputation von 1519 (wie Anm. 1), S. 85–108, hier S. 90–92.
66 BAKFJ 2 (wie Anm. 5), S. 301 f., Nr. 998.

vorgetragene Argumentation beschäftigte sich eingehend mit dem seit der Disputation im Raum stehenden Vorwurf, Luther hänge der hussitischen Ketzerei an. Dies hätten Georg und viele andere nun durch die Schrift bestätigt gefunden, die mit ihrem Inhalt und selbst dem Holzschnitt auf dem Titelblatt die für die Böhmen charakteristische Forderung nach dem Empfang des Abendmahls unter beiderlei Gestalt wiederholen würde. Darüber hinaus wurde Georg zugetragen, dass Luther in regem Austausch mit Hussiten stünde, die ihn sowohl in Wittenberg besuchen als auch sich durch seine Lehren zum Utraquismus bestärkt fühlen würden. Der Herzog brachte seine große Besorgnis über diese Entwicklung zum Ausdruck, die den heiligen Glauben des Hauses Sachsen sowie dessen öffentliches Ansehen zu gefährden drohte. Daher bat er den Kurfürsten, Maßnahmen gegen Luther zu ergreifen.

Friedrich beantwortete das Schreiben umgehend am 29. Dezember.[67] In dieser Antwort trug der Kurfürst erneut das Argument vor, die Lehre Luthers nie verteidigt zu haben und diese nicht beurteilen zu können. Immerhin gestattete er sich die Anmerkung, dass seines Wissens viele Gelehrte Luthers Aussagen für christlich halten würden. Dennoch stellt das Schreiben in seinen Überarbeitungsphasen einen eindrücklichen Beleg dafür dar, dass die mangelnde theologische Urteilsfähigkeit des Kurfürsten sich nun zu einem festen Sujet der Lutherschutzpolitik verdichtete: Ein im überlieferten Konzept ursprünglich noch enthaltener Verweis auf die kurfürstliche Universität Wittenberg sowie auf die Gelehrsamkeit Friedrichs, welcher die Plausibilität dieser Argumentation infrage gestellt hätte, wurde schließlich gestrichen. Friedrich konnte sich somit auf den Standpunkt stellen, dass er, bei allem guten Willen, Glaubensirrtümer zu vermeiden, nicht für die Lehren Luthers verantwortlich zu machen sei, umso mehr, als Luther sich ja bereit gezeigt hätte, sich von päpstlichen Gesandten wie Thomas Cajetan oder Karl von Miltitz widerlegen zu lassen.

Dieser Briefwechsel stellte den Auftakt zu einer fortwährenden Auseinandersetzung Georgs mit den ernestinischen Fürsten dar, die zu Lebzeiten Friedrichs in der Regel nach dem Muster verlief, dass der Albertiner sich empört über Schriften und Lehren Luthers an den Ernestiner wandte und von diesem eine ausweichende oder die Angelegenheit verzögernde Antwort erhielt, ohne dass Friedrich Maßnahmen gegen Luther ergriff.[68]

Der Vorwurf, Luther sei ein hussitischer Ketzer, wird dabei von Georg immer wieder aufgegriffen, so auch am 26. November 1521, als der Albertiner sich an Herzog Johann wandte,[69] möglicherweise in der Hoffnung, bei ihm mehr zu erreichen als bei seinem Bruder Friedrich. Auch hier beklagte sich Georg über die Lehren Luthers und die in Wittenberg, das er als Hauptstadt Sachsens bezeichnete, geübte Abendmahlspraxis unter bei-

---

67 BAKFJ 2 (wie Anm. 5), S. 302 f., Nr. 999.
68 Dies gilt etwa für eine im Frühjahr 1523 geführte Korrespondenz über eine Schrift Luthers für Hartmut von Kronberg, welche Beleidigungen gegen Herzog Georg enthielt, sowie einen Briefwechsel zu neuerlichen Schmähungen Luthers im Herbst 1524. Die betreffenden Quellen werden in Band 3 der Edition Briefe und Akten zur Kirchenpolitik Friedrichs des Weisen und Johanns des Beständigen geboten. Vgl. bisher dazu WINTER, Der Reformationskonflikt (wie Anm. 3), S. 208 f.; sowie die dort angegebenen Quellen bei ABKG 1 (wie Anm. 3).
69 BAKFJ 2 (wie Anm. 5), S. 568 f., Nr. 1391. Bei ABKG 1 (wie Anm. 3), S. 208–211, Nr. 259 ist das Schreiben nach dem Konzept ediert und wie dieses auf den 21. November 1521 datiert.

derlei Gestalt. Er äußerte sein Unverständnis darüber, dass der Kurfürst sich von Luther zur böhmischen Ketzerei verführen ließe, und bat Johann, die Gründe dafür zu ermitteln und gemeinsam mit Georg das Gespräch mit Friedrich zu suchen. Auch bei einer kurze Zeit später in Saalfeld abgehaltenen Unterredung Herzog Georgs mit Herzog Johanns Kanzler Gregor Brück griff Georg diese Argumentation wieder auf und ging dabei auch auf das Schicksal seines exkommunizierten Vorfahren Georg von Podiebrad ein.[70] Da sich Johann in dieser wie in anderen Angelegenheiten eng mit seinem Bruder Friedrich abstimmte[71] und dessen Wunsch, Luther zu schützen, teilte,[72] erreichte Georg allerdings auch hier nicht die gewünschte Unterstützung.

Es ist somit deutlich, dass der durch die Leipziger Disputation ausgelöste Bruch Herzog Georgs mit Martin Luther einen entscheidenden Wendepunkt auch im Verhältnis der innerwettinischen Beziehungen darstellte. Luthers in Leipzig erstmalig öffentlich gewordene Nähe und Zustimmung zu Lehrsätzen des Johannes Hus wurde für Georg zum bestimmenden Kriterium in der Bewertung des Wittenberger Theologen. Dies führte unweigerlich zu einem nicht aufzulösenden Dissens mit Kurfürst Friedrich, der nicht bereit war, Luther seinen Schutz angesichts des Engagements Georgs zu entziehen. Vielmehr wurde auch der albertinische Herzog nun zum Gegenüber der vorsichtig-taktierenden Lutherschutzpolitik, die der Kurfürst zu dieser Zeit auch gegenüber anderen Akteuren, wie dem Kaiser oder den mitteldeutschen Bischöfen, betrieb.

## Fazit

Der Leipziger Disputation von 1519 wird sowohl in der Erinnerungskultur als auch in der kirchenhistorischen Forschung als Meilenstein der frühen Reformationsgeschichte gedacht, sie war »eine wichtige Etappe auf dem Weg der Herausbildung von Luthers

---

70 Vgl. den Bericht Gregor Brücks an Herzog Johann über die am 22. Dezember 1521 erfolgte Unterredung, BAKFJ 2 (wie Anm. 5), S. 599–601, Nr. 1431; sowie das darauf Bezug nehmende Schreiben Herzog Georgs an Herzog Johann vom 26. Dezember 1521, ebd., S. 601–603, Nr. 1433. Vgl. zu weiteren in Saalfeld verhandelten Punkten auch den Beitrag von Beate Kusche in diesem Band.
71 Vgl. etwa BAKFJ 2 (wie Anm. 5), S. 610, Nr. 1441; sowie allgemein: Stefan MICHEL, Torgauer und Weimarer Reformation. Die Reformationsansätze der Brüder Friedrich und Johann von Sachsen, in: KOHNLE/RUDERSDORF, Die Reformation (wie Anm. 3), S. 8–20; Armin KOHNLE, Die ernestinischen Fürsten Friedrich der Weise und Johann der Beständige und ihr Verhältnis zu Martin Luther in den Anfangsjahren der Reformation, in: Initia Reformationis. Wittenberg und die frühe Reformation, hrsg. von Irene Dingel/Armin Kohnle/Stefan Rhein/Ernst-Joachim Waschke (Leucorea Studien zur Geschichte der Reformation und der Lutherischen Orthodoxie, 33), Leipzig 2017, S. 391–408; Christian WINTER, Kurfürst Friedrich der Weise und sein Bruder Herzog Johann, in: KOHNLE/SCHIRMER, Kurfürst Friedrich der Weise (wie Anm. 4), S. 106–122.
72 Vgl. etwa Stefan MICHEL, Johann von Sachsen (1468–1532), in: RICHTER/KOHNLE, Herrschaft und Glaubenswechsel (wie Anm. 4), S. 46–62; DERS., Kurfürst Johann von Sachsen (1468–1532) und die von Wittenberg ausgehende Reformation. Neue Beobachtungen zur Fürstenreformation, in: Theologische Literaturzeitung 145 (2020), S. 493–508.

reformatorischer Theologie«⁷³. In entscheidenden Fragen, wie nach dem Verhältnis von Schrift und Tradition, zum päpstlichen Primat und der kirchlichen Hierarchie sowie zu den gut hundert Jahre zuvor in Konstanz für ketzerisch erklärten Lehren des Johannes Hus, führte sie dazu, dass Martin Luther seine theologischen Standpunkte konkretisieren und gegen Johannes Eck als Verteidiger der römischen Kirche vertreten musste. Die Disputation wurde damit zu einer bedeutenden Wegmarke im Prozess der Ablösung der Wittenberger Reformation von der alten Kirche.

Sie war auch und deswegen ein wichtiges Ereignis für die wettinisch-sächsische Kirchenpolitik. Für den ernestinischen Kurfürsten Friedrich den Weisen betraf die Angelegenheit zwei angesehene und inzwischen weithin bekannte Theologieprofessoren der von ihm 1502 in Wittenberg begründeten Landesuniversität. Der von Luther durch die 95 Thesen am 31. Oktober 1517 zuerst anhand der Frage der Ablässe angestoßene Konflikt fand spätestens seit dem Februar 1518 kurfürstliche Beachtung: Das erste in diesem Zusammenhang stehende Stück in der Edition der Briefe und Akten zur Kirchenpolitik Friedrichs des Weisen und Johanns des Beständigen ist ein Schreiben Luthers an Georg Spalatin vom 15. Februar 1518.⁷⁴ Darin teilte der Reformator mit, dass er es bedaure, wie stark der Kurfürst in seine Auseinandersetzung hineingezogen wird. Zudem äußerte er die Bereitschaft, seine Positionen im Rahmen einer Disputation oder eines Gerichtsprozesses zu verteidigen, sofern ihm dafür kurfürstliches Geleit gewährt würde.

Tatsächlich stellte Kurfürst Friedrich nicht einmal zwei Monate später Schutz- und Unterstützungsschreiben für Luther aus, die es diesem ermöglichten, nach Heidelberg zu reisen, um dort vor dem Generalkapitel seines Ordens an einer Disputation teilzunehmen und seine Lehren zu vertreten.⁷⁵ Im Kontext dieser sogenannten »Heidelberger Disputation«⁷⁶ zeigte sich somit auch erstmals das Interesse Friedrichs, dem Theologieprofessor seiner Universität zu Gelegenheiten zu verhelfen, seine Theologie zu verantworten, ohne unmittelbare Sanktionen gewärtigen zu müssen.

Als ein halbes Jahr später das Verhör Luthers durch Kardinal Thomas Cajetan am Rande des Augsburger Reichstags stattfand, vermied Friedrich eine öffentliche Unterstützung Luthers. Noch stärker als zuvor wurde nun Georg Spalatin zum Ansprechpartner und Verbindungsmann zwischen dem Reformator und seinem Landesherrn.⁷⁷ Als sich Cajetan nach dem Verhör direkt an den Kurfürsten wandte und diesen zum Vorgehen gegen Luther aufforderte,⁷⁸ leitete Friedrich das Schreiben an den Reformator weiter und

---

73 Armin KOHNLE, Die Leipziger Disputation und ihre Bedeutung für die frühe Reformation, in: HEIN/KOHNLE, Die Leipziger Disputation von 1519 (wie Anm. 1), S. 25–46.
74 BAKFJ 2 (wie Anm. 5), S. 77 f., Nr. 675.
75 Vgl. BAKFJ 2 (wie Anm. 5), S. 94 f., Nr. 706.
76 Vgl. dazu BRECHT, Martin Luther (wie Anm. 1), S. 208–212; Michael PLATHOW, Martin Luther in Heidelberg. Die Heidelberger Disputation, in: Luther-Bulletin 7 (1998), S. 76–93; Karl-Heinz zur MÜHLEN, Die Heidelberger Disputation Martin Luthers vom 26. April 1518. Programm und Wirkung, in: Semper apertus. 600 Jahre Ruprecht-Karls-Universität Heidelberg, Bd. 1, Berlin/Heidelberg 1985, S. 188–212.
77 Vgl. etwa BAKFJ 2 (wie Anm. 5), S. 131 f., Nr. 764, S. 135, Nr. 770 und S. 136, Nr. 772.
78 BAKFJ 2 (wie Anm. 5), S. 140–142, Nr. 779.

gab diesem Gelegenheit, darauf zu reagieren.⁷⁹ Nachdem dessen Antwort sowie auch andere durch den Kurfürsten eingeholte Ratschläge eingegangen waren, antwortete dieser Cajetan und übersandte dabei auch die Antwort Luthers.⁸⁰ Implizit findet sich auch hier erstmals das typische Argument, in den aufgeworfenen theologischen Fragen nicht urteilsfähig zu sein, wenn Friedrich hier darauf verwies, dass ihm noch nicht durch Gelehrte nachgewiesen wurde, dass Luther unchristlich lehrt.

Viele dieser in den ersten Monaten der kurfürstlichen Beschäftigung mit der Luthersache entwickelten Handlungs- und Argumentationsmuster wurden, wie in den vorangegangenen Ausführungen gezeigt, im Vorfeld und Nachgang der Leipziger Disputation mit großer Konsequenz aufgegriffen und weiterentwickelt: so etwa der Einsatz für einen gelehrten Austausch über Luthers Thesen,⁸¹ die Nutzung Spalatins als Mittelsmann, das Weiterleiten von Schreiben und die damit verbundene Möglichkeit für Luther, sich vermittelt über den kurfürstlichen Hof mit seinen Kontrahenten auseinanderzusetzen, oder der Verweis auf die mangelnde eigene theologische Urteilskraft sowie auf die Bereitschaft Luthers, seine Lehre zu verantworten. Die Leipziger Disputation war somit auch für die Weiterentwicklung und Verfestigung von Leitlinien der die nächsten Jahre prägenden Lutherschutzpolitik Friedrichs von einiger Bedeutung.

In dem Maße, wie die Disputation Luther in eine stärkere Frontstellung gegenüber der alten Kirche brachte, war durch diese Entwicklung auch vorgegeben, wer zum Gegner oder zumindest zum Gegenüber dieser kurfürstlichen Lutherschutzpolitik wurde. Dies galt für altgläubige Theologen wie Johannes Eck ebenso wie für Fürsten, die sich verstärkt gegen Luther und die Ausbreitung der Reformation wandten. Besonders prägend war dabei die in direkter Folge der Leipziger Disputation entwickelte Haltung Herzog Georgs von Sachsen. Dass der dynastisch und politisch mit den Ernestinern am engsten verbundene Landesfürst hier anders optierte als seine Vettern, sollte die wettinische Kirchenpolitik über Jahrzehnte hinweg nachhaltig prägen.

Auch wenn Kurfürst Friedrich von Sachsen bisher nicht in die erste Reihe derjenigen Personen gehörte, die mit der Leipziger Disputation in Verbindung gebracht werden, so lässt sich mithilfe der nun erstmals in einem Zusammenhang edierten Quellen zeigen, dass dieses reformationsgeschichtliche Ereignis durch ihn und vor allem auch seine Kirchenpolitik durch die Disputation wegweisende Prägungen erfahren hat.

---

79 Vgl. BAKFJ 2 (wie Anm. 5), S. 144–146, Nr. 784.
80 BAKFJ 2 (wie Anm. 5), S. 153 f., Nr. 796.
81 Darauf, dass Friedrich ein Interesse an der Klärung der durch Luther aufgeworfenen Fragen hatte, könnte auch die offenbar Anfang 1520 erfolgte Nachfrage des Kurfürsten bei der Pariser Universität nach dem Urteil über die Leipziger Disputation hindeuten, vgl. WINTER, Die Protokolle (wie Anm. 37), S. 71.

ULRIKE LUDWIG

## *Das können wir schwerlich ohne euer lieb zutun vollenden* – Zur Umsetzung des Regimentsmandats vom Januar 1522 durch die Bischöfe von Meißen und Merseburg in Kursachsen

Am 20. Februar 1522 wandte sich der merseburgische Bischof Adolf in einer schwierigen Angelegenheit an den sächsischen Kurfürsten Friedrich. Dem Bischof war kurze Zeit zuvor ein Mandat des Reichsregiments[1] zugegangen, in dem er angewiesen wurde, die in letzter Zeit eingerissenen kirchlichen Neuerungen zu unterbinden. Dies brachte den Bischof in Nöte, die er in seinem Schreiben an Kurfürst Friedrich formulierte:

> *Dieweyl wir dan in dem cristlichn ansynnen und begern, got dem almechtigen zu ehrerbietung und underthenigkeyt, kayserlicher majestät und des heyligen reichs regiments stathelderen und rethen in gehorsam, wie uns ufgelegt und wir zu thun schuldig, zuvorfahren geneigt befunden, doch wir das schwerlich ohne euer lieb zuthun statlich vollenden und erhalden konnen, nachdem unsers stieffts geistliche obrigkeit in euer lieb furstenthum sich erstreckt [...].*[2]

Der Bischof bat Friedrich um Unterstützung bei der Umsetzung des Mandats. Auch der Bischof von Meißen, Johann von Schleinitz, wandte sich wegen des Regimentsmandats im Laufe des Jahres 1522 mehrfach an Kurfürst Friedrich. Bei seinen Antworten an die beiden Bischöfe bezog der Kurfürst seinen Bruder Herzog Johann und die ernestinischen Räte eng mit ein.[3]

---

1   Ediert in: Briefe und Akten zur Kirchenpolitik Friedrichs des Weisen und Johanns des Beständigen 1513 bis 1532. Reformation im Kontext frühneuzeitlicher Staatswerdung, Bd. 2: 1518–1522 (im Folgenden: BAKFJ 2), hrsg. von Armin Kohnle/Manfred Rudersdorf, bearb. von Stefan Michel/Beate Kusche/Ulrike Ludwig/Konstantin Enge/Dagmar Blaha/Alexander Bartmuß, Leipzig 2022, S. 620 f., Nr. 1457 (Regest); Akten und Briefe zur Kirchenpolitik Herzog Georgs von Sachsen, Bd. 1: 1517–1524, hrsg. von Felician Gess, Leipzig 1905 (ND Leipzig 1985), S. 250–252, Nr. 288 (Volltext). Ausführlich zum Regimentsmandat vom Januar 1522 vgl. Armin KOHNLE, Reichstag und Reformation. Kaiserliche und ständische Religionspolitik von den Anfängen der Causa Lutheri bis zum Nürnberger Religionsfrieden (Quellen und Forschungen zur Reformationsgeschichte, 72), Gütersloh 2001, S. 105–112; Deutsche Reichstagsakten unter Kaiser Karl V., Bd. 3, bearb. von Adolf Wrede (Deutsche Reichstagsakten. Jüngere Reihe, 3), Gotha 1901 (ND Göttingen 1963), S. 21–24.

2   Landesarchiv Thüringen – Hauptstaatsarchiv Weimar (im Folgenden: LATh – HStA Weimar), EGA, Reg. N 28a, Bl. 2rv (Ausfertigung); ediert in: BAKFJ 2 (wie Anm. 1), S. 650 f., Nr. 1487 (Regest); Karl PALLAS, Die Versuche des Bischofs Adolf von Merseburg, den kirchlichen Neuerungen innerhalb seiner Diözese entgegenzutreten, und das Verhalten des Kurfürsten Friedrichs d. W. und seines Bruders Herzogs Johann dazu. 1522–1525, in: Zeitschrift des Vereins für Kirchengeschichte der Provinz Sachsen 23 (1927), S. 1–54, hier S. 8 f. (Volltext).

3   Mit dem Verhältnis der ernestinischen Brüder zu den kirchlichen Neuerungen befassten sich vergleichend u.a.: Armin KOHNLE, Die ernestinischen Fürsten Friedrich der Weise und Johann der Beständige und ihr Verhältnis zu Martin Luther in den Anfangsjahren der Reformation, in: Initia

Die Reaktionen und Vorgehensweisen der Bischöfe Johann von Meißen und Adolf von Merseburg mit Blick auf die Umsetzung des Mandats in denjenigen Teilen ihrer Bistümer, die im Kurfürstentum Sachsen lagen, sowie die Antworten der fürstlichen Brüder und ihrer Räte auf die bischöflichen Anliegen und Maßnahmen stehen im Zentrum des folgenden Beitrags. Die Beteiligten kommunizierten infolge des Mandats ausführlich miteinander und tauschten eine große Zahl an Schriftstücken aus. Dabei lassen sich Unterschiede in der Art der Reaktion und der Vorgehensweise zwischen den beiden Bischöfen ausmachen. Obwohl der Briefwechsel bereits in mehreren älteren Editionen Eingang fand, konzentrierten sich diese oftmals auf bestimmte Aktenbestände und weisen somit Lücken auf.[4] Daher konnten für den zweiten Band der Briefe und Akten zur Kirchenpolitik Friedrichs des Weisen und Johanns des Beständigen noch einige bislang nicht edierte Quellen zu der Thematik ausfindig gemacht werden, welche das Bild ergänzen und neue Facetten bieten.[5] Dieser Editionsband bildet somit die Quellen zu den Maßnahmen der beiden Bischöfe in Kursachsen in Reaktion auf das Regimentsmandat erstmalig umfassend ab.

Die im Folgenden dargestellten Reaktionen der Bischöfe von Meißen und Merseburg sowie der ernestinischen Landesherren sind nicht nur vor dem Hintergrund der Lutherfrage und der evangelischen Bewegung zu Beginn der 1520er Jahre,[6] sondern

---

Reformationis. Wittenberg und die frühe Reformation, hrsg. von Irene Dingel/Armin Kohnle/Stefan Rhein/Ernst-Joachim Waschke (Leucorea-Studien zur Geschichte der Reformation und der Lutherischen Orthodoxie, 33), Leipzig 2017, S. 391–408; Stefan MICHEL, Torgauer und Weimarer Reformation. Die Reformationsansätze der Brüder Friedrich und Johann von Sachsen, in: Die Reformation. Fürsten – Höfe – Räume, hrsg. von Armin Kohnle/Manfred Rudersdorf (Quellen und Forschungen zur sächsischen Geschichte, 42), Leipzig 2017, S. 8–20; Christian WINTER, Kurfürst Friedrich der Weise und sein Bruder Herzog Johann, in: Kurfürst Friedrich der Weise von Sachsen. Politik, Kultur und Reformation, hrsg. von Armin Kohnle/Uwe Schirmer (Quellen und Forschungen, 40), Stuttgart 2015, S. 106–122, hier S. 114–119.

4 Vgl. PALLAS, Versuche (wie Anm. 2); Karl PALLAS, Briefe und Akten zur Visitationsreise des Bischofs Johannes VII. von Meißen im Kurfürstentum Sachsen 1522, in: Archiv für Reformationsgeschichte 5 (1907/08), S. 217–312; Neues Urkundenbuch zur Geschichte der evangelischen Kirchen-Reformation, Bd. 1, hrsg. von Carl Eduard Förstemann, Hamburg 1842 (ND Hildesheim 1976); Sammlung vermischter Nachrichten zur Sächsischen Geschichte, Bd. 4, Chemnitz 1770; Aktenstücke zur Wittenberger Bewegung Anfang 1522, hrsg. von Hermann Barge, Leipzig 1912 (unter Zugrundelegung der Edition von Karl Pallas). Hinsichtlich der Reichsebene sind zudem die Berichte des kursächsischen Vertreters im Reichsregiment Hans von der Planitz zu nennen: Des kursächsischen Rathes Hans von der Planitz Berichte aus dem Reichsregiment in Nürnberg 1521–1523, hrsg. von Ernst Wülcker/Hans Virck (Schriften der königlich sächsischen Kommission für Geschichte, 3), Leipzig 1899 (ND Hildesheim/New York 1979).

5 BAKFJ 2 (wie Anm. 1). Für die Jahre 1523/24 sind die Lücken in den älteren Editionen hinsichtlich der Korrespondenzen mit den Bischöfen von Meißen und Merseburg noch größer, wie sich bei den Recherchen des Editionsprojekts zu Band 3 der »Briefe und Akten zur Kirchenpolitik Friedrichs des Weisen und Johanns des Beständigen« zeigte. So wird der in Vorbereitung befindliche dritte Band (BAKFJ 3) weitere neue Quellen zu den Maßnahmen der Bischöfe gegen die Ausbreitung der neuen Lehre in den kursächsischen Teilen ihres Bistums bieten (vgl. auch den Abschnitt »Ausblick« in diesem Beitrag).

6 Vgl. zum Verhältnis der Territorialfürsten im Reich zur Reformation: Eike WOLGAST, Die deutschen Territorialfürsten und die frühe Reformation, in: DERS., Aufsätze zur Reformations- und Reichsgeschichte (Jus ecclesiasticum. Beiträge zum evangelischen Kirchenrecht und zum Staats-

auch vor der bereits seit dem 14. Jahrhundert immer stärker werdenden Einbeziehung der beiden mitteldeutschen Bistümer in den Territorialstaat – sowohl in das ernestinische Kurfürstentum als auch das albertinische Herzogtum Sachsen – zu sehen, von Eike Wolgast als »Prozess der Landsässigmachung« bezeichnet.[7] Seit der Mitte des 15. Jahrhunderts ließen sich die sächsischen Bischöfe auf den Reichstagen durch die weltlichen Landesherren vertreten und nutzten diese als Vermittler in Reichsangelegenheiten. Die Bischöfe gehörten zu den sächsischen Landständen, die »[...] über gewisse Hoheitsrechte verfügte[n], aber nicht die volle Landeshoheit ausübte[n]«.[8] Territorial erstreckten sich die Bistümer Meißen und Merseburg in das Gebiet Kursachsens sowie des sächsischen Herzogtums hinein, ihre Bistumsgrenzen entsprachen also nicht den Grenzen der weltlichen Territorien, sondern verliefen innerhalb dieser, was die Bestrebungen der wettinischen Landesherren zur Mediatisierung der Bistümer begünstigte.[9] Die Wetti-

---

kirchenrecht, 113), Tübingen 2016, S. 21–48; Ders., Die deutschen Fürsten vor der Herausforderung durch die frühe Reformation, in: Kohnle/Schirmer, Kurfürst Friedrich der Weise von Sachsen (wie Anm. 3), S. 396–412; speziell zu Kurfürst Friedrich vgl. Beate Kusche, Friedrich III. der Weise von Sachsen (1463–1525), in: Herrschaft und Glaubenswechsel. Die Fürstenreformation im Reich und in Europa in 28 Biographien, hrsg. von Susan Richter/Armin Kohnle (Heidelberger Abhandlungen zur mittleren und neueren Geschichte, 24), Heidelberg 2016, S. 29–45, hier S. 36 f., 41–45; Ingetraut Ludolphy, Friedrich der Weise. Kurfürst von Sachsen 1463–1525, Göttingen 1984, S. 375–378; zu Herzog Johann vgl. Stefan Michel, Johann von Sachsen (1468–1532), in: Richter/Kohnle, Herrschaft und Glaubenswechsel (wie oben), S. 46–62. Allgemein zur Stellung der Bischöfe in der Reformationszeit vgl.: Eike Wolgast, Die Reichsbischöfe als geborene Gegner der Reformation, in: Kohnle/Rudersdorf, Die Reformation (wie Anm. 3), S. 330–343.

7  Vgl. Eike Wolgast, Hochstift und Reformation. Studien zur Geschichte der Reichskirche zwischen 1517 und 1648 (Beiträge zur Geschichte der Reichskirche in der Neuzeit, 16), Stuttgart 1995, S. 22–25, 237–253, bes. S. 237–239, Zitat S. 237. Zu den sächsischen Bistümern konstatierte Wolgast: »Ihre Reichsstandschaft wurde ausgehöhlt durch die Bemühungen der wettinischen Fürsten, ein geschlossenes Territorium zu schaffen, aber auch durch das Desinteresse der Bischöfe am Reich, je stärker dieses sie zu Leistungen heranzuziehen versuchte.« (ebd., S. 237). Dieser Prozess der Mediatisierung, der wiederholt zu Auseinandersetzungen zwischen den Bischöfen und den ernestinischen Fürsten führte, zeigt sich auch in den Quellen, die in Band 1 der Briefe und Akten zur Kirchenpolitik Friedrichs des Weisen und Johanns des Beständigen in großer Zahl zum Verhältnis zwischen den ernestinischen Landesherren und den mitteldeutschen Bischöfen geboten werden (vgl. Briefe und Akten zur Kirchenpolitik Friedrichs des Weisen und Johanns des Beständigen 1513 bis 1532. Reformation im Kontext frühneuzeitlicher Staatswerdung, Bd. 1: 1513–1517 [im Folgenden: BAKFJ 1], hrsg. von Armin Kohnle/Manfred Rudersdorf, bearb. von Stefan Michel/Beate Kusche/Ulrike Ludwig, Leipzig 2017). Vgl. zur Herausbildung des landesherrlichen Kirchenregiments exemplarisch: Enno Bünz, Kirchenregiment und frühmoderne Staatsbildung – Entwicklungslinien deutscher Landesherrschaft (1450–1550), in: Kohnle/Rudersdorf, Die Reformation (wie Anm. 3), S. 94–114; Manfred Rudersdorf, Landesherrliches Kirchenregiment, in: Das Luther-Lexikon, hrsg. von Volker Leppin/Gury Schneider-Ludorff, Regensburg ²2015, S. 375 f.

8  Wolgast, Hochstift und Reformation (wie Anm. 7), S. 238.

9  Auch andere Bistümer, wie Naumburg und Brandenburg, lagen teilweise in kursächsischem Gebiet, insgesamt zehn Bischöfe hatten in Kursachsen Zuständigkeiten. Vgl. zu den sich überschneidenden Bistumsgrenzen mit den weltlichen Grenzen des Kurfürstentums und des Herzogtums Sachsen die Karte in: BAKFJ 1 (wie Anm. 7), S. 26; sowie Wolgast, Territorialfürsten (wie Anm. 6), S. 24; Wolgast, Luthers Beziehungen zu den Reichsbischöfen, in: Ders., Aufsätze (wie Anm. 6), S. 230–

ner agierten zudem als Schutzherren der Hochstifte.¹⁰ Sie waren Inhaber der weltlichen Gerichtsbarkeit, während die Bischöfe in ihrem Bistum die geistliche Gerichtsbarkeit ausübten – über die weltliche Jurisdiktion verfügten sie außerhalb des kleinen Kerngebiets ihres Hochstifts nicht. Für deren Durchsetzung benötigten sie die wettinischen Landesherren.¹¹

## Das Mandat des Reichsregiments

Am 20. Januar 1522 wandten sich der kaiserliche Statthalter Pfalzgraf Friedrich bei Rhein und die verordneten Räte des Reichsregiments mit einem Mandat an Kurfürst Friedrich von Sachsen, Kurfürst Joachim von Brandenburg, Herzog Georg von Sachsen, die Bischöfe Johann von Meißen und Adolf von Merseburg sowie an Bischof Philipp von Freising, Administrator des Bistums Naumburg.¹² Möglicherweise wurden noch andere Fürsten angeschrieben. Das Mandat war also nicht an alle Reichsstände gerichtet, sondern hauptsächlich an die von den evangelischen Neuerungen betroffenen im mitteldeutschen Raum.¹³ Das Reichsregiment forderte in seinem Mandat die Adressaten auf, Handlungen in ihren Gebieten zu unterbinden, die gegen die hergebrachte Ordnung und den Brauch der christlichen Kirche gerichtet waren, wie das Zelebrieren ohne liturgische Gewänder, Änderungen an den Zeremonien und beim Abendmahl, das Behindern von Priestern, die nach altem Brauch die Messe halten wollten, das Austreten von Mönchen und Nonnen aus ihren Klöstern oder Eheschließungen ehemaliger Ordenspersonen und anderer Geistlicher.¹⁴ Noch hätten sich diese Neuerungen nicht zu weit ausgebreitet und könnten daher durch Verbot, Androhung von Strafen und Warnungen vonseiten geeigneter Prediger eingedämmt werden, wofür die Fürsten Sorge tragen sollten. Das Mandat galt bis zu einer Klärung der Religionsfrage durch ein Konzil oder eine Reichsversammlung. Initiator dieser Maßnahme war der albertinische Herzog Georg von Sachsen, der Anfang Januar turnusgemäß seinen Platz im Reichsregiment eingenommen und energisch ein Vorgehen gegen die reformatorischen Neuerungen gefordert hatte. Am 14. Januar erstattete er offiziell Anzeige wegen Ketzerei im Land Meißen, wie der kursächsische Regimentsrat Hans von der Planitz¹⁵ zwei Tage später seinem Landesherrn Friedrich berichtete: *Es ist*

---

254, hier S. 230 f.

10 Bei der Leipziger Teilung 1485 war die Schutzherrschaft über Naumburg den Ernestinern zugesprochen worden, die über Merseburg den Albertinern, über Meißen übten beide wettinischen Linien die Schutzherrschaft aus (vgl. WOLGAST, Hochstift und Reformation [wie Anm. 7], S. 239).

11 Vgl. WOLGAST, Territorialfürsten (wie Anm. 6), S. 22–24; WOLGAST, Luthers Beziehungen (wie Anm. 9), S. 230–232.

12 Vgl. das Regest in BAKFJ 2 (wie Anm. 1), S. 620 f., Nr. 1457.

13 Vgl. WREDE, Deutsche Reichstagsakten 3 (wie Anm. 1), S. 22; KOHNLE, Reichstag und Reformation (wie Anm. 1), S. 107.

14 Zur Problematik der Klosteraustritte in den frühen Reformationsjahren in Kursachsen vgl. den Beitrag von Saskia Jähnigen in diesem Band, die auch auf das Mandat des Reichsregiments eingeht.

15 Zur Biografie des Hans von der Planitz vgl.: Heinrich Theodor FLATHE, Planitz, Hans von der, in: Allgemeine Deutsche Biographie 26 (1888), S. 232 f.; Regine METZLER, Hans von der Planitz, in: Sächsische Biografie, hrsg. vom Institut für Sächsische Geschichte und Volkskunde, https://

*auch vorgestern durch meinen gn. hern herzog Yorgen dem regement angezeigt, wie das sich im lande zu Meissen an vill enden ein grosse keczerei erhebe.* Nach einer Beschreibung, welche konkreten Missstände Herzog Georg dem Regiment gemeldet hatte, schrieb Planitz, der albertinische Herzog habe die Vertreter des Regiments gebeten, *[...] die einsehung zu thun, damit sulchs abgethan und vorkomen wurde, weiter nicht einzubrechen. Machet sein fl. G. die sach vast heiß und heftig.*¹⁶ In seinem Mandat griff das Reichsregiment die von Herzog Georg genannten Punkte auf. Der Name Luthers wurde jedoch nicht erwähnt, ebenso fanden dogmatische Fragen keinen Eingang. Die Missstände, welche kritisiert wurden, bezogen sich auf Fragen der kirchlichen Praxis. So stellte Armin Kohnle fest: »Die Grenze zum nicht mehr Tolerierbaren verlief für die Mehrheit im Regiment offenbar dort, wo vom Wort zur Tat geschritten wurde, wo man bei der Predigt des Evangeliums nicht stehenblieb, sondern in den zeremoniellen Bestand eingriff.«¹⁷

---

saebi.isgv.de/biografie/3167 (zugegriffen am 21.07.2023); WÜLCKER/VIRCK, Planitz Berichte (wie Anm. 4), S. XIX–LXXXIV (biografische Angaben), LXXXV–CXLIX (zu den Berichten aus dem Reichsregiment). Zu Planitz als Vertreter am Reichsregiment und zum Verhältnis Kurfürst Friedrichs zum Regiment vgl. LUDOLPHY, Friedrich der Weise (wie Anm. 6), S. 230–238.

16 WÜLCKER/VIRCK, Planitz Berichte (wie Anm. 4), S. 67–69, Nr. 29 (Volltext), Zitate S. 67f.; BAKFJ 2 (wie Anm. 1), S. 618f., Nr. 1454 (Regest). In mehreren weiteren Schreiben berichtete Planitz seinem Landesherrn von dem Vorgehen Herzog Georgs gegen Martin Luther in Nürnberg, vgl. z.B.: BAKFJ 2 (wie Anm. 1), S. 624f., Nr. 1462 (Regest, 28. Januar 1522); ebd., S. 627, Nr. 1464 (Regest, 1. Februar 1522); ebd., S. 649f., Nr. 1486 (Regest, 19. Februar 1522); ebd., S. 680–682, Nr. 1528 (Teiledition, 18. März 1522); ebd., S. 697, Nr. 1551 (Regest, 1. April 1522). In seinem Schreiben vom 19. Februar berichtete Hans von der Planitz dem Kurfürsten nochmals deutlich, dass das Regimentsmandat auf Betreiben Herzog Georgs ausgegangen sei und der albertinische Herzog es sogar noch schärfer formulieren lassen und sich zudem an den Kaiser wenden wollte. Herzog Georg sei zu einem gewaltsamen Vorgehen gegen die Anhänger Luthers bereit (BAKFJ 2 [wie Anm. 1], S. 649f., Nr. 1486). Auch Herzog Georg selbst wandte sich aus Nürnberg mahnend an den sächsischen Kurfürsten, vgl. ebd., S. 628, Nr. 1465 (Regest, 2. Februar 1522); ebd., S. 684, Nr. 1532 (Regest, 21. März 1522). Zur Kirchenpolitik Herzog Georgs von Sachsen und seinem Verhältnis zur Reformation vgl.: Christoph VOLKMAR, Reform statt Reformation. Die Kirchenpolitik Herzog Georgs von Sachsen 1488–1525 (Spätmittelalter, Humanismus, Reformation, 41), Tübingen 2008; zum Anteil Georgs an der Erstellung des Regimentsmandats vgl. ebd., S. 487–489, 501; Christian WINTER, Der Reformationskonflikt im Haus Sachsen. Herzog Georg als Gegenspieler der ernestinischen Reformationsfürsten, in: KOHNLE/RUDERSDORF, Die Reformation (wie Anm. 3), S. 292–313. Speziell zum Verhältnis zwischen Herzog Georg und Kurfürst Friedrich vgl. Enno BÜNZ, Nähe und Distanz: Friedrich der Weise und Herzog Georg von Sachsen (1486–1525), in: KOHNLE/SCHIRMER, Kurfürst Friedrich der Weise von Sachsen (wie Anm. 3), S. 123–141.

17 KOHNLE, Reichstag und Reformation (wie Anm. 1), S. 106.

## Die Reaktionen Bischof Johanns VII. von Meißen auf das Regimentsmandat

Das Mandat des Reichsregiments wurde Bischof Johann von Meißen[18] am 2. Februar 1522 übergeben. Am 7. Februar wandte er sich in einem energischen, zu eigenen Händen Friedrichs gerichteten Schreiben an den sächsischen Kurfürsten und schickte diesem eine Abschrift des Mandats zu.[19] Bischof Johann betonte, dass er als Reichsverwandter das Mandat befolgen und gegen diejenigen unter seiner geistlichen Gerichtsbarkeit vorgehen will, die der christlichen Kirche zuwiderhandeln und das Volk verführen. Dazu brauche er jedoch die Hilfe der weltlichen Obrigkeit. Bischof Johann zeigte einige konkrete Missbräuche an und nannte Geistliche, denen Verfehlungen vorgeworfen wurden, so den Pfarrer Franz Günther zu Lochau, der das Abendmahl unter beiderlei Gestalt austeile, den Pfarrer Nicasius Clay zu Schmiedeberg, der seine Köchin geheiratet habe und sein Amt trotz des über ihn ausgesprochenen Banns ausübe, sowie den Pfarrer zu Düben, der die »Böhmischen« in seine Kirche einlade. Außerdem predige in Herzberg ein abtrünniger Mönch unerlaubt in der Pfarrkirche. Um das Regimentsmandat zu befolgen, kündigte der Bischof eine umfassende Visitations- und Predigtreise an, die er selbst sowie von ihm beauftragte Personen in der kommenden Fastenzeit in den meißnischen Gebieten Kursachsens durchführen wollten. Mittels Predigten, wie im Mandat gefordert, sollten die Menschen zum christlichen Gehorsam ermahnt, das Wort Gottes und die Ordnung und Vorschriften der Kirche verkündigt sowie der Inhalt des Regimentsmandats bekannt gemacht werden. Mit der Begründung, dass im Kurfürstentum Sachsen Aufruhr und Widerwillen gegen die Geistlichkeit herrschen, bat der Bischof den Kurfürsten, dafür zu sorgen, dass er und seine Prediger bei ihrem Vorhaben nicht behindert werden. Auch bat er um die Hilfe Kurfürst Friedrichs, falls seine Predigten und Ermahnungen nichts fruchten. Konkret sollte der Kurfürst die benannten ungehorsamen Geistlichen der Gewalt des Bischofs ausliefern, wenn sie dessen Vorladung keine Folge leisten.[20]

---

18 Zur Biografie Johanns von Schleinitz, Bischof von Meißen, vgl.: Siegfried Seifert, Schleinitz, Johann von, in: Die Bischöfe des Heiligen Römischen Reiches 1448 bis 1648. Ein biographisches Lexikon, hrsg. von Erwin Gatz, Berlin 1996, S. 638 f.; vgl. außerdem die Übersicht zum Bistum Meißen ebd., S. 810 f.; sowie den Artikel zur Familie von Schleinitz: Franz Menges, Schleinitz, von, in: Neue Deutsche Biographie 23 (2007), S. 57 f. Allgemein zu den Bistümern Meißen und Merseburg, v. a. im Spätmittelalter, vgl. die Beiträge von Enno Bünz, Im Schatten mächtiger Herren. Die Bischöfe von Meißen, ihr Bistum und Hochstift im späten Mittelalter, in: ›Kleine Bischöfe‹ im Alten Reich. Strukturelle Zwänge, Handlungsspielräume und soziale Praktiken im Wandel (1200–1600), hrsg. von Oliver Auge / Andreas Bihrer / Nina Gallion (Zeitschrift für historische Forschung, Beiheft 58), Berlin 2021, S. 347–372; sowie Gerrit Deutschländer, De propinquitate et distantia. Die Bischöfe von Merseburg im späten Mittelalter, in: ebd., S. 291–346, mit besonderem Bezug auf Thilo von Trotha.

19 BAKFJ 2 (wie Anm. 1), S. 633 f., Nr. 1471 (Regest); Pallas, Briefe und Akten (wie Anm. 4), S. 241–243, Nr. 2 (Volltext).

20 Zur Visitation des Meißner Bischofs vgl. auch: Volkmar Joestel, Geschwinde Zeitläufte. Wittenberg und die Reformation in Kursachsen 1521/22 (Schriften der Stiftung Luthergedenkstätten in Sachsen-Anhalt, 25), Leipzig 2023, bes. S. 143–155, mit besonderem Bezug zu den Aktivitäten des albertinischen Herzogs Georg, hier S. 144 f.; sowie Ludolphy, Friedrich der Weise (wie Anm. 6),

Noch am Tag des Erhalts am 12. Februar leitete Kurfürst Friedrich das bischöfliche Schreiben an seinen Bruder Herzog Johann weiter und bat um dessen Rat.[21] Zudem kündigte Friedrich an, auch die Meinung seiner eigenen Räte einzuholen, so informierte er Haubold von Einsiedel zu Gnandstein über das bischöfliche Schreiben und forderte ihn auf, mit weiteren Räten über eine Antwort nachzudenken.[22] Darüber hinaus wandte sich der Kurfürst an den Kanzler Herzog Johanns, Gregor Brück.[23] Dieser sollte für sich und gemeinsam mit anderen herzoglichen Räten ebenfalls eine angemessene Antwort überlegen. Friedrich war die Brisanz der Angelegenheit bewusst, wenn er betonte, dass die Antwort an den Bischof gut zu durchdenken sei. Es dürfe auf keinen Fall der Eindruck entstehen, dass die benannten Geistlichen sich in ihrem Ungehorsam auf Kurfürst Friedrich verlassen. Die herzoglichen Räte unter Brück schickten ihren Antwortvorschlag[24] zunächst an Johann, der diesen am 19. Februar an Friedrich weiterleitete.[25] Der Vorschlag erreichte seinen Bruder – laut Aussage Friedrichs – jedoch zu spät, um noch Eingang in die Antwort an den Bischof zu finden, welche der Kurfürst auf der Grundlage des Bedenkens seiner eigenen Räte bereits erteilt hatte.[26] Gegenüber Herzog Johann bedauerte der Kurfürst dies sehr, da er die Meinung seines Bruders gern aufgenommen hätte. Er habe dem Bischof so schnell geantwortet, da die Fastenzeit sich nähere, für welche die Visitationsreise geplant sei, damit Bischof Johann sich nicht mit der nicht erfolgten Antwort Friedrichs entschuldigen kann.[27]

Ein Vergleich der beiden Antwortvorschläge der Räte Kurfürst Friedrichs und Herzog Johanns macht bezeichnende Unterschiede deutlich. Schon formal zeigen sich einige Abweichungen. Zunächst ist das mehrfach überarbeitete Bedenken der Räte Friedrichs

---

S. 478 f. Zur Einflussnahme Herzog Georgs auf die Bischöfe von Meißen und Merseburg und der Kooperation mit ihnen vgl. VOLKMAR, Reform statt Reformation (wie Anm. 16), S. 515–520.

21 BAKFJ 2 (wie Anm. 1), S. 636 f., Nr. 1475 (Regest); PALLAS, Briefe und Akten (wie Anm. 4), S. 243 f., Nr. 3 (Volltext).

22 Kurfürst Friedrich wandte sich zunächst in einem recht persönlich gehaltenen eigenhändigen Schreiben an Haubold von Einsiedel. Er äußerte seine Befürchtung, dass man ihm schaden will, und bat Einsiedel um seinen Rat (BAKFJ 2 [wie Anm. 1], S. 637 f., Nr. 1477 [Regest, Schreiben vom 12. Februar 1522]; PALLAS, Briefe und Akten [wie Anm. 4], S. 29, Nr. 5 [Volltext]). Am 13. Februar sandte der Kurfürst nochmals ein offizielleres Schreiben, von der Hand eines Kanzleischreibers, an Einsiedel. Kurfürst Friedrich forderte Einsiedel auf, mit den anderen kurfürstlichen Räten, die zurzeit wegen der Erstellung von Urteilen zusammengekommen waren, die Angelegenheit zu besprechen (BAKFJ 2 [wie Anm. 1], S. 641 f., Nr. 1480 [Regest]; PALLAS, Briefe und Akten [wie Anm. 4], S. 245 f., Nr. 6).

23 BAKFJ 2 (wie Anm. 1), S. 637, Nr. 1476 (Regest, Schreiben vom 12. Februar 1522); PALLAS, Briefe und Akten (wie Anm. 4), S. 244 f., Nr. 4 (Volltext).

24 BAKFJ 2 (wie Anm. 1), S. 638–640, Nr. 1478 (Volltext).

25 BAKFJ 2 (wie Anm. 1), S. 648 f., Nr. 1485 (Volltext).

26 BAKFJ 2 (wie Anm. 1), S. 652, Nr. 1490 (Kurfürst Friedrich an Bischof Johann VII. von Meißen, 22. Februar 1522, Regest); PALLAS, Briefe und Akten (wie Anm. 4), S. 248 f., Nr. 8 (Volltext). Herzog Johann schrieb aus Weimar an seinen Bruder, das Schreiben Friedrichs an den Bischof ging von Lochau aus.

27 BAKFJ 2 (wie Anm. 1), S. 653, Nr. 1492 (Regest, Kurfürst Friedrich an Herzog Johann, 24. Februar 1522). Das Bedenken der herzoglichen Räte und die Korrespondenz der fürstlichen Brüder fanden in den älteren Editionen keine Berücksichtigung. Sie sind in BAKFJ 2 erstmals ediert worden.

unter der Federführung Haubolds von Einsiedel deutlich kürzer als das der Räte Johanns.[28] Außerdem formulierten die Räte um Haubold von Einsiedel ihre Meinung in der Form eines Gutachtens, während der Antwortvorschlag, der unter Gregor Brück entstand, bereits die Briefform aufweist. Inhaltlich wird in beiden Bedenken die Predigtreise befürwortet. In dem Gutachten der Räte Kurfürst Friedrichs erfolgt eine Konzentration auf den Gedanken, dass der Kurfürst alles fördern will, was der Ehre Gottes, der Mehrung seines Worts, der Stärkung des christlichen Glaubens und dem Seelenheil dient, wie es sich für einen christlichen Fürsten ziemt, und dass Friedrich jeglichen Aufruhr verhüten will – dies ist eine Argumentation, die in späteren kurfürstlichen Schreiben auch an andere Adressaten in der Luthersache immer wieder aufgegriffen wird. Abschließend sollte der Kurfürst dem Bischof sicheres Geleit zusagen, jedoch betonen, dass er denkt, der Bischof benötige dieses nicht. Hinsichtlich der von Bischof Johann namentlich angezeigten Pfarrer sollte Kurfürst Friedrich lediglich mitteilen, er gehe davon aus, dass diese der bischöflichen Vorladung Folge leisten werden.[29]

Die Räte Herzog Johanns stimmten der Predigtreise ebenfalls zu, ihr umfangreiches Bedenken enthält jedoch deutlich mehr Brisanz. So sollte Friedrich hervorheben, dass es ihm als weltlichem Fürsten nicht zustehe, in geistlichen Sachen zu urteilen. Kritik sollte er an den kirchlichen Amtsträgern äußern. Diese hätten die Missbräuche längst selbst ahnden müssen, was jedoch nicht zuletzt wegen ihrer Bestechlichkeit unterblieben sei:

*Hetten auch vorlangst gern gesehen unnd wol leiden mugen, das den schedlichen misbreuchen, szo wieder die gotliche gepodt und sunderlich mit unzimlichem schweren und gottes lesterungen[30] uberal mergklich uberhanndt genomen, auch das den geistlichen, denselbigen gotlichen und andern saczungen entkegen, zugestehen, weiber und concubinen bei sich zuhaben, mit ernsten durch die jhenigen, den solchs zustehendig, beiegent were. Es ist aber bisher wenig darzu gethan, sundern pisweilen umb geldes willen vorstadt worden.[31]*

Der Meißner Bischof solle sein Amt selbst ausüben und gegen die Missstände vorgehen sowie Prediger bestellen, welche das Volk ermahnen. Obwohl die Meißner Bischöfe bisher noch nie Schaden im Kurfürstentum erlitten hätten, wolle Kurfürst Friedrich trotzdem Anweisungen erteilen, dass der Bischof und seine Prediger nicht behindert werden. Hinsichtlich der drei ungehorsamen Pfarrer sollte Kurfürst Friedrich auf Beschwerden

---

28 Das Bedenken der Räte Kurfürst Friedrichs ist ediert in: BAKFJ 2 (wie Anm. 1), S. 642f., Nr. 1481 (Regest); PALLAS, Briefe und Akten (wie Anm. 4), S. 246f., Nr. 7 (Volltext); das Bedenken der Räte Herzog Johanns in: BAKFJ 2 (wie Anm. 1), S. 638–640, Nr. 1478 (Volltext).
29 BAKFJ 2 (wie Anm. 1), S. 642f., Nr. 1481. In einer ersten Fassung, welche überarbeitet wurde, schlugen die Räte um Haubold von Einsiedel vor, Kurfürst Friedrich solle schreiben, dass er zunächst bei den drei Pfarrern und dem Prediger zu Herzberg Erkundigungen einholen lasse. Dann sollten diese nach Wittenberg oder an einen anderen Ort einberufen werden, um sich zu verantworten. Erst dann wolle der Kurfürst dem Bischof zu diesem Punkt Antwort erteilen (ebd., S. 643).
30 Zur Thematik der wettinischen Landesordnungen gegen Gotteslästerung vgl. den Beitrag von Beate Kusche in diesem Band.
31 BAKFJ 2 (wie Anm. 1), S. 639, Nr. 1478.

verweisen, die der Pfarrer Nicasius Clay zu Schmiedeberg zuvor gegen den Offizial Jakob Lose zu Stolpen vorgebracht hatte, und auf seine eigenen Schreiben an den Bischof in dieser Angelegenheit. Vor diesem Hintergrund sei die bischöfliche Bitte um Beistand bei der Verfolgung der drei Pfarrer unnötig.[32]

Bischof Johann antwortete dem Kurfürsten am 24. Februar.[33] Er dankte Friedrich für sein Schreiben und hob hervor, dass er *[...] derselben hoch erfreuet und [...] die seligkeit, auch den gehorsam der heiligen christlichen kirchen bei unsern befohlen scheflein zu erhalten keinen vleis unterlassen*[34] wolle. Der Bischof wiederholte seine Bitte um kurfürstlichen Beistand bei seiner Reise, wofür er sich auf die Funktion des Kurfürsten als Schutzherrn seines Stifts bezog. Zudem bat er Friedrich um eine Anweisung an die kurfürstlichen Amtleute, die ungehorsamen Geistlichen zu Lochau, Schmiedeberg und Düben, da diese einer Vorladung des Bischofs ferngeblieben waren, sowie den entlaufenen Mönch aus Herzberg in den bischöflichen Gewahrsam zu überstellen.

Mitte März wurden die Pläne des Meißner Bischofs konkreter. Er berichtete dem Kurfürsten, dass er nun *begirig* sei, die Visitation vorzunehmen, bedankte sich für das Versprechen, ihm Sicherheit zu gewährleisten, und informierte über seine Reiseroute, die ihn in die kurfürstlichen Städte Torgau, Herzberg, Lochau, Schmiedeberg, Leisnig und Colditz führen sollte.[35] Der Bischof bat um die Zuordnung eines kurfürstlichen Rates auf seiner Reise, wofür er entweder den Amtmann zu Liebenwerda, Hans von Minckwitz,[36] oder den Amtmann zu Leisnig, Georg von Kitzscher, wünschte, denen er besonderes Vertrauen schenkte. Hinsichtlich des Hans von Minckwitz führte der Bischof als Begründung zudem ihre Verwandtschaft an. Wunsch des Bischofs war, dass die kurfürstlichen Räte die verantwortungsvolle Aufgabe übernehmen, den Bischof bei auftretenden

---

32 Nicasius Clay hatte sich im Juni 1521 an Kurfürst Friedrich gewandt und um Hilfe gebeten, da der Offizial zu Stolpen, Jakob Lose, ihn wegen Nichtveröffentlichung der Bannandrohungsbulle gegen Luther belangen wollte. Der Kurfürst richtete daraufhin ein Schreiben an den Bischof und gab seiner Verärgerung Ausdruck, dass der bischöfliche Offizial kurfürstliche Untertanen im Kurfürstentum gefangen nehmen will, worauf der Bischof mit einem Verweis auf seine Rechte reagierte. In seiner Antwort forderte der Kurfürst den Bischof nochmals auf, das Vorhaben des Offizials zu unterbinden. Letztlich konstatierte der Kurfürst, dass er aus den Aussagen des Bischofs und des Offizials Lose kein Fehlverhalten des Pfarrers Clay ermitteln konnte und der Offizial sich unrechtmäßig verhalten habe, was Kurfürst Friedrich und Herzog Johann nicht akzeptieren könnten. Vgl. die entsprechenden Schreiben in BAKFJ 2 (wie Anm. 1), S. 470 f., Nr. 1257 (Nicasius Clay an Kurfürst Friedrich, 21. Juni 1521); ebd., S. 477 f., Nr. 1265 (Kurfürst Friedrich an Bischof Johann von Meißen, 29. Juni 1521); ebd., S. 480, Nr. 1269 (Bischof Johann von Meißen an Kurfürst Friedrich, 3. Juli 1521); ebd., S. 490 f., Nr. 1285 (Kurfürst Friedrich an Bischof Johann von Meißen, 28. Juli 1521); ebd., S. 506 f., Nr. 1307 (Bischof Johann von Meißen an Kurfürst Friedrich, 26. August 1521); ebd., S. 529 f., Nr. 1331 (Kurfürst Friedrich an Bischof Johann von Meißen, 24. September 1521).
33 BAKFJ 2 (wie Anm. 1), S. 653 f., Nr. 1493 (Regest); PALLAS, Briefe und Akten (wie Anm. 4), S. 250, Nr. 9 (Volltext).
34 PALLAS, Briefe und Akten (wie Anm. 4), S. 250.
35 BAKFJ 2 (wie Anm. 1), S. 671 f., Nr. 1515 (Regest); PALLAS, Briefe und Akten (wie Anm. 4), S. 251 f., Nr. 10 (Volltext), Zitat ebd., S. 251.
36 Zur Biografie des Hans von Minckwitz vgl.: Jens KUNZE, Hans III. von Minckwitz, in: Sächsische Biografie, hrsg. vom Institut für Sächsische Geschichte und Volkskunde, URL: https://saebi.isgv.de/biografie/22738 (zugegriffen am 20.07.2023).

Problemen anstelle des Kurfürsten zu beraten. Obwohl Kurfürst Friedrich zunächst ausweichend reagierte, da er insbesondere Hans von Minckwitz für andere Aufgaben benötige und nicht entbehren könne sowie die konkreten Aufenthaltszeiten des Bischofs in den genannten Städten nicht kenne,[37] wies er kurze Zeit darauf doch beide Räte an, Bischof Johann zu begleiten. So wurde Kitzscher abgestellt, um den Bischof in den Ämtern Colditz, Leisnig und eventuell Torgau zu unterstützen, während Minckwitz für Schmiedeberg, Herzberg und Lochau zuständig war. Letzterer sollte zusätzlich von Haubold von Einsiedel unterstützt werden, da in den drei Orten *[...] die sache hoer mocht angetzogen werden.*[38] Man befürchtete vor allem in Schmiedeberg Aufruhr von anreisenden Wittenberger Studenten.[39] Um Unruhen zu verhindern, wurden zudem die Schosser und Stadträte der Orte, die visitiert werden sollten, durch den Kurfürsten aufgefordert, den Anweisungen der den Bischof begleitenden Amtmänner Folge zu leisten.[40]

Am 30. März erteilte Kurfürst Friedrich eine ausführliche Instruktion an Hans von Minckwitz.[41] Dieser sollte mit dem Bischof mitreisen und auf den günstigsten Reiseweg achten.[42] Letztlich wurde festgelegt, dass Minckwitz den Bischof in Herzberg, Lochau, Schmiedeberg und Torgau begleiten sollte, während Georg von Kitzscher für Colditz und Leisnig abgeordnet wurde. Hinsichtlich der vom Bischof gewünschten Beratertätigkeit erteilte der Kurfürst seinem Amtmann konkrete Auflagen: Minckwitz durfte sich nur auf die bisherigen schriftlichen Äußerungen Friedrichs gegenüber dem Bischof beziehen und sich darüber hinaus auf keine weiteren Verhandlungen einlassen. Diese Anweisung widersprach dem ausdrücklichen Wunsch des Bischofs, den dieser in seinen vorherigen Schreiben geäußert hatte, dass der Amtmann beratende Funktionen im Namen des Kurfürsten während der Visitation ausüben sollte. Zudem befahl der Kurfürst seinem Amtmann, dafür zu sorgen, dass der Bischof und seine Leute nicht verbal oder tätlich angegriffen werden. Von kurfürstlicher Seite aus kam Minckwitz also hauptsächlich die Aufgabe zu, den Bischof auf seiner Reise durch Kursachsen zu schützen. Außerdem

---

37 BAKFJ 2 (wie Anm. 1), S. 676f., Nr. 1523 (Regest, Kurfürst Friedrich an Bischof Johann von Meißen, 16. März 1522); PALLAS, Briefe und Akten (wie Anm. 4), S. 252f., Nr. 11 (Volltext). Der Bischof antwortete am 24. März und teilte mit, dass er plane, am 2. April von Mühlberg aus zunächst nach Herzberg oder Lochau und von dort weiter zu reisen. Daher solle der kurfürstliche Rat am 1. April bei dem Bischof in Mühlberg eintreffen (BAKFJ 2 [wie Anm. 1], S. 690, Nr. 1540 [Regest]; PALLAS, Briefe und Akten [wie Anm. 4], S. 254–256, Nr. 13 [Volltext]).

38 Vgl. die Anweisung Kurfürst Friedrichs an Georg von Kitzscher vom 22. März 1522 in: BAKFJ 2 (wie Anm. 1), S. 685f., Nr. 1534 (Regest); PALLAS, Briefe und Akten (wie Anm. 4), S. 253f., Nr. 12 (Volltext); sowie an Haubold von Einsiedel zur Unterstützung von Minckwitz: BAKFJ 2 (wie Anm. 1), S. 685, Nr. 1533 (Volltext). Vgl. auch die Antwort Kurfürst Friedrichs an Bischof Johann vom 26. März 1522: BAKFJ 2 (wie Anm. 1), S. 691, Nr. 1542 (Regest); PALLAS, Briefe und Akten (wie Anm. 4), S. 256f., Nr. 14 (Volltext).

39 Vgl. BAKFJ 2 (wie Anm. 1), S. 694, Nr. 1546, Anm. 3.

40 Vgl. BAKFJ 2 (wie Anm. 1), S. 686f., Nr. 1535 (Volltext); PALLAS, Briefe und Akten (wie Anm. 4), S. 259f., Nr. 16 (Volltext, nach einer anderen Überlieferung).

41 BAKFJ 2 (wie Anm. 1), S. 694f., Nr. 1546 (Regest); PALLAS, Briefe und Akten (wie Anm. 4), S. 257–259, Nr. 15 (Volltext).

42 Laut der Instruktion sollte der Reiseweg von Mühlberg aus über Herzberg, Lochau, Schmiedeberg und Torgau führen (BAKFJ 2 [wie Anm. 1], S. 694, Nr. 1546).

sollte er zwar zulassen, dass der Bischof und seine Prediger über ihre Predigttätigkeit hinaus mit einigen Geistlichen verhandeln, bei der Androhung oder gar Umsetzung von Gefängnisstrafen hatte Minckwitz jedoch einzuschreiten und dies damit zu begründen, dass Aufruhr entstehen könnte. Der letzte Abschnitt der Instruktion hat die Versorgung des Bischofs zum Inhalt. So sollte Minckwitz ihm in Herzberg als Ausstattung und Ehrengeschenk Hafer und Wein reichen, in Lochau sollte Bischof Johann im Schloss untergebracht werden, in Schmiedeberg war der Schosser zu Wittenberg, Gregor Burger, zuständig, während Minckwitz den Bischof in Torgau in einer Herberge verköstigen sollte. Letztlich forderte Kurfürst Friedrich schriftliche Berichte über die Reise des Bischofs.

Am 2. April 1522 begann Bischof Johann seine Visitations- und Predigtreise in Herzberg. In der folgenden Woche berichtete Minckwitz dem Kurfürsten in fünf Schreiben über den Ablauf der Reise und schickte ihm Abschriften der Predigten sowie der Verhörprotokolle mit. Das erste Schreiben datiert vom 3. April und hat die Ereignisse in Herzberg zum Inhalt.[43] Dem Brief lag eine Auflistung über das Gefolge des Bischofs und seinen geplanten Reiseweg bei. So gehörten neben mehreren Predigern und zwei Kaplänen auch der Dekan des Domstifts zu Meißen Johannes Hennig, der Leipziger Theologieprofessor Hieronymus Dungersheim aus Ochsenfurt, der Bruder des Bischofs, Wolf von Schleinitz, sowie sechs adlige Diener zum Tross.[44] Die erste Predigt in Herzberg hielt der Bischof selbst, ihm folgte direkt Dungersheim, der auch am nächsten Tag nochmals predigte. Minckwitz schickte Aufzeichnungen der Predigten mit, die ein Bakkalar der Herzberger Lateinschule angefertigt hatte. Zudem berichtete der Amtmann über einen Zwischenfall in Herzberg, bei dem zwei Schmähschriften an das Rathaus geklebt wurden. Minckwitz stellte erfolglos Nachforschungen zu den Urhebern an.[45] Weitere Schreiben des Hans von Minckwitz haben die Predigten und bischöflichen Maßnahmen in Lochau, Torgau und Schmiedeberg zum Inhalt.[46] An den jeweiligen Orten nahmen der Bischof und die ihn begleitenden Theologen, unter denen sich vor allem Hieronymus Dungersheim hervortat, Verhöre der beschuldigten Geistlichen vor, an deren Inhalt und Verlauf der sächsische Kurfürst sehr interessiert war. So ließ er Minckwitz durch Haubold von Einsiedel befehlen, Aufzeichnungen von den Verhören der beschuldigten Pfarrer und Prediger zu Herzberg, Lochau, Torgau und Schmiedeberg anzufertigen. Minckwitz entschuldigte sich am 9. April bei dem Kurfürsten, dass er den auf Latein geführten Verhören nicht gut folgen konnte, jedoch trotzdem eine mehr oder weniger genaue Mitschrift

---

43 BAKFJ 2 (wie Anm. 1), S. 698–701, Nr. 1554 (Volltext). Auch dieser ausführliche Bericht stellt einen Neufund dar und wurde in BAKFJ 2 erstmals ediert. Das Schreiben verzögerte sich in der Zustellung, wie aus der Reaktion des Hans von Minckwitz vom 6. April hervorgeht (BAKFJ 2 [wie Anm. 1], S. 705 f., Nr. 1560).
44 Vgl. BAKFJ 2 (wie Anm. 1), S. 700, Nr. 1554, Anm. 8.
45 BAKFJ 2 (wie Anm. 1), S. 698–701, Nr. 1554. Vermutlich war eines der Schriftstücke die anonyme Schmähschrift gegen Hieronymus Dungersheim, in welcher dessen Predigt vom 2. April 1522 angegriffen und Dungersheim verspottet wurde (vgl. BAKFJ 2 [wie Anm. 1], S. 699, Nr. 1554, Anm. 6).
46 BAKFJ 2 (wie Anm. 1), S. 701, Nr. 1555 (Regest, 4. April 1522); PALLAS, Briefe und Akten (wie Anm. 4), S. 290 f., Nr. 24 (Volltext); BAKFJ 2 (wie Anm. 1), S. 705 f., Nr. 1560 (Regest, 6. April 1522); PALLAS, Briefe und Akten (wie Anm. 4), S. 291 f., Nr. 25 (Volltext); BAKFJ 2 (wie Anm. 1), S. 708, Nr. 1563 (Regest); PALLAS, Briefe und Akten (wie Anm. 4), S. 293, Nr. 27 (Volltext).

erstellt habe, die seinem Schreiben beiliege. Von Albrecht von Lindenau oder dessen Sohn Heinrich werde der Kurfürst noch einen genaueren Bericht erhalten.[47] Aus dem mitgeschickten Protokoll geht hervor, dass die Verhöre vom Bischof selbst, von Dungersheim und auch vom Dekan Johannes Hennig zu Meißen durchgeführt wurden. Die Geistlichen boten an, sich im Kurfürstentum weisen zu lassen, der Bischof enthob sie jedoch ihrer Ämter und verbot ihnen zu predigen.

Am 7. und am 9. April 1522 informierte Kurfürst Friedrich seinerseits seinen Bruder Herzog Johann über den Verlauf der bischöflichen Visitationsreise und gab seiner Befürchtung Ausdruck, dass der Bischof, der sich wohl nach seiner Rückkehr nach Meißen mit dem albertinischen Herzog Georg treffen will, in der Angelegenheit keine Ruhe geben wird.[48] Ein persönliches Zusammentreffen zwischen dem Bischof und den ernestinischen Fürsten gab es diesen Berichten zufolge während der Visitationsreise nicht, auch wenn die Reise den Bischof teils durch kursächsische Residenzstädte führte. Es ist anzunehmen, dass Friedrich eine Begegnung vermeiden wollte.

Am 11. April schrieb Bischof Johann an Kurfürst Friedrich, bedankte sich für die kurfürstliche Unterstützung und zeigte das Ende der Visitation an.[49] Der Bischof stellte fest, dass er in Kursachsen *[...] unter den armen gemeinen volke und auch bei andern mergliche vorfürunge gespüret und befunden, meher dan wir in aller warheit ane das hetten glauben mögen.*[50] Für diese Verführung machte er die evangelischen Prediger verantwortlich, konkret wiederum die bereits in seinen anderen Schreiben angeführten vier Geistlichen, den abtrünnigen Mönch (*apostat*)[51] zu Herzberg, den Pfarrer Franz Günther zu Lochau, den Pfarrer Nicasius Clay zu Schmiedeberg und den Prediger Valentin Tham zu Torgau. Diese habe er vor sich gerufen und ihnen das Predigen, die Veränderungen beim Messehalten und das Austeilen des Abendmahls unter beiderlei Gestalt an die Laien sowie andere Missbräuche verboten, die bereits vor langer Zeit durch Konzilien verworfen wurden. Sie dürfen das Meißner Bistum nicht mehr betreten. Alle vier würden sich jedoch seinen Befehlen widersetzen. Der Bischof bat daher Kurfürst Friedrich zu verfügen, dass diese Geistlichen den bischöflichen Befehlen nachkommen. Darüber hinaus sollte der Kurfürst ihre Stellen *[...] mit frommen, christlichen pastorn und predigern [...]*[52] neu besetzen. Auf einem beiliegenden Zettel informierte der Bischof den Kur-

---

47 BAKFJ 2 (wie Anm. 1), S. 710, Nr. 1566 mit Anm. 1 (Regest); PALLAS, Briefe und Akten (wie Anm. 4), S. 295, Nr. 29 (Volltext). Vgl. ausführlich zum Inhalt der Verhöre: JOESTEL, Geschwinde Zeitläufte (wie Anm. 20), S. 149–155. Heinrich von Lindenau hatte an der Wittenberger Universität studiert (vgl. BAKFJ 2 [wie Anm. 1], S. 730, Nr. 1595).
48 BAKFJ 2 (wie Anm. 1), S. 706f., Nr. 1561 (Regest, Schreiben vom 7. April 1522); PALLAS, Briefe und Akten (wie Anm. 4), S. 293f., Nr. 28 (Volltext); FÖRSTEMANN, Neues Urkundenbuch (wie Anm. 4), S. 19f., Nr. 30 (Volltext); BAKFJ 2 (wie Anm. 1), S. 708f., Nr. 1564 (Regest, Schreiben vom 9. April); PALLAS, Briefe und Akten (wie Anm. 4), S. 295–298, Nr. 30 (Volltext); FÖRSTEMANN, Neues Urkundenbuch (wie Anm. 4), S. 20f., Nr. 31, S. 23, Nr. 36 (Volltext).
49 BAKFJ 2 (wie Anm. 1), S. 712f., Nr. 1571 (Regest); PALLAS, Briefe und Akten (wie Anm. 4), S. 298f., Nr. 31 (Volltext).
50 PALLAS, Briefe und Akten (wie Anm. 4), S. 298.
51 Zum Vorwurf der Apostasie mit weiterführender Literatur vgl. die Angaben im Beitrag von Saskia Jähnigen in diesem Band.
52 PALLAS, Briefe und Akten (wie Anm. 4), S. 299.

fürsten zudem, dass sich in Herzberg, Lochau, Düben und Umgebung sowie an anderen Orten des Bistums Meißen viele *apostaten* aufhalten würden und bat den Kurfürsten, dies ebenfalls zu unterbinden.[53] Diese Forderungen führten in der Folge zu einer merklichen Verstimmung zwischen Kurfürst Friedrich und dem Bischof von Meißen. Friedrich äußerte in einem Schreiben an seinen Bruder seine Befürchtung, dass der Bischof das eigentlich ihm obliegende Vorgehen auf Friedrich und Johann abwälzen und ihnen den Ungehorsam der Geistlichen anlasten will. Er werde nicht aufhören, in der Angelegenheit an sie zu schreiben. Der Kurfürst überlegte, mündlich durch eine Gesandtschaft eine Klärung zu veranlassen und erbat die Meinung Herzog Johanns dazu.[54] Seine Befürchtungen benannte der Kurfürst auch deutlich gegenüber Bischof Johann und verwies auf die kurfürstliche Anweisung an die Geistlichen, dem Bischof gegenüber gehorsam zu sein, womit Friedrich aus seiner Sicht seine Pflicht erfüllt hatte. Der Kurfürst warf dem Bischof vor, ihn nicht ausreichend über die Verhöre der Geistlichen informiert zu haben und argumentierte, dass er weitere gelehrte Gesandte zu den auf Latein geführten Verhören geschickt hätte, wenn er vorher über den nun geäußerten Wunsch informiert worden wäre. Der Kurfürst wollte somit, ohne genaue Kenntnisse der Vorwürfe und ohne deren Berechtigung beurteilen zu können, keine Verurteilung zulassen. Bischof Johann wisse, was er kraft seines Amtes unternehmen muss und solle entsprechend handeln. Hinsichtlich der abtrünnigen Mönche in Herzberg, Lochau, Düben und andernorts verwies Kurfürst Friedrich ebenfalls auf die Zuständigkeit des Bischofs bei Verfehlungen Geistlicher.[55] Herzog Johann stimmte seinem Bruder zu, dass sie nicht in der Pflicht seien einzugreifen, um den bischöflichen Befehl an die vier Geistlichen zum Verlassen des Bistums durchzusetzen. Den Vorschlag, eine Gesandtschaft an den Bischof zu schicken, sofern dieser sich nochmals an sie wendet, befürwortete er.[56] Friedrich zeigte sich erfreut über die Antwort seines Bruders und gab seiner Hoffnung Ausdruck, dadurch zu einer Lösung zu kommen. Der Kurfürst äußerte nochmals seine Befürchtung, *[...] das die bischofe gerne uns die sachen auflegen wollten. Den es ist wol müglichen, wohe sihe nicht Gotes ere und die libe des nachsten dor innen suchen, das inen die sache zu maisterlichen werde.*[57]

Zwei Wochen später wandte sich Bischof Johann von Meißen nochmals in einem ausführlichen Schreiben an Kurfürst Friedrich, erneuerte in deutlichen Worten seine Bitte

---

53 PALLAS, Briefe und Akten (wie Anm. 4), S. 299. Vgl. hierzu auch die Ausführungen bei Saskia Jähnigen in diesem Band, mit Angaben zu den Personen.
54 BAKFJ 2 (wie Anm. 1), S. 714 f., Nr. 1574 (Regest, 13. April 1522); PALLAS, Briefe und Akten (wie Anm. 4), S. 302 f., Nr. 34 (Volltext). Zur Information legte der Kurfürst eine Abschrift seines Schreibens, das er am selben Tag an den Bischof gesandt hatte, bei.
55 BAKFJ 2 (wie Anm. 1), S. 715 f., Nr. 1576 (Regest, 13. April 1522); PALLAS, Briefe und Akten (wie Anm. 4), S. 300–302, Nr. 33 (Volltext, Hauptstück); PALLAS, Briefe und Akten (wie Anm. 4), S. 309 (Volltext, Zettel).
56 BAKFJ 2 (wie Anm. 1), S. 718 f., Nr. 1580 (Regest, 16. April 1522); PALLAS, Briefe und Akten (wie Anm. 4), S. 303 f., Nr. 35 (Volltext).
57 BAKFJ 2 (wie Anm. 1), S. 720 f., Nr. 1583 (Regest, 18. April 1522); PALLAS, Briefe und Akten (wie Anm. 4), S. 304 f., Nr. 36 (Volltext); FÖRSTEMANN, Neues Urkundenbuch (wie Anm. 4), S. 22, Nr. 33 (Volltext).

und versuchte, verstärkten Druck auszuüben.[58] Er hätte den Kurfürsten gern verschont, sei jedoch aufgrund seines bischöflichen Amtes zum Handeln gezwungen. Bischof Johann verwies auf seine Verpflichtung gegenüber Papst und Kaiser, deren Befehle er befolgen müsse, um eine Zerrüttung der christlichen Ordnung und Widerstand gegen die Konzilsbeschlüsse abzuwenden. Die Geistlichen, die seine Anweisungen missachten, würden öffentlich verkünden, dass sie nicht nur dem Bischof nicht gehorchen, sondern sich auch von Kurfürst Friedrich das Predigen und die evangelische Lehre nicht verbieten lassen würden. Hier müsse der Kurfürst eingreifen, zum Besten der Kirche und zur Stärkung des Glaubens. Der Bischof allein schaffe dies nicht. Kurfürst Friedrich antwortete dem Bischof noch am selben Tag, an dem er das Schreiben erhielt, diesmal ohne vorherige Absprache mit seinem Bruder. Er äußerte sein Missfallen, dass Bischof Johann die Angelegenheit ihm und seinem Bruder aufbürden wolle, obwohl er sich damit gerühmt habe, dass er seinem bischöflichen Amt gemäß selbst zuständig sei. Friedrich forderte den Bischof auf, ihn und Johann zu verschonen und seinen Pflichten nachzukommen.[59] Seinen Bruder bat Friedrich einen Tag später um Entschuldigung für die ohne seine Einbindung erteilte Antwort. Der Kurfürst wies darauf hin, dass sie sich zwar geeinigt hatten, bei einem neuerlichen Schreiben des Bischofs eine Gesandtschaft zu schicken, diese konnte Friedrich so eilig jedoch nicht zusammenstellen. Zudem erbat der Bischof eine schriftliche Antwort und Friedrich fürchtete von Neuem, dass er die Angelegenheit auf sie abschieben will und ihnen durch einen Verzug Nachteile entstehen könnten. Obwohl die Antwort Friedrichs vielleicht *[...] etwas unschicklich gestelt, ist es doch von mir also im besten bescheen.*[60]

Kurfürst Friedrich befürwortete somit unter enger Einbeziehung Herzog Johanns anfangs die Aktivitäten des Meißner Bischofs. Dies geschah nicht zuletzt aus politischen Erwägungen heraus, da der Kurfürst sich so gegenüber dem Reichsregiment oder Herzog Georg darauf berufen konnte, dass in seinem Territorium das Regimentsmandat umgesetzt wird. So wies der Kurfürst in seinem Schreiben an Herzog Georg vom 9. März 1522,[61] das er als Antwort auf die Vorwürfe Georgs[62] in der Luthersache verfasst hatte, auf die Aktivitäten des Meißner Bischofs hin und übersandte Abschriften seiner Korrespondenzen mit dem Bischof. Aus ihnen könne Georg erkennen, dass Friedrich nichts

---

58 BAKFJ 2 (wie Anm. 1), S. 728f., Nr. 1593 (Regest, 30. April 1522); PALLAS, Briefe und Akten (wie Anm. 4), S. 305–307, Nr. 37 (Volltext).
59 BAKFJ 2 (wie Anm. 1), S. 731f., Nr. 1596 (Regest, 1. Mai 1522); PALLAS, Briefe und Akten (wie Anm. 4), S. 308f., Nr. 38 (Volltext).
60 BAKFJ 2 (wie Anm. 1), S. 732, Nr. 1597 (Regest, 2. Mai 1522); PALLAS, Briefe und Akten (wie Anm. 4), S. 309f., Nr. 39 (Volltext), Zitat S. 310.
61 BAKFJ 2 (wie Anm. 1), S. 666f., Nr. 1509 (Regest); Johann Karl SEIDEMANN, Die Reformationszeit in Sachsen von 1517 bis 1539. Mit Urkunden (Beiträge zur Reformationsgeschichte, 1), Dresden 1846, S. 185–187, Nr. 6 (Volltext).
62 Herzog Georg sandte sein Schreiben bereits am 2. Februar 1522 aus Nürnberg an den sächsischen Kurfürsten (BAKFJ 2 [wie Anm. 1], S. 628, Nr. 1465 [Regest]). Vgl. zur Korrespondenz zwischen Friedrich und Georg, mit besonderem Bezug auf quellenkritische Fragen, Beate KUSCHE, Handschreiben und Kanzleischreiben. Die Korrespondenz zwischen Kurfürst Friedrich und Herzog Georg von Sachsen, in: BAKFJ 2 (wie Anm. 1), S. 31–42; sowie BÜNZ, Nähe und Distanz (wie Anm. 16), S. 133–135; WINTER, Reformationskonflikt (wie Anm. 16), S. 292–313.

unternimmt, was der Ehre Gottes oder dem Heil der Menschen schade. Vor dem Hintergrund des Agierens Herzog Georgs am Reichsregiment in Nürnberg und der Stellungnahme Kurfürst Joachims von Brandenburg zu dem Regimentsmandat im März 1522[63] beauftragte Kurfürst Friedrich am 29. März seinen Vertreter Hans von der Planitz, in seinem Namen eine ähnliche Erklärung vor dem Regiment abzugeben wie der brandenburgische Kurfürst, sofern er dies für nötig halte.[64] Planitz könne sich dabei auf die geplanten Maßnahmen der Bischöfe von Meißen und Merseburg in Kursachsen berufen, die das Regimentsmandat durch Predigten und Ausschreiben umsetzen wollen, wobei Kurfürst Friedrich sie auf ihr Bitten hin unterstütze und dafür den Dank des Meißner Bischofs erhielt. Planitz solle das Regiment bitten, *[...] solchs nit unfreuntlich von uns zu vermerken; dann unser gemut, wille und meinung were nit anders, dann aus gotlicher gnade uns als ein christlicher mensch zu halten.*[65] Am 5. April antwortete Planitz, dass er diese Erklärung bei Gelegenheit dem Reichsregiment vorbringen will.[66] Eine Umsetzung erfolgte wohl nicht, in den weiteren Schreiben von Planitz aus Nürnberg wird die Stellungnahme nicht mehr thematisiert, zumal Herzog Georg von Sachsen Anfang April aus Nürnberg abgereist war.[67] Die Zustimmung des Kurfürsten zu den Maßnahmen des Bischofs von Meißen in Kursachsen endete allerdings, als der Bischof konkrete Maßnahmen Friedrichs gegen Geistliche im Kurfürstentum erbat. Friedrich forderte nun, dass der Bischof sein Amt selbst ausübt und die Geistlichen zum Gehorsam bringt. Die Befugnisse, die der

---

63 Am 18. März 1522 berichtete Hans von der Planitz dem sächsischen Kurfürsten, dass die Stellungnahme Kurfürst Joachims von Brandenburg zu dem Mandat des Reichsregiments am gestrigen Tag vor dem Regiment verlesen wurde. Der brandenburgische Kurfürst gab an, das Mandat befolgen zu wollen. Planitz stellte es ins Ermessen Kurfürst Friedrichs, ebenfalls eine Erklärung abzugeben (BAKFJ 2 [wie Anm. 1], S. 680–682, Nr. 1528 [Teiledition]).

64 BAKFJ 2 (wie Anm. 1), S. 693, Nr. 1545 (Regest); WÜLCKER/VIRCK, Planitz Berichte (wie Anm. 4), S. 123 f., Nr. 54 (Volltext). Vgl. auch WREDE, Deutsche Reichstagsakten 3 (wie Anm. 1), S. 22, Anm. 2.

65 WÜLCKER/VIRCK, Planitz Berichte (wie Anm. 4), S. 124.

66 BAKFJ 2 (wie Anm. 1), S. 703, Nr. 1557 (Regest); WÜLCKER/VIRCK, Planitz Berichte (wie Anm. 4), S. 130–134, Nr. 57 (Volltext).

67 Darüber berichtete Hans von der Planitz in seinem Schreiben vom 1. April 1522 (BAKFJ 2 [wie Anm. 1], S. 697, Nr. 1551). Vgl. hierzu auch KOHNLE, Reichstag und Reformation (wie Anm. 1), S. 110 f.; Stefan MICHEL, Einleitung, in: BAKFJ 2 (wie Anm. 1), S. 11–29, hier S. 15. Ein Schreiben Martin Luthers, das dieser im Auftrag und als Rechtfertigung des Kurfürsten verfasste und in dem Luther betonte, dass er ohne dessen Wissen und Einwilligung nach Wittenberg zurückgekehrt sei, legte Planitz allerdings dem Reichsregiment vor (vgl. KOHNLE, Reichstag und Reformation [wie Anm. 1], S. 110). Das Schreiben Luthers, das dieser noch einmal überarbeitete, ist ediert in: BAKFJ 2 (wie Anm. 1), S. 663, Nr. 1506 (Regest, erste Fassung vom 7. März 1522); D. Martin Luthers Werke: Kritische Gesamtausgabe. Briefwechsel, Bd. 2: 1520–1522, Weimar 1931, S. 459–462, Nr. 456 (Volltext); BAKFJ 2 (wie Anm. 1), S. 670 f., Nr. 1514 (Regest, zweite Fassung vom 12. März 1522); Martin Luthers Werke 2 (wie oben), S. 467–470, Nr. 457 (Volltext). Noch am 25. Mai 1522 verwies Kurfürst Friedrich in einem Schreiben an Hans von der Planitz auf seine Korrespondenzen mit den Bischöfen von Meißen und Merseburg, die er Planitz zugeschickt hatte und aus denen dieser die Ansichten Friedrichs in der Luthersache entnehmen könne. Dem war eine weitere Anzeige Herzog Georgs von Sachsen vor dem Reichsregiment wegen Luthers Schrift »Von beider Gestalt das Sakrament zu nehmen« vorausgegangen (BAKFJ 2 [wie Anm. 1], S. 756, Nr. 1627 [Teiledition]).

Bischof in Kursachsen hatte, waren allerdings in der Instruktion Kurfürst Friedrichs für Hans von Minckwitz deutlich benannt worden: Er durfte als Ordinarius die Geistlichen zwar vernehmen und ermahnen, jedoch keine Verhaftungen vornehmen.[68]

## Die Reaktionen Bischof Adolfs von Merseburg auf das Regimentsmandat

Auch Bischof Adolf von Merseburg wurde das Mandat des Reichsregiments zugestellt.[69] Mit dem eingangs zitierten Schreiben vom 20. Februar 1522 unterrichtete Bischof Adolf den sächsischen Kurfürsten über den Erhalt des Regimentsmandats, dem er zur Ehre Gottes und aus Gehorsam gegenüber Kaiser und Reichsregiment Folge leisten müsse.[70] Dies sei ihm jedoch ohne Beteiligung Kurfürst Friedrichs nicht möglich, da sich sein geistlicher Herrschaftsbereich in das Kurfürstentum hinein erstrecke. Bischof Adolf bat daher Friedrich um Mitteilung, ob dieser das Mandat in seinem Kurfürstentum vielleicht selbst durchsetzen will, dann sei der Bischof gegenüber dem Reichsregiment entschuldigt. Wenn der Kurfürst aber der Ansicht ist, dass dies, weil es Geistliche betrifft, Sache des Bischofs sei, soll er zumindest ein Ausschreiben an die kursächsischen Amtleute und Untertanen unter bischöflicher Obrigkeit ausgehen lassen, damit sie dem Gebotsbrief Bischof Adolfs Folge leisten. Diesen hatte der Bischof an die Geistlichkeit im Bistum gerichtet und ihr befohlen, das Regimentsmandat durchzusetzen.[71] Kurfürst Friedrich schickte in seiner Antwort Abschriften seiner Korrespondenz mit Bischof Johann von Meißen mit und stimmte zu, dass Bischof Adolf dem Regimentsmandat Folge leistet, wiederum mit der Formel, dass er und Herzog Johann alles fördern wollen, was der Ehre Gottes, der Verbreitung seines Worts, der Stärkung des christlichen Glaubens und dem Seelenheil dient.[72] Auch gegenüber Kaiser Karl V. seien sie stets gehorsam. Hinsichtlich des bischöflichen Gebotsbriefs erbat der Kurfürst nähere Angaben, in welchen Gebieten des Kurfürstentums dieser gelten soll, dann sei er bereit, entsprechende Schreiben aus-

---

68 Armin Kohnle bezeichnet diese kurfürstliche Zustimmung als »Gewährenlassen« und konstatierte, dass dieses dort endete, »[...] wo die öffentliche Ruhe und Ordnung gestört wurden«, also etwa, wenn Verhaftungen oder Aufruhr drohten (KOHNLE, Reichstag und Reformation [wie Anm. 1], S. 111).
69 Zur Biografie Bischof Adolfs von Merseburg, Fürst von Anhalt, vgl.: Clemens BRODKORB, Adolf von Anhalt-Zerbst, in: GATZ, Bischöfe (wie Anm. 18), S. 3 f.; sowie die Angaben zum Bistum Merseburg ebd., S. 811 f.
70 BAKFJ 2 (wie Anm. 1), S. 650 f., Nr. 1487 (Regest); PALLAS, Versuche (wie Anm. 2), S. 8 f. (Volltext). Vgl. zu den Aktivitäten des Merseburger Bischofs in Reaktion auf das Regimentsmandat auch: JOESTEL, Geschwinde Zeitläufte (wie Anm. 20), S. 206–211; LUDOLPHY, Friedrich der Weise (wie Anm. 6), S. 480.
71 Bischof Adolf von Merseburg hatte sich mit einem eigenen Mandat an die Geistlichen in seinem Bistum gewandt und den Wortlaut des Regimentsmandats übermittelt sowie den Geistlichen befohlen, die vom Regiment angezeigten Missbräuche zu verhindern beziehungsweise zu beseitigen (vgl. BAKFJ 2 [wie Anm. 1], S. 650 f., Nr. 1487, Anm. 1; FÖRSTEMANN, Neues Urkundenbuch [wie Anm. 4], S. 84, Nr. 1 Beilage).
72 BAKFJ 2 (wie Anm. 1), S. 662, Nr. 1505 (Regest, 7. März 1522); Sammlung vermischter Nachrichten 4 (wie Anm. 4), S. 293–295, Nr. I (Volltext).

zufertigen. Friedrich kritisierte jedoch, dass der Bischof wohl selbst Handlungsanweisungen vom Regiment erhalten habe und nicht von diesem aufgefordert wurde, sich an den Kurfürsten zu wenden. Bischof Adolf schickte wenig später die erbetenen konkreten Angaben und legte eine Abschrift seines Gebotsbriefs bei.[73] Friedrich erteilte daraufhin entsprechende Befehle an seine Amtleute.[74]

Am 17. März 1522 übersandte Kurfürst Friedrich seinem Bruder Johann die gesamte Korrespondenz, die seit dem 7. Februar mit den Bischöfen von Meißen und Merseburg geführt worden war, da er in so *[...] grosen sachen, die villeicht uns zu nachteil mogen gemeynt werden, [...]* nicht ohne Einbindung und Rat Herzog Johanns handeln wollte.[75] Herzog Johann antwortete am 26. März. Er teilte mit, dass er alle Schreiben gelesen habe, begrüßte das Vorgehen Friedrichs und lobte ihn, dass seine Antworten *[...] alzo gelegen und geschickt, das die e. l. als eynem cristlichen fursten unvorweyslich, zcu dem, das unseren freunden, den bischofen, dodurch nichts zcu weyt eingereumbt und dannoch auch ire furhaben inen nit geweigert wirdet.*[76]

Bis Mitte April wurden keine weiteren Schreiben mehr ausgetauscht. Erst am 14. April 1522 wandte sich der Merseburger Bischof erneut an Kurfürst Friedrich, wie aus einem kurfürstlichen Schreiben vom 17. April hervorgeht.[77] Der Bischof plante nun, gegen ungehorsame Geistliche vorzugehen, speziell gegen den Pfarrer Johann Stumpf zu Schönbach sowie die Mönche zu Machern und Grimma,[78] und hatte den Kurfürsten um

---

73 BAKFJ 2 (wie Anm. 1), S. 672, Nr. 1516 (Regest, 13. März 1522); FÖRSTEMANN, Neues Urkundenbuch (wie Anm. 4), S. 83 f., Nr. 1 (Volltext).
74 BAKFJ 2 (wie Anm. 1), S. 676, Nr. 1522 (Regest, 16. März 1522, Kurfürst Friedrich an den Schosser Friedrich Stumpfel zu Grimma und den Geleitsmann Michael von der Straßen zu Borna); Sammlung vermischter Nachrichten 4 (wie Anm. 4), S. 308 f., Nr. VIII (Volltext). Vgl. auch das kurfürstliche Schreiben an Bischof Adolf vom 17. März 1522, in dem Friedrich den Bischof informierte, dass er ihm den gewünschten Befehl für die kurfürstlichen Amtleute über einen Boten zustellen lässt (BAKFJ 2 [wie Anm. 1], S. 678, Nr. 1525 [Regest]; Sammlung vermischter Nachrichten 4 [wie Anm. 4], S. 305–307, Nr. VI [Volltext]).
75 BAKFJ 2 (wie Anm. 1), S. 677 f., Nr. 1524 (Volltext), Zitat S. 677.
76 BAKFJ 2 (wie Anm. 1), S. 690, Nr. 1541 (Volltext). Auch dieses Schreiben Johanns an seinen Bruder stellt einen Neufund dar.
77 BAKFJ 2 (wie Anm. 1), S. 720, Nr. 1582 (Regest). Das Schreiben ist nur in einer älteren Edition überliefert, die handschriftliche Grundlage konnte nicht ausfindig gemacht werden: Sammlung vermischter Nachrichten 4 (wie Anm. 4), S. 309–311, Nr. IX (Volltext).
78 Um wen es sich bei dem Mönch zu Machern handelte, ist in der Forschungsliteratur umstritten. In einigen Studien wird vermutet, dass es sich um einen ehemaligen Wittenberger Augustinereremiten namens Konrad Kluge handelte, der dann später als Pfarrer in Machern tätig war, vgl. u. a. zuletzt JOESTEL, Geschwinde Zeitläufte (wie Anm. 20), S. 169–171. Dem widersprach Hartmut Kühne in seiner Studie aus dem Jahr 2014. Kühne nahm an, dass der Mönch, der 1522 in Machern wirkte, ein namentlich nicht bekanntes Mitglied des Wittenberger Konvents war. Er begründete dies u. a. damit, dass kein Konrad Kluge als Mönch dieses Konvents belegt sei. Der wohl erst Ende 1522 oder 1523 als Pfarrer nach Machern gekommene Konrad Kluge war vermutlich kein ehemaliges Ordensmitglied. Er wurde 1524 durch den Merseburger Bischof wegen seiner Eheschließung, jedoch nicht wegen Bruchs der Ordensgelübde exkommuniziert (vgl. Hartmut KÜHNE, Lehrer – Priester – Prediger. Michael Coelius' Weg in die Reformation [1492–1530], in: Von Grafen und Predigern. Zur Reformationsgeschichte des Mansfelder Landes, hrsg. von Armin Kohnle / Siegfried Bräuer

einen weiteren Befehl an die kurfürstlichen Amtleute gebeten, für Ruhe zu sorgen, sowie die Geistlichen, wenn sie sich nicht weisen lassen, festzunehmen und dem Bischof zu überstellen. Der Kurfürst reagierte äußerst ungehalten auf dieses Anliegen. Der Bischof habe lediglich kurfürstliche Befehle hinsichtlich seines Gebotsbriefs erbeten, die Friedrich ihm auch in seinem und im Namen seines Bruders zuschickte, über sein weiteres Vorgehen war Friedrich nicht informiert. Die jetzige Bitte sei daher eine Anmaßung. Der Bischof solle sich als Ordinarius selbst um die Angelegenheit kümmern. Dabei wollen ihn der Kurfürst und sein Bruder angemessen unterstützen.[79]

Ende April reagierte Bischof Adolf auf das Schreiben Kurfürst Friedrichs.[80] Er rechtfertigte sich, dass er seinen Gebotsbrief in der Form, wie er Friedrich vorlag, in seinem Bistum, soweit sich seine geistliche Gerichtsbarkeit erstreckt, veröffentlichte und damit zunächst mit Güte das Mandat des Reichsregiments durchsetzen wollte. Auch in denjenigen Teilen seines Bistums, die im albertinischen Sachsen lagen, publizierte er seinen Befehl. Der Bischof betonte, dass er außer bei den benannten Geistlichen an den drei Orten Schönbach, Machern und Grimma im Kurfürstentum keinerlei weitere Verfehlungen feststellen konnte. Diese Geistlichen erhielten jedoch Unterstützung durch weltliche Untertanen – *edeln unnd unedeln*[81] – Kurfürst Friedrichs. Da seine geistliche Gewalt hier nicht ausreiche, benötige der Bischof kurfürstlichen Beistand.[82] Bischof Adolf wiederholte abschließend seine Bitte, dass der Kurfürst die Geistlichen bis zu einem allgemeinen Konzilsbeschluss durch seine Amtleute oder anderweitig zum Schweigen bringt, damit sich die Missbräuche nicht weiter ausbreiten. Kurfürst Friedrich möge ihm seine Bitten nicht verdenken, die *[...] vorwar nicht anders dan aus grosser notturft der sehlen*

---

[Schriften der Stiftung Luthergedenkstätten in Sachsen-Anhalt, 17], Leipzig 2014, S. 155–195, hier S. 165–167). Vgl. zu Kluge oder Klug auch den Beitrag von Saskia Jähnigen in diesem Band. Die Mönche aus Grimma sind hingegen belegt. Im Jahr 1522 verließen einige Ordensleute das dortige Augustinereremitenkloster, unter ihnen der Prior Wolfgang von Zeschau und Johann Kalbfleisch, genannt Schreiner. Zeschau und Kalbfleisch blieben in Grimma, ersterer als Spitalmeister, Kalbfleisch als Prediger. Zu den Vorgängen in Grimma und den Biografien Zeschaus und Kalbfleischs sowie den anderen ausgetretenen Mönchen vgl.: JOESTEL, Geschwinde Zeitläufte (wie Anm. 20), S. 157–160.

79 BAKFJ 2 (wie Anm. 1), S. 720, Nr. 1582.
80 BAKFJ 2 (wie Anm. 1), S. 723–725, Nr. 1588 (Volltext, 27. April 1522). In diesem bislang in älteren Editionen unberücksichtigt gebliebenen Schreiben legte der Bischof ausführlich seine Ansichten dar.
81 BAKFJ 2 (wie Anm. 1), S. 725, Nr. 1588.
82 Mit den weltlichen Untertanen waren unter anderem Albrecht von Lindenau zu Machern und dessen Sohn Heinrich gemeint, welche den im bischöflichen Schreiben vom 14. April erwähnten Mönch zu sich geholt und als Prediger eingestellt hatten sowie in der Folge versuchten, den bisherigen Pfarrer in Machern zu verdrängen. Vgl. hierzu genauer den Bericht von Gregor Brück und Hieronymus Rudloff über ihr Treffen mit dem Merseburger Bischof Ende April/Anfang Mai 1522 in Merseburg: BAKFJ 2 (wie Anm. 1), S. 729–731, Nr. 1595 (Regest); FÖRSTEMANN, Neues Urkundenbuch (wie Anm. 4), S. 87–90, Nr. 4 (Volltext) sowie die Ausführungen zu dem Bericht unten in diesem Beitrag. Vgl. auch JOESTEL, Geschwinde Zeitläufte (wie Anm. 20), S. 207 f.

*seligkeyt unnd unnser vorpflicht nach [...]*[83] geschehen. Er würde Friedrich nicht grundlos bemühen.[84]

Kurfürst Friedrich handelte nach diesem Schreiben schnell. Er stimmte sich mündlich mit seinem gerade in Colditz anwesenden Bruder ab, und die Fürsten entschieden gemeinsam, ihre Räte Gregor Brück und Hieronymus Rudloff zu dem Merseburger Bischof zu senden, ausgestattet mit einer umfänglichen Instruktion.[85] Die beiden Räte sollten explizit hervorheben, dass alle Reaktionen Kurfürst Friedrichs gegenüber dem Bischof in enger Abstimmung mit Herzog Johann erfolgt waren:

*Als beruert e. g. schreyben hochgedachtem meynem gsten. hern zukomen, ist gleich mein gnediger her herzog Johans bey sein Churfl. gn. zu Colditz gewest, so hat mein gster. her meinem g. hern Hertzog Johansen auch aller schrifft, so hieuor in diser sachen ergangen, abschrifft vnd Copien zugeschigkt, vnd was vnser gster. her in dem zu antwurt geben, ist allemalh von vnsers g. hern hertzog Johanßen wegen mit bescheen. darumb haben beyde Ir Churfl. vnd F. g. vns alher zu e. g. geschickt.*[86]

Brück und Rudloff sollten auf die bisherige Unterstützung der Fürsten für Bischof Adolf hinweisen, die wegen des bischöflichen Gebotsbriefs Befehle an die Amtleute der Ämter Borna, Grimma und Naunhof ausgehen ließen. Kurfürst Friedrich und Herzog Johann seien zufrieden gewesen, dass außer bei dem Pfarrer in Schönbach und den Mönchen in Machern und Grimma keine Verfehlungen festgestellt werden konnten. Bemängeln sollten Brück und Rudloff, dass der Bischof die Fürsten so spät über die Vorwürfe gegen diese Geistlichen informierte. Kurfürst Friedrich und Herzog Johann sei berichtet worden, dass der Pfarrer zu Schönbach, Johann Stumpf, von dem Offizial des Merseburger Domdekans Sigismund von Lindenau zu kurzfristig vorgeladen wurde. Brück und Rudloff sollten in diesem Zusammenhang auf die Beschwerden der Reichsstände, welche in Worms gegen die Offiziale und geistlichen Gerichtshalter vorgebracht wurden, verweisen.[87] Der Bischof

---

83 BAKFJ 2 (wie Anm. 1), S. 725, Nr. 1588.
84 Zu den konkreten Vorwürfen des Bischofs gegenüber den beschuldigten Geistlichen vgl. auch JOESTEL, Geschwinde Zeitläufte (wie Anm. 20), S. 206–211.
85 BAKFJ 2 (wie Anm. 1), S. 726f., Nr. 1591 (Regest, [30. April 1522]); FÖRSTEMANN, Neues Urkundenbuch (wie Anm. 4), S. 85f., Nr. 3 (Volltext). Die Instruktion ist undatiert, der dazugehörige Kredenzbrief datiert vom 30. April 1522. Gregor Brück war der Kanzler Herzog Johanns, wurde jedoch häufig auch in Angelegenheiten beider fürstlichen Brüder oder nur in Aufträgen Kurfürst Friedrichs eingesetzt. Hieronymus Rudloff war Sekretär Kurfürst Friedrichs. Vgl. zu ihren Aufgaben auch MICHEL, Einleitung (wie Anm. 67), S. 16–19.
86 FÖRSTEMANN, Neues Urkundenbuch (wie Anm. 4), S. 85f., Nr. 3.
87 Vgl. exemplarisch zu den Beschwerden (Gravamina) der Reichsstände, welche diese u. a. auf dem Reichstag zu Worms 1521 vorgebracht hatten: Rosemarie AULINGER, Die Gravamina auf den Reichstagen 1521–1530 und ihre Vorgeschichte, in: DINGEL/KOHNLE/RHEIN/WASCHKE, Initia Reformationis (wie Anm. 3), S. 83–100, hier S. 90–92; sowie den Überblick von der Mitte des 15. Jahrhunderts bis 1530 bzw. hinsichtlich der katholischen Stände bis ins 18. Jahrhundert bei Eike WOLGAST, Gravamina nationis germanicae, in: Theologische Realenzyklopädie 14 (1985), S. 131–134; DERS., Die deutschen Fürsten (wie Anm. 6), S. 403. Die Beschwerden sind ediert in: Deutsche Reichstagsakten unter Kaiser Karl V., Bd. 2, bearb. von Adolf Wrede (Deutsche Reichstagsakten. Jüngere Reihe, 2),

könne kraft seines Amts und aufgrund des Regimentsmandats den Pfarrer zu Schönbach selbst vorladen und von seinen Irrtümern abbringen. Kurfürst Friedrich habe Befehle an etliche Pfarrer, auch an den zu Schönbach, erlassen, dem Bischof gegenüber gehorsam zu sein, da der Kurfürst und Herzog Johann sie bei unrechtmäßigem Verhalten nicht schützen würden. Hinsichtlich der entlaufenen Mönche in Grimma seien die Ordensoberen verantwortlich, an die sich Bischof Adolf wenden und entsprechende Maßnahmen veranlassen sollte. Auch über die Behinderungen durch adlige und nichtadlige weltliche Untertanen im Kurfürstentum seien Kurfürst Friedrich und Herzog Johann bislang nicht informiert gewesen. Sollte der Bischof konkrete Anzeigen vornehmen, werden Friedrich und Johann handeln. Sonst möge der Bischof sie mit seinem Anliegen, gegen ihre Untertanen vorzugehen, verschonen. Abschließend sollten die beiden Räte den Bischof ermahnen, dass er sicherlich keine Anweisung vom Reichsregiment erhalten habe, sich in der Angelegenheit an Friedrich und Johann zu wenden, sondern selbst zum Handeln aufgefordert wurde. Daher solle er sich seinem Amt gemäß verhalten, sodass die Ehre Gottes und die Nächstenliebe gesucht werden und niemand Anlass habe, sich zu beklagen. Ihr bereits geäußertes Unterstützungsangebot bleibe bestehen. Brück und Rudloff berichteten dem Kurfürsten wenig später in einem ausführlichen, mehrere Blatt umfassenden Schreiben von der Erfüllung ihres Auftrags.[88] Sie zeigten sich verwundert, dass der Bischof sie allein, ohne seine Räte, empfing, obwohl er zuvor über ihre Gesandtschaft und deren Anlass informiert worden war. Bischof Adolf habe Genaueres über seine bisherigen Maßnahmen infolge des Regimentsmandats, deren zeitlichen Ablauf und über die Verfehlungen der Geistlichen berichtet. Der Bischof betonte zunächst, dass er in Leipzig, also im albertinischen Herzogtum Sachsen, aufkommenden Ungehorsam bereits vor dem Erhalt des Regimentsmandats mit eigenen Befehlen eingedämmt habe. Dann schilderte er im Detail die den Geistlichen an den drei Orten im Kurfürstentum vorgeworfenen Vergehen. Er meinte, dass es nichts bringe, Abgesandte zu den Geistlichen und ihrem Anhang zu schicken, da daraus nur unnütze Diskussionen entstünden. Dies zeige auch die Leipziger Disputation, welche der Bischof als hauptsächliche Ursache für die Ausbreitung des Ungehorsams benannte.[89] Luther, der anfangs gute Gründe hatte, die Missstände bei der Geistlichkeit zu

---

Gotha 1896, S. 661–718, insbes. die Gravamina über die Offiziale und die geistliche Gerichtsbarkeit ebd., S. 694–704.

88 BAKFJ 2 (wie Anm. 1), S. 729–731, Nr. 1595 (Regest); FÖRSTEMANN, Neues Urkundenbuch (wie Anm. 4), S. 87–90, Nr. 4 (Volltext). Das Schreiben ist zum einen als Konzept mit einem Umfang von zwölf Blatt von der Hand Gregor Brücks mit starken Beschädigungen, zum anderen als unvollständige Abschrift von neun Blatt überliefert.

89 Zur Leipziger Disputation, die im Sommer 1519 in der Pleißenburg stattfand, vgl. den Beitrag von Konstantin Enge in diesem Band. So meinte Bischof Adolf: *[...] dan die meiste ursache des, das sich dis thun ßo weyt gebreyt, were s. g. achtens aus der disputacion, ßo zu leipzigk gehalten, geflossen, wie wol s. g. fleisig do fhur gewert vnd offentlich dorwider het anschlagen lasen, aber Herzog Jorg* [Herzog Georg von Sachsen, d. Verf.] *het es s. g. gefallen lasen, das s. g. dieselbig nit het vorhindern konnen.* (FÖRSTEMANN, Neues Urkundenbuch [wie Anm. 4], S. 88, Nr. 4). Diese Aussage bezog sich darauf, dass Bischof Adolf und die Theologen der Leipziger Universität die Disputation verhindern wollten, während der albertinische Landesherr Herzog Georg sich ein Bild von den Ansichten Luthers machen wollte und die Disputation befürwortete. Erst in deren Folge wurde er zum entschiedenen Luthergegner. Vgl. zur Leipziger Disputation den Sammelband: Die Leipziger Disputation

kritisieren, mit denen auch der Bischof nicht einverstanden war, sei inzwischen zu weit gegangen. Bischof Adolf habe Kurfürst Friedrich als weltliche Obrigkeit um Hilfe gebeten, da ihn das Mandat des Reichsregiments sowie sein Amt dazu zwangen. Der Bischof wusste nicht, wie er mit den weltlichen Anhängern der angezeigten Geistlichen umgehen soll. Es gebühre ihm nicht, in die obrigkeitlichen Befugnisse des Kurfürsten einzugreifen. Kurfürst Friedrich sei der *centurion im ewangelio*[90], der die Herrschaft über seine Untertanen ausübe. Brück und Rudloff antworteten dem Bischof, dass sie nun genauere Information erhalten hätten, aus denen sie jedoch entnehmen würden, dass Bischof Adolf die Anschuldigungen seinerseits bislang lediglich aus Berichten anderer Personen kenne. Sie forderten den Bischof erneut auf, sein Amt selbst auszuüben und Kurfürst Friedrich und Herzog Johann zu verschonen, da diese als weltliche Fürsten in geistlichen Angelegenheiten keine Befugnisse hätten und auch keine ausreichenden Kenntnisse, um hierin zu urteilen: *Dorumb het s. g. zu achten, das vnser gster. her in dissem falle dem centurioni mit der gewalt nit zuuorgleichen.*[91] Über ihre bisherige Hilfe und ihr Unterstützungsangebot hinaus könnten die Fürsten nichts unternehmen. Der Bischof entgegnete, dass er befürchte, die Mönche würden darauf verweisen, exemt zu sein und nicht der bischöflichen Gewalt zu unterstehen. Er sei befugt, die Obrigkeit in geistlichen Sachen amtshalber zu ersuchen, bitte jedoch lediglich um ein erneutes Ausschreiben Kurfürst Friedrichs und Herzog Johanns, das nun auch den Zusatz enthalten solle, dass Neuerungen entsprechend der Forderung des Reichsregiments bis zu einem Konzil verboten sind. Brück und Rudloff blieben jedoch bei ihrem Standpunkt. Kurfürst Friedrich und Herzog Johann hätten in ausreichendem Maße reagiert und der Bischof noch nicht alle seine Möglichkeiten ausgeschöpft. Sie teilten dem Bischof mit,

*[...] das die sache alzo gelegen, das vnsern gsten. vnd gen. hern den geistlichen rechten nach dorinn nichts geburte zuerkennen, vnd ab gleich s. g. vnsern gsten. vnd gn. deshalben gewalt geben wolt, Szo wust s. g., wie weyt sich s. g. macht in dem falle erstrecken thete, alzo das ein bischoff ader geistlicher selbst nicht macht het, sich eynem weltlichen richter vntherwerfig zu machen. Dorumb het auch iren c. f. vnd f. g. nit geburen wollen, geburte auch iren g. nochmals nit, wie s. g. wusten, das ire c. f. vnd f. g. solchs in irer g. briefen setzen sulten, nhemelich keyne neuigheyt die geistligheyt belangend bis auff ein concilium furzunehmen, sundern stunde s. g. zcu, ßo were es auch s. g. vom stadthalter vnd regement befolen.*[92]

---

1519. 1. Leipziger Arbeitsgespräch zur Reformation, hrsg. von Markus Hein/Armin Kohnle (Herbergen der Christenheit. Jahrbuch für deutsche Kirchengeschichte, Sonderband 18), Leipzig 2011; hier besonders: Markus COTTIN, Der Merseburger Bischof Adolf und die Leipziger Disputation. Überlegungen zu Möglichkeiten und Grenzen kirchenpolitischen Handelns des Bischofs in Bistum und Hochstift, in: ebd., S. 107–116; Heiko JADATZ, Herzog Georg von Sachsen und die Leipziger Disputation, in: ebd., S. 73–86; Armin KOHNLE, Die Leipziger Disputation und ihre Bedeutung für die Reformation, in: ebd., S. 9–24. Zum Wandel Herzog Georgs zum entschiedenen Luthergegner vgl. auch WOLGAST, Territorialfürsten (wie Anm. 6), S. 33–35.

90 FÖRSTEMANN, Neues Urkundenbuch (wie Anm. 4), S. 89, Nr. 4.
91 FÖRSTEMANN, Neues Urkundenbuch (wie Anm. 4), S. 89, Nr. 4.
92 FÖRSTEMANN, Neues Urkundenbuch (wie Anm. 4), S. 90, Nr. 4.

Abschließend zitierten die beiden Räte gegenüber dem Bischof eine Aussage des Kurfürsten, die nicht durch die Instruktion gedeckt war. So habe Friedrich gesagt, wie er dazu käme, dass er in seinem Alter *[...] ein theologus sein und bischofflich ampt uben sulthe, des doch s. c. f. g. nit genugsam vorstendig weren.*[93] Die bischöfliche Antwort darauf ist im Konzept aufgrund der starken Beschädigungen nicht mehr lesbar, auch in der Abschrift fehlt sie. Aus der Antwort der Räte, die darauf verweisen, dass der Kurfürst der Meinung sei, der Bischof habe noch dieselbe Macht wie bei seinem Amtsantritt, lässt sich jedoch erschließen, dass Bischof Adolf wohl auf Einschränkungen seiner Befugnisse durch die reformatorischen Ereignisse verwies.[94]

## Ausblick in die Jahre 1523 und 1524

Nach diesem Gespräch der von Kurfürst Friedrich und Herzog Johann beauftragten ernestinischen Räte mit dem Merseburger Bischof sind aus den folgenden Monaten keine weiteren Schreiben in der Angelegenheit überliefert.[95] Erst ab November 1522 wurde die Korrespondenz fortgesetzt.[96] Am 4. November wandte sich Bischof Adolf an Kurfürst Friedrich und teilte ihm mit, dass er – wohl Ende August oder Anfang September – die Pfarrer Johann Stumpf zu Schönbach und Franz Klotzsch zu Großbuch im Amt Colditz auf der Grundlage des Regimentsmandats vorgeladen hatte, um sie persönlich anzuhören.[97] Die beiden Pfarrer hätten entgegen der Ordnung der römischen Kirche Ehen geschlossen sowie die heiligen Sakramente und das Amt der Messe missachtet. Mit dieser Vorladung hatte der Bischof die von den kurfürstlichen Räten Gregor Brück und Hieronymus Rudloff Ende April geforderten Maßnahmen umgesetzt und die beschuldigten Geistlichen selbst verhört. Der Bischof beklagte in seinem Schreiben, dass er nach dem Verhör, bei dem er den beiden Pfarrern eine einmonatige Bedenkfrist eingeräumt hatte, von ihnen eine verspätete und unangemessene Antwort erhielt.[98] Aus ihren in Abschrift beiliegenden Antwortschreiben könne der Kurfürst entnehmen, dass sie auf ihrem Mutwillen beharren. Bischof Adolf obliege es, gegen diesen schwerwiegenden Ungehorsam vorzugehen, er zögere jedoch, ohne Einbindung Kurfürst Friedrichs den Bann zu erlassen:

---

93 FÖRSTEMANN, Neues Urkundenbuch (wie Anm. 4), S. 90, Nr. 4.
94 FÖRSTEMANN, Neues Urkundenbuch (wie Anm. 4), S. 90, Nr. 4.
95 Im Sommer des Jahres 1522 hielt sich Kurfürst Friedrich in Nürnberg beim Reichsregiment auf, da er seiner Sessionspflicht nachkam. Er blieb von Anfang Juli bis September; vgl. Armin KOHNLE, Kaiser, Reichstag, Reichsreform. Friedrich der Weise und das Reich, in: KOHNLE/SCHIRMER, Kurfürst Friedrich der Weise von Sachsen (wie Anm. 3), S. 12–22, hier S. 20 (u. a. auch zu Friedrichs Reichstagsbesuchen und seiner Stellung zu Kaiser Karl V.); außerdem LUDOLPHY, Friedrich der Weise (wie Anm. 6), S. 231 f.
96 Diese im November und Dezember ausgetauschten Schreiben fanden in den älteren Editionen keinen Eingang, sie werden in BAKFJ 2 erstmals geboten.
97 BAKFJ 2 (wie Anm. 1), S. 795–797, Nr. 1692 (Volltext).
98 Die Antworten datieren vom 18. Oktober 1522 und waren an den Schosser zu Colditz Benedikt Spörner gerichtet, der sie im Auftrag des Bischofs einholen sollte und an diesen weiterleitete, vgl. BAKFJ 2 (wie Anm. 1), S. 795 f., Nr. 1692.

Abhandlungen der Sächsischen Akademie der Wissenschaften zu Leipzig · Philologisch-historische Klasse

# Band 85

Sächsische Akademie der Wissenschaften zu Leipzig · In Kommission bei S. Hirzel Stuttgart

ISSN (Print): 0080-5297
ISSN (E-Book): 2748-8683
Sächsische Akademie der Wissenschaften zu Leipzig
In Kommission bei S. Hirzel Verlag Stuttgart
2024
Printed in Germany

# Inhalt

Heft 1  Krieg und Revolution. 1917 als (Ein-)Bruch der Moderne. Tagung der Strukturbezogenen Kommission Kunstgeschichte, Literatur- und Musikwissenschaft vom 16. bis 18. November 2017. Herausgegeben von WOLFRAM ENSSLIN und CHRISTOPH KRUMMACHER.
2020. 186 Seiten. Mit 17 Abbildungen.

Heft 2  UWE SCHIRMER: Der Finanz- und Messeplatz Leipzig vom 13. bis zur Mitte des 17. Jahrhunderts. Geldwesen – Waren- und Zahlungsverkehr – Rentengeschäfte.
2021. 68 Seiten. Mit 2 Tabellen

Heft 3  DANIEL FULDA: Seit wann und warum gibt es „deutsche Klassiker"? Zwölf Thesen im Ausgang von Klassiker-Erwartung und Buchmarkt des langen 18. Jahrhunderts.
2021. 56 Seiten. Mit 1 Abbildung

Heft 4  Versprechen der Wissenschaft. Aktuelle Herausforderungen und historische Perspektiven. Herausgegeben von HANNES SIEGRIST.
2022. 228 Seiten. Mit 2 Abbildungen

Heft 5  *Empfehlen Sie mich Ihren Eltern angelegentlichst und lassen Sie bald wieder von sich hören!* Aus dem Briefwechsel zwischen Georg von der Gabelentz (1840–1893) und Max Uhle (1856–1944). Hrsg. von MANFRED TAUBE †.
2022. 71 Seiten. Mit 2 Abbildungen

Heft 6  *Neuhes wyssen* – Quellen und Forschungen zur Kirchenpolitik Kurfürst Friedrichs und Herzog Johanns von Sachsen um 1520. Hrsg. von ARMIN KOHNLE, BEATE KUSCHE und MANFRED RUDERSDORF
2024. 130 Seiten. Mit 5 Abbildungen

*[...] nachdem aber itzt dye schwinde leufft vorhannden, wolten wir mit nyderlegunge gots dienst unnd beschwerunge des bannes wider die priester unnd yrer kirchen vorwanthen pfarleut, e. l. unndterthan, wie sich nach ordenunge geystlicher recht in dem falle villeycht eygenndt unnd geburt, ane e. l. ansuchen unnd wissen nicht gernne gebrauchen nach, uf das der unschuldige mit dem schuldigen nit gestrafft, furnehmen unnd außgehn lassen.*⁹⁹

Der Bischof bat daher Kurfürst Friedrich als Landesherrn und Schutzherrn der Geistlichkeit, einen anderen Weg zu finden, die Pfarrer zum Gehorsam zu bringen, was ihm als erfahrenem Kurfürsten sicher leichtfiele. Bischof Adolf war es wichtig, wie er abschließend betonte, dass er gegenüber dem Befehl des Reichsregiments nicht nachlässig erscheine. Kurfürst Friedrich reagierte am 16. November wiederum ablehnend und verärgert, mit den gleichen Argumenten wie zuvor.¹⁰⁰ Der Kurfürst wiederholte seine Aufforderung an Bischof Adolf, selbst zu handeln und ihn und Herzog Johann mit weiteren Anfragen zu verschonen. Am selben Tag informierte der Kurfürst auch seinen Bruder über das neuerliche Anliegen des Merseburger Bischofs sowie über seine aufgrund der drängenden Zeit bereits erteilte Antwort und sandte ihm alle Unterlagen zur Information zu.¹⁰¹

Am 6. März 1523 wurde von kaiserlicher Seite aus ein erneutes Mandat erlassen. Es war an alle Reichsstände gerichtet und vom Reichsregiment auf Befehl und im Namen Kaiser Karls V. erstellt worden. Den Reichsständen wurde bis zur Klärung der Religionsfrage auf dem geplanten Konzil befohlen, in ihren Territorien dafür zu sorgen, dass nichts Neues oder zu Aufruhr Verleitendes gepredigt wird. Auch durfte nichts mehr gedruckt werden, das nicht zuvor einer Zensur unterworfen worden war. Geistliche, die heiraten sowie Mönche und Nonnen, die ihre Klöster verlassen, sollten bestraft werden, wobei die geistlichen Obrigkeiten von den weltlichen zu unterstützen waren. Insbesondere an die Bischöfe erging der Auftrag, die Prediger zu kontrollieren. An Kurfürst Friedrich verfasste das Reichsregiment am selben Tag ein gesondertes Schreiben, in dem von dem sächsischen Kurfürsten vor allem gefordert wurde, entsprechend dem Abschied des Reichstags zu Nürnberg dafür zu sorgen, dass Luther und seine Anhänger bis zu dem geplanten Konzil nichts mehr veröffentlichen.¹⁰² Das Mandat war für Bischof Adolf von

---

99 BAKFJ 2 (wie Anm. 1), S. 796 f., Nr. 1692.
100 BAKFJ 2 (wie Anm. 1), S. 807 f., Nr. 1707 (Volltext).
101 BAKFJ 2 (wie Anm. 1), S. 806 f., Nr. 1706 (Regest). Herzog Johann antwortete am 4. Dezember und teilte seine Zustimmung mit (BAKFJ 2 [wie Anm. 1], S. 821 f., Nr. 1727 [Teiledition]). Vgl. auch die Reaktion Kurfürst Friedrichs auf dieses Schreiben vom 7. Dezember 1522: ebd., S. 826 f., Nr. 1733 (Teiledition).
102 Dieses Mandat war eine Reaktion auf das von Papst Hadrian VI. durch seinen Gesandten Francesco Chieregati auf dem zweiten Nürnberger Reichstag Ende des Jahres 1522 und zu Beginn des Jahres 1523 vorgebrachte Programm zur Ausrottung der lutherischen Häresie. Im Reichstagsabschied, der am 9. Februar 1523 verlesen wurde, war beschlossen worden, an Kurfürst Friedrich gesondert zu schreiben. Hiergegen protestierte der kursächsische Gesandte auf dem Reichstag, Philipp von Feilitzsch. Möglicherweise aufgrund dieses Protestes ging dann zusätzlich das Mandat an alle Reichsstände aus. Vgl. KOHNLE, Reichstag und Reformation (wie Anm. 1), S. 116–127. Das allgemeine Mandat ist ediert in: WREDE, Deutsche Reichstagsakten 3 (wie Anm. 1), S. 447–453, Nr. 84. Das Mandat an Kurfürst Friedrich ist ediert in: WÜLCKER/VIRCK, Planitz Berichte (wie Anm. 4),

Merseburg der Anlass, wiederum gegen die beschuldigten Geistlichen vorzugehen und sie nunmehr persönlich vorzuladen. In diesem Kontext sind einige Schreiben aus dem Frühjahr 1523 zwischen dem Merseburger Bischof und den ernestinischen Fürsten sowie zwischen Friedrich und Johann überliefert. Sie haben die Anschuldigungen des Bischofs gegen die Geistlichen im Kurfürstentum zum Inhalt, namentlich gegen den Prediger Johann Kalbfleisch zu Grimma sowie die Pfarrer Johann Stumpf zu Schönbach und Franz Klotzsch zu Großbuch, außerdem gegen den Prediger Johann Kress zu Polenz, der durch den Adligen Wilhelm von Lindenau gegen den Ortspfarrer Jakob Ottel unterstützt wurde. Von Neuem erbat Bischof Adolf die Unterstützung des Kurfürsten. In dieser Angelegenheit sind zudem zahlreiche Rechtfertigungsschreiben der Geistlichen und Wilhelms von Lindenau vor allem an Kurfürst Friedrich sowie auch an Bischof Adolf überliefert.[103] Der Bischof wünschte nun ein Rätetreffen, da er ohne Rat und Hilfe Kurfürst Friedrichs *nichts schaffen konnen, angesehn des ungehorsams unnd vorachtung als des pfarrers von Schonbach und annder.*[104] Daraufhin wurde Gregor Brück, da er bereits 1522 mit der Angelegenheit betraut war und sich gut auskannte, durch Kurfürst Friedrich und Herzog Johann nach Merseburg gesandt. Der Bischof legte auf diesem Treffen nochmals seine konkreten Beschwerden vor, während Brück lediglich auf die bisherigen Antworten der ernestinischen Fürsten verwies.[105] Bischof Adolf bat letztlich den Kurfürsten um Entlassung der ungehorsamen Pfarrer und Prediger sowie um deren Landesverweisung.[106]

---

S. 390–392, Nr. 160. Die Berichte des Hans von der Planitz vom November und Dezember 1522 vom Nürnberger Reichstag an Kurfürst Friedrich sind ediert in: BAKFJ 2 (wie Anm. 1), S. 797, Nr. 1693 (5. November 1522), S. 801 f., Nr. 1700 (14. November 1522), S. 808 f., Nr. 1708 (18. November 1522), S. 814, Nr. 1715 (25. November 1522), S. 822, Nr. 1728 (4. Dezember 1522), S. 828–834, Nr. 1736 (11. Dezember 1522), S. 844, Nr. 1751 (26. Dezember 1522), S. 845, Nr. 1752 (27. Dezember 1522), S. 849 f., Nr. 1757 (30. Dezember 1522); sowie die Antworten des Kurfürsten an Planitz ebd., S. 814 f., Nr. 1716 (26. November 1522), S. 823, Nr. 1729 (5. Dezember 1522), S. 823 f., Nr. 1730 (5. Dezember 1522), S. 841, Nr. 1746 (22. Dezember 1522). Die Berichte und Antworten aus dem Jahr 1523 werden in Band 3 (BAKFJ 3) folgen.

103 Vgl. die Korrespondenzen des Jahres 1523 zwischen Kurfürst Friedrich, Herzog Johann und dem Merseburger Bischof sowie die Rechtfertigungsschreiben der beschuldigten Geistlichen: LATh – HStA Weimar, EGA, Reg. B 1081, Bl. 62r–63v+117r, 64r–66r, 67r–68v, 69rv, 70rv, 71r, 72rv, 73r–74v, 75rv+78r, 76r–77v, 79r, 80r, 81rv, 82r–83v, 84r–85v, 86rv, 87r, 88rv+90r, 89rv, 91rv+97v, 93rv, 94rv, 95r–96v, 98r, 99r, 101rv, 102r–106v, 115rv, 116rv, 153r–154v, 155r–157v; ebd., Reg. N 17, Bl. 35r–36v; ebd., Reg. N 28a, Bl. 27r–29v, 30rv, 30v–31r, 63r–65r+70v, 66r–67v, 68rv, 69rv; ebd., Reg. N 28b, Bl. 9rv; Theodor KOLDE, Friedrich der Weise und die Anfänge der Reformation. Eine kirchenhistorische Skizze mit archivalischen Beilagen, Erlangen 1881, S. 53 f., Nr. XIII; Sammlung vermischter Nachrichten 4 (wie Anm. 4), S. 312–314, Nr. XI, S. 314 f., Nr. XII, S. 315–319, Nr. XIII, S. 319 f., Nr. XIV, S. 320 f., Nr. XV, S. 321–323, Nr. XVI, S. 323 f., Nr. XVII, S. 324–327, Nr. XVIII, S. 328 f., Nr. XIX, S. 329 f., Nr. XX, S. 330 f., Nr. XXI, S. 332, Nr. XXII, S. 332 f., Nr. XXIII, S. 333 f., Nr. XXIV, S. 334–336, Nr. XXV, S. 337–340, Nr. XXVII, S. 340, Nr. XXVIII.
104 LATh – HStA Weimar, EGA, Reg. B 1081, Bl. 117r.
105 Vgl. zu diesem Treffen u. a.: LATh – HStA Weimar, EGA, Reg. A 230, Bl. 132r–134r+137v, 135r–136r; sowie den ausführlichen Bericht Gregor Brücks über sein Ende Juli 1523 erfolgtes Treffen mit dem Bischof, der dies persönlich wahrnahm und nicht seinen Räten überließ, ebd., Reg. N 28b, Bl. 58r–61v; ediert in FÖRSTEMANN, Neues Urkundenbuch (wie Anm. 4), S. 91–93, Nr. 6.
106 Vgl. Sammlung vermischter Nachrichten 4 (wie Anm. 4), S. 337–340, Nr. XXVII.

Auch in diesen Fällen blieb das Ersuchen des Merseburger Bischofs jedoch ergebnislos. Ende April und Anfang Mai des Jahres 1524 führte er eine persönliche Visitation (*ein gemein heymsuchunge*[107]) in seinem Bistum zur Untersuchung der Missstände durch, die ihn neben Orten im albertinischen Sachsen unter anderem in die kursächsischen Städte Grimma und Borna führte. Von Kurfürst Friedrich erbat er einen Geleitsbrief und die Zuordnung von Räten. Auch hier stimmten sich Friedrich und Johann wiederum eng ab und entsandten schließlich Hans von Minckwitz und Nikel vom Ende, um den Bischof zu begleiten. Bischof Adolf ließ in Grimma und Borna predigen, führte persönliche Verhöre der Geistlichen durch und ließ in beiden Städten die Ratsherren vor sich rufen, um sie zu ermahnen, worüber er ausführlich Kurfürst Friedrich und Herzog Johann berichtete.[108] Im Juli 1524 schickten Friedrich und Johann nochmals eine Gesandtschaft an den Merseburger Bischof, die diesmal aus Gregor Brück und dem Wittenberger Juristen Benedikt Pauli[109] bestand, welche den Bischof von Neuem auf seine Amtspflichten verwiesen und eine Einmischung Kurfürst Friedrichs und Herzog Johanns ablehnten. Sie begründeten die Ablehnung mit einem Argument, das bislang in den Verhandlungen noch nicht so explizit genannt worden war: Brück und Pauli wiesen den Bischof darauf hin, dass aus seinem Visitationsbericht nicht hervorgehe, dass er die Geistlichen aus der Bibel unterwiesen habe: *[...] mit gegrunder heiligen schrift vnd mit dem gotlichen wort bestendigklichen vorlegung getan vnd vnterweißung gegeben, wie dan seinen g. als aynem Bischoff zustunde.* Da die beschuldigten Prediger und Pfarrer sich jedoch zu ihrer Verteidigung ihrerseits auf die Heilige Schrift beriefen, stehe es den Fürsten nicht zu, *sie mit weltlichem gewalt wider ir gewissen zu dringen.*[110]

## Fazit

Sowohl Bischof Johann von Meißen als auch Bischof Adolf von Merseburg wandten sich wegen der Umsetzung des Regimentsmandats vom 20. Januar 1522 mehrfach an Kurfürst Friedrich. Während der Meißner Bischof jedoch sofort mit einer umfassenden Visitations- und Predigtreise reagierte und dafür die Unterstützung Kurfürst Friedrichs

---

107 LATh – HStA Weimar, EGA, Reg. N 28a, Bl. 75r–76v, hier Bl. 76r.
108 Vgl. die Quellen zu dieser Visitation in: LATh – HStA Weimar, EGA, Reg. A 232, Bl. 105r–106v+111r, 112r–113v, 114r–116v; ebd., Reg. N 28a, Bl. 75r–76v, 77r+80rv, 78rv, 79rv, 81rv, 82rv+83v, 83rv, 84rv, 86r–90v; ebd., Reg. N 28b, Bl. 1r–5v+7v, 6rv, 8rv, 10rv+24r, 12rv, 21r–23r, 25r–30v, 32rv, 34rv, 36r–38r, 38rv, 38v–44v, 46rv, 47r–48v+51r, 49r–50v, 52rv, 53rv, 54r, 57r+63r–66v, 71r–72v+74v, 73rv, 75rv+77r–78r+79v, 79r; Förstemann, Neues Urkundenbuch (wie Anm. 4), S. 93, Nr. 7, S. 93 f., Nr. 8, S. 95, Nr. 10, S. 95–97, Nr. 11, S. 97 f., Nr. 12, S. 99 f., Nr. 15, S. 102, Nr. 18, S. 102 f., Nr. 19, S. 108 f., Nr. 24, S. 109, Nr. 25 Beilage; Sammlung vermischter Nachrichten 4 (wie Anm. 4), S. 341 f., Nr. XXVIIII, S. 342, Nr. XXX, S. 342–344, Nr. XXXI, S. 344, Nr. XXXII, S. 345 f., Nr. XXXIV, S. 346, Nr. XXXV. Sowohl die Quellen zu den bischöflichen Maßnahmen des Jahres 1523 als auch zur Visitation von 1524, unter ihnen etliche Neufunde, werden umfassend in BAKFJ 3 geboten.
109 Vgl. zu dem Inhaber der Institutiones-Professur Benedikt Pauli: Heiner Lück, Alma Leucorea. Eine Geschichte der Universität Wittenberg 1502 bis 1817, Halle/Saale 2020, S. 73–75.
110 Förstemann, Neues Urkundenbuch (wie Anm. 4), S. 103–105, Nr. 20, Zitate S. 104.

und Herzog Johanns erbat, verhielt sich der Bischof von Merseburg zunächst zurückhaltender. Er wollte mit schriftlichen Befehlen eine Durchsetzung des Mandats erreichen, lieber wäre es ihm jedoch gewesen, wenn der Kurfürst ihm diese Aufgabe abgenommen hätte. In beiden Fällen kam es in der Folge zu Verstimmungen zwischen den ernestinischen Fürsten und den Bischöfen. Erst nach wiederholten Aufforderungen durch den sächsischen Kurfürsten, selbst zu handeln, und nach dem erneuten Mandat vom Frühjahr 1523, das auf kaiserlichen Befehl vom Reichsregiment erstellt wurde, reagierte Bischof Adolf von Merseburg aktiver und nahm persönliche Verhöre der beschuldigten Geistlichen vor. 1524 führte er – wiederum ergebnislos – eine Visitation in ausgewählten Orten des Kurfürstentums durch.

In ihren Reaktionen stimmten sich die ernestinischen Brüder Friedrich und Johann eng ab. Kurfürst Friedrich informierte seinen Bruder stets über die bischöflichen Schreiben und erbat dessen Ratschläge. In einigen Fällen hatte der Kurfürst die Antwort bereits erteilt und setzte Herzog Johann darüber lediglich in Kenntnis. Zweimal wurden ernestinische Räte an den Bischof von Merseburg entsandt, um die Ansichten ihrer Fürsten persönlich zu überbringen, so im Jahr 1522 Gregor Brück und Hieronymus Rudloff, sowie 1524 Brück und Benedikt Pauli. Insbesondere der Kanzler Herzog Johanns, Gregor Brück, hatte Kenntnis der Angelegenheiten und nahm auf die Korrespondenzen Einfluss.[111] Kurfürst Friedrich und Herzog Johann sicherten zwar beiden Bischöfen immer wieder ihre Unterstützung zu und erließen in diesem Zusammenhang eigene Befehle, wie Geleitsbriefe oder Anweisungen an die Amtleute vor Ort. Die wiederholten Bitten der Bischöfe um ein aktives Eingreifen und ein Überstellen der beschuldigten Geistlichen wiesen sie jedoch mit der Begründung ab, dass dies nicht ihre Aufgabe sei. Somit konnten die Bischöfe zwar mittels Verhören, eigenen Predigten und Visitationen handeln, hatten jedoch innerhalb des Kurfürstentums keinen direkten Zugriff auf die Pfarrer. Dies lag im Aufgabenbereich der weltlichen Obrigkeit. Obwohl die ernestinischen Fürsten im Zuge der Landsässigmachung der beiden Bistümer und der Herausbildung des landesherrlichen Kirchenregiments immer wieder Bestrebungen zeigten, Kompetenzen der Bischöfe, insbesondere hinsichtlich der Gerichtsbarkeit, in ihren Zuständigkeitsbereich zu ziehen,[112] lehnten sie in dieser Angelegenheit jegliche nach ihrer Ansicht zu weit gehende Einmischungen ihrerseits mit der Begründung ab, dies obliege dem geistlichen Gerichtszwang der Bischöfe. Die Argumentation, die bereits im Februar 1522 infolge des Regimentsmandats dem Kurfürsten durch die ernestinischen Räte, insbesondere Brück und Planitz, an die Hand gegeben wurde, zog sich durch die Schreiben der Folgejahre hindurch:

---

111 Vgl. die Berichte Brücks und Paulis über ihre Gesandtschaft: LATh – HStA Weimar, EGA, Reg. N 28b, Bl. 57r+63r–66v (Gregor Brück an Herzog Johann); ebd., Bl. 67r–70r (Gregor Brück und Benedikt Pauli an Kurfürst Friedrich, um 13. Juli 1524); ediert in: FÖRSTEMANN, Neues Urkundenbuch (wie Anm. 4), S. 103–105, Nr. 20, S. 105 f., Nr. 21.

112 Vgl. die Beispiele in BAKFJ 1 (wie Anm. 7) und 2 (wie Anm. 1). Vgl. auch LUDOLPHY, Friedrich der Weise (wie Anm. 6), insbes. S. 377 f.; vgl. zu diesen Vorgängen in verschiedenen Territorien des Reichs BÜNZ, Kirchenregiment (wie Anm. 7), S. 94–114; WOLGAST, Territorialfürsten (wie Anm. 6), S. 23 f.

*Dan wiewol sich allerley neuigkeitten yczo begeben, davon unser oheimen, freundt und besondern keiserlicher Mat. stathalter, curfursten, fursten und andere des reichs rethe in irem schreiben meldunge gethan, szo hat unns doch als einem weltlichem fursten die selbigen hendell, wie ir wist und vorstehet, dieweil es gaistliche sachen sein, sollen zurichten ader darinnen furzunehmen nit gepuren noch zustehen sollen.*[113]

Diese Haltung des Kurfürsten entsprach seiner allgemeinen Zurückhaltung und offiziellen Nichteinmischungspolitik in der Lutherfrage, in der er sich seit 1518 immer wieder darauf berief, dass er ein Laie sei und in theologischen Fragen kein Urteil fällen könne.[114]

---

113 BAKFJ 2 (wie Anm. 1), S. 639, Nr. 1478. Ähnlich argumentierte auch Hans von der Planitz in seinem Schreiben an Kurfürst Friedrich vom 19. Februar 1522 (vgl. BAKFJ 2 [wie Anm. 1], S. 649 f., Nr. 1486, bes. Punkt [8]).
114 Vgl. KOHNLE, Die ernestinischen Fürsten (wie Anm. 3), S. 403; KUSCHE, Friedrich III. (wie Anm. 6), S. 44. Vgl. zur Haltung Kurfürst Friedrichs auch WOLGAST, Territorialfürsten (wie Anm. 6), S. 38 f.

SASKIA JÄHNIGEN

## *Dergleychen der monch zu Machern sein geystlich claydt abgelegt* – Klosteraustritte und ehemalige Mönche in den frühen Reformationsjahren im Kurfürstentum Sachsen

Martin Luthers fundamentale Kritik am mittelalterlichen Mönchtum entwickelte bekanntlich eine vernichtende Wirkung auf das Schicksal von Stiften und Klöstern in den Territorien, die sich im Laufe des 16. Jahrhunderts der Reformation zuwandten.[1] Im ernestinischen Sachsen führte die Ablehnung eines gesonderten Heilswegs für Mönche und Nonnen in einem etwa 20 Jahre dauernden Prozess ab 1525 zur Auflösung sämtlicher Ordenshäuser durch die weltliche Obrigkeit. Unter diesem Eindruck nahmen die Lebenswege unzähliger Männer und Frauen, die sich einst über ein vermeintlich ewig bindendes Gelübde auf ein Leben in weltabgewandter Gemeinschaft, in Keuschheit und Gehorsam verpflichtet hatten, dramatische Wendungen.[2] Doch schon im Herbst 1521, noch bevor Luthers in dieser Frage zentrale Schrift *De votis monasticis iudicium* im Februar 1522 die Druckerpressen verließ,[3] hatten einzelne Mönche des Augustiner-Eremitenordens per-

---

1   Johannes SCHILLING, Klöster und Mönche in der hessischen Reformation (Quellen und Forschungen zur Reformationsgeschichte, 67), Gütersloh 1997; Walter ZIEGLER, Reformation und Klosterauflösung. Ein ordensgeschichtlicher Vergleich, in: Reformbemühungen und Observanzbestrebungen im spätmittelalterlichen Ordenswesen, hrsg. von Kaspar Elm (Berliner historische Studien, 14), Berlin 1989, S. 585–614; zu Luthers theologischer Auseinandersetzung mit dem Ordenswesen vgl. Bernhard LOHSE, Mönchtum und Reformation. Luthers Auseinandersetzung mit dem Mönchsideal des Mittelalters (Forschungen zur Kirchen- und Dogmengeschichte, 12), Göttingen 1963.
2   Enno BÜNZ, Schicksale von Mönchen und Nonnen in der Reformationszeit. Ihre Zukunftsperspektiven nach Aufhebung der Klöster im Kurfürstentum Sachsen, in: Negative Implikationen der Reformation? Gesellschaftliche Transformationsprozesse 1470–1620, hrsg. von Werner Greiling/Armin Kohnle/Uwe Schirmer (Quellen und Forschungen zu Thüringen im Zeitalter der Reformation, 4), Köln/Weimar/Wien 2015, S. 81–108; Enno BÜNZ, Das Ende der Klöster in Sachsen. Vom »Auslaufen« der Mönche bis zur Säkularisation (1521–1543), in: Sachsen im Europa der Reformationszeit. Eine Ausstellung des Freistaates Sachsen, ausgerichtet durch die Staatlichen Kunstsammlungen Dresden (2. Sächsische Landesausstellung Torgau, Schloss Hartenfels, 24. Mai bis 10. Oktober 2004), Bd. 1 (Aufsätze), hrsg. von Harald Marx/Eckhard Kluth, Dresden 2004, S. 80–90; Johannes SCHILLING, Gewesene Mönche. Lebensgeschichten in der Reformation (Schriften des Historischen Kollegs. Vorträge, 26), München 1990. Aussagekräftig am Beispiel eines Einzelschicksals im Kontext der mitteldeutschen Reformation vgl. auch Petra WEIGEL, Thomas Weiß. Franziskaner in Eisenach – Guardian in Langensalza – Evangelischer Kaplan in Gotha, in: Religiöse Bewegungen im Mittelalter. Festschrift für Matthias Werner zum 65. Geburtstag, hrsg. von Enno Bünz/Stefan Tebruck/Helmut G. Walther (Veröffentlichungen der Historischen Kommission für Thüringen. Kleine Reihe, 24; Schriftenreihe der Friedrich-Christian-Lesser-Stiftung, 19), Köln/Weimar/Wien 2007, S. 555–604. Lebenswege von (ehemaligen) Ordensleuten in der kursächsischen Reformation stehen im Fokus eines Dissertationsvorhabens der Verfasserin, dessen Fertigstellung in Kürze zu erwarten ist.
3   Martin LUTHER, De votis monasticis iudicium 1521, in: D. Martin Luthers Werke: Kritische Gesamtausgabe. Schriften, Bd. 8, Weimar 1889, S. 564–669.

sönliche Konsequenzen aus ihrer Beschäftigung mit den Lehren ihres Ordensbruders gezogen und den Habit abgelegt. Aus Sicht der Papstkirche machten sich diese Männer der Apostasie schuldig – ein Vorwurf, der schwerste Strafen erforderte und von dem allein die apostolische Pönitentiarie freisprechen konnte.[4] Zu einer wirksamen Verfolgung der Austretenden kam es in Kursachsen allerdings auch zu Beginn der 1520er Jahre nicht. Die auf zunehmend breite gesellschaftliche Zustimmung treffende reformatorische Bewegung und die abwartende Politik der Landesherrschaft unter Kurfürst Friedrich schufen Voraussetzungen, in deren Kontext sich die Klosteraustritte bald zu einer Erscheinung von bisher nie dagewesener Größenordnung entwickeln konnten. In diesem Zusammenhang entstanden schließlich neue Lebensperspektiven für Personen, die ihre monastische Vergangenheit hinter sich lassen wollten. Die folgenden Ausführungen nehmen die frühen Klosteraustritte der Jahre 1521 und 1522 im ernestinischen Sachsen in den Blick. Dabei sollen zum einen die zeitlichen, räumlichen und sozialen Dynamiken dieser Vorgänge näher beschrieben werden. Zum anderen ist auf die Reaktionen weltlicher und geistlicher Obrigkeiten einzugehen, bevor in einem dritten Teil Perspektiven im Mittelpunkt stehen werden, die sich den ausgetretenen Mönchen unmittelbar nach dem Verlassen des Klosters eröffneten. Ein kurzer Ausblick über das Jahr 1522 hinaus wird die Darstellung abschließen.

## Die erste Austrittswelle der Jahre 1521 und 1522 im Kontext der frühen reformatorischen Bewegung

Die ersten Austritte im ernestinischen Herrschaftsgebiet, die in Verbindung mit der Ausbreitung reformatorischer Lehren standen,[5] erfolgten im Herbst 1521 in Witten-

---

4   Milena SVEC GOETSCHI, Klosterflucht und Bittgang. Apostasie und monastische Mobilität im 15. Jahrhundert (Zürcher Beiträge zur Geschichtswissenschaft, 7), Köln / Weimar / Wien 2015; Enno BÜNZ, Gezwungene Mönche. Oder von den Schwierigkeiten, ein Kloster wieder zu verlassen, in: BÜNZ / TEBRUCK / WALTHER, Religiöse Bewegungen (wie Anm. 2), S. 427–446.

5   Selbstmächtigte Ausgänge und Austritte aus Klöstern und Stiften gegen den Willen der Ordensautoritäten sind kein genuines Phänomen der Reformationszeit, sondern existierten bereits zuvor, vgl. zur Thematik grundlegend SVEC GOETSCHI, Klosterflucht und Bittgang (wie Anm. 4). Mitunter waren Ausgänge von Religiösen Ausdruck eines Widerstands gegen reformorientierte Maßnahmen, die in einem Kloster durchgesetzt werden sollten. Dies kann beispielsweise im Fall von Dominikanern angenommen werden, die laut einer an Kurfürst Friedrich gerichteten Klageschrift des sächsischen Provinzials Hermann Rabe vom 23. April 1520 im Kurfürstentum umherziehen würden, vgl. Briefe und Akten zur Kirchenpolitik Friedrichs des Weisen und Johanns des Beständigen 1513 bis 1532. Reformation im Kontext frühneuzeitlicher Staatswerdung, Bd. 2: 1518–1522 (im Folgenden: BAKFJ 2), hrsg. von Armin Kohnle / Manfred Rudersdorf, bearb. von Stefan Michel / Beate Kusche / Ulrike Ludwig / Konstantin Enge / Dagmar Blaha / Alexander Bartmuß unter Mitarb. von Saskia Jähnigen / Steven Bickel, Leipzig 2022, S. 341, Nr. 1061. Stefan Oehmigs Einordnung dieser Beschwerde in einen Reformationskontext ist hingegen zu korrigieren, vgl. Stefan OEHMIG, Mönchtum – Reformation – Säkularisation. Zu den demographischen und sozialen Folgen des Verfalls des Klosterwesens in Mitteldeutschland, in: Jahrbuch für die Geschichte des Feudalismus 10 (1986), S. 209–249, hier S. 224. Über eine derart frühe Hinwendung von Dominikanern zu reformato-

berg:⁶ Bis Mitte November verließen 13 Klosterangehörige das Augustiner-Eremitenkloster in der Elbestadt,⁷ weitere folgten unmittelbar darauf.⁸ Die Namen dieser Männer sind nicht im Detail überliefert, doch befanden sich mit Sicherheit Gabriel Zwilling und Johann Gerlender unter ihnen.⁹ Wie mehrere Zeitgenossen bezeugten, standen die Austritte dieser Männer im Zusammenhang mit Predigten Zwillings, der sich in Abwesenheit seines Klosterbruders Martin Luther zu einer der führenden Gestalten der reformatorischen Bewegung in Wittenberg entwickelt hatte. Schon am 6. Oktober 1521 hatte Zwilling öffentlich über das Messverständnis Luthers gepredigt, woraufhin die Wittenberger Augustiner-Eremiten das tägliche Messelesen in der Klosterkirche aussetzten.¹⁰ Während sich in der Folge Vertreter der Wittenberger Geistlichkeit als

---

rischen Lehren ist nichts bekannt; die Reaktion der (mittel)deutschen Dominikaner auf die neue Lehre kategorisierte Springer hingegen als »konservative Beharrung«, vgl. Klaus-Bernward SPRINGER, Die deutschen Dominikaner in Widerstand und Anpassung während der Reformationszeit (Quellen und Forschungen zur Geschichte des Dominikanerordens, NF, 8), Berlin 1999, S. 307f.

6 Zu den Wittenberger Klöstern der Augustiner-Eremiten und Franziskaner vgl. Das Bistum Brandenburg. Teil 2, bearbeitet von Fritz Bünger/Gottfried Wentz (Germania Sacra. Erste Abteilung: Die Bistümer der Kirchenprovinz Magdeburg, 3), Berlin 1941, S. 372–397 (Franziskaner), S. 440–499 (Augustiner-Eremiten); zum Augustiner-Eremitenkloster vgl. auch Enno BÜNZ, Luther und seine Mitbrüder. Das Wittenberger Augustinerkloster in der Reformationszeit, in: Initia Reformationis. Wittenberg und die frühe Reformation, hrsg. von Irene Dingel/Armin Kohnle/Stefan Rhein/Ernst-Joachim Waschke (Leucorea-Studien zur Geschichte der Reformation und der Lutherischen Orthodoxie, 33), Leipzig 2017, S. 101–117; Adalbero KUNZELMANN, Geschichte der deutschen Augustiner-Eremiten. Fünfter Teilband: Die sächsisch-thüringische Provinz und die sächsische Reformkongregation bis zum Untergang der beiden (Cassiciacum, 26), Würzburg 1974, S. 494–503. Zu den Franziskanern vgl. auch die zusammenfassende Darstellung bei Lucius TEICHMANN, Die Franziskanerklöster in Mittel- und Ostdeutschland 1223–1993 (ehemaliges Ostdeutschland in den Reichsgrenzen von 1938) (Studien zur katholischen Bistums- und Klostergeschichte, 37), Hildesheim 1995, S. 200f.; sowie die Darstellung des Reformationsschicksals bei Ferdinand DOELLE, Das Wittenberger Franziskanerkloster und die Reformation, in: Franziskanische Studien 10 (1923), S. 279–307.

7 Vgl. das Schreiben Prior Konrad Helts an Kurfürst Friedrich vom 13. November 1521 in Nikolaus MÜLLER, Die Wittenberger Bewegung 1521 und 1522. Die Vorgänge in und um Wittenberg während Luthers Wartburgaufenthalt. Briefe, Akten und dergleichen und Personalien, Leipzig ²1911, S. 67–69, Nr. 28 (hier fälschlich auf den 12. November 1521 datiert); vgl. auch das Regest in BAKFJ 2 (wie Anm. 5), S. 562, Nr. 1379 (neudatiert auf den 13. November [1521]).

8 Vgl. das Schreiben des Studenten Felix Ulscenius an Wolfgang Capito vom 30. November 1521, wonach unterdessen 15 Mönche aus dem Kloster ausgetreten seien, in: MÜLLER, Wittenberger Bewegung (wie Anm. 7), S. 71, Nr. 29.

9 Nach BÜNGER/WENTZ, Bistum Brandenburg 2 (wie Anm. 6), S. 498 war Gerlender ein Laienbruder gewesen, jedoch wird er in den Quellen nicht als solcher bezeichnet. Prior Helt nennt ihn in dem Schreiben vom 13. November 1521 *bruder*, in einem Rechnungseintrag aus dem Jahr 1545 wird er als *ordenns person jm Augstiner closter* bezeichnet, MÜLLER, Wittenberger Bewegung (wie Anm. 7), S. 209, Nr. 101, Anm. 3. Zu Gerlenders weiterem Lebensweg siehe unten.

10 Zu Zwillings Predigt vom 6. Oktober 1521, in der er das Unterlassen der Messe in der bisher gehandhabten Form forderte, ausführlich Wolfgang SIMON, Die Messopfertheologie Martin Luthers. Voraussetzungen, Genese, Gestalt und Rezeption (Spätmittelalter und Reformation. Neue Reihe, 22), Tübingen 2003, S. 426–428. Am 8. Oktober 1521 berichtete Gregor Brück gegenüber Kurfürst Friedrich über die messkritische Predigt Zwillings und deren Folgen, vgl. MÜLLER, Wittenberger

auch der Landesherrschaft mit der Aufklärung dieser Zusammenhänge beschäftigten, brachten die Stiftsherren des Allerheiligenstifts Anfang November Vorwürfe vor, dass Zwilling nun auch gegen Orden und Gelübde predigen würde.[11] Sie fürchteten – berechtigterweise, wie die bald darauf eingehenden Berichte über tatsächliche Austritte deutlich machen –, dass die Predigten Mönche zum Auslaufen ermuntern könnten. Neben Predigtstörungen, Fastenbrechen und öffentlich gefeierten Priesterheiraten kontextualisiert Thomas Kaufmann auch die ersten Klosteraustritte der Jahre 1521 und 1522 als eine »frühreformatorische Aktionsform«.[12] Dies trifft in dem Maße zu, dass auch die Austritte auf einen Initiator zurückzuführen sind, der zumindest zeitweise im Umfeld des sich zu Vertretern der radikalen Reformation entwickelnden Lagers um Andreas Karlstadt verortet werden kann.[13] Anders als der bis zum März 1522 auf der Wartburg weilende und eher vorsichtig agierende Luther setzten diese Reformatoren ihre theologischen Überzeugungen öffentlichkeitswirksam, kompromisslos und zur Not gegen den Willen obrigkeitlicher Akteure in die Praxis um, wodurch es wiederkehrend zu Unruhen kam. In diesem Sinne scheuten die ausgelaufenen Mönche keine Sichtbarkeit und versuchten dagegen ihren Standeswechsel bewusst zu inszenieren, in dem sie sich in weltlicher Bekleidung öffentlich auf den Straßen Wittenbergs zeigten.[14] Im Herbst 1521 wurden die Wittenberger Vorgänge jedoch weder durch eine theologische Stellungnahme Luthers noch durch einen Beschluss des Augustiner-Eremitenordens gestützt. Letzteres erfolgte erst am 6. Januar 1522 durch das in Wittenberg tagende Kapitel der observanten Augustiner-Eremiten unter der Leitung von Generalvikar Wenzeslaus Linck, in dessen Rahmen die Austritte nachträglich legitimiert und den noch im Orden verbliebenen Mönchen die Entscheidung über ihre weitere Lebensgestaltung freige-

---

Bewegung (wie Anm. 7), S. 19–21, Nr. 5, vgl. auch das Regest in BAKFJ 2 (wie Anm. 5), S. 535, Nr. 1342. Daraufhin instruierte Kurfürst Friedrich Gregor Brück, sich in der Sache an die Universität und das Allerheiligenstiftskapitel zu Wittenberg zu wenden. Diese erstatteten Brück einen detaillierten Bericht über die Predigtinhalte Zwillings, den Brück an Kurfürst. Friedrich weitergab, vgl. MÜLLER, Wittenberger Bewegung (wie Anm. 7), S. 50–53, Nr. 20; S. 28–30, Nr. 10; vgl. dazu auch die Regesten in BAKFJ 2 (wie Anm. 5), S. 550 f., Nr. 1346; S. 542 f. Nr. 1351.

11 Vgl. das Schreiben der Stiftsgeistlichen an Kurfürst Friedrich vom 4. November 1521, BAKFJ 2 (wie Anm. 5), S. 557 f., Nr. 1374.

12 Thomas KAUFMANN, Geschichte der Reformation in Deutschland, Berlin 2016, S. 320–324, 346–348.

13 Anders als Andreas Karlstadt schien Gabriel Zwilling jedoch zu keiner Zeit von Luthers Lehren abweichende Positionen formuliert zu haben, sondern unterschied sich lediglich in seinem aktiven Handeln von dem eher zurückhaltenden Vorgehen seines ehemaligen Ordensbruders. Das Attribut »radikal« ist für Zwilling demnach nicht zutreffend, da nach Einschätzung Kaufmanns die Formulierung einer eigenen Lehre ein wesentliches Merkmal radikaler Reformation war, vgl. auch Volkmar JOESTEL, Geschwinde Zeitläufte. Wittenberg und die Reformation in Kursachsen 1521/22 (Schriften der Stiftung Luthergedenkstätten in Sachsen-Anhalt, 25), Leipzig 2023, S. 134 f., Anm. 502.

14 Schon am 4. November 1521 hatten die Kanoniker des Allerheiligenstifts gegenüber Kurfürst Friedrich mitgeteilt: *Es sal auch ein paruußer monnich ausgetreten sein vnd offentlich in voranderten kleideren auff der gasse gehen.*, MÜLLER, Wittenberger Bewegung (wie Anm. 7), S. 59, Nr. 25; vgl. zu dem Schreiben auch das Regest in BAKFJ 2 (wie Anm. 5), S. 557 f., Nr. 1374.

stellt wurde.[15] Im Februar 1522 ging schließlich mit Luthers Schrift *De votis monastici iudicium* das theologische Fundament der sich bereits in vollem Gang befindlichen Austrittsbewegung in den Druck.[16]

Das selbstermächtigte *Auslaufen*[17] der Mönche wurde gerade in der Frühphase der Austrittsbewegung auch von Vertretern des reformatorischen Lagers nicht uneingeschränkt begrüßt. Luther selbst hatte sich bereits im Dezember 1521 gegenüber Wenzeslaus Linck über die seiner Ansicht nach tumultartigen und vielfach übereilten Austritte seiner ehemaligen Mitbrüder geäußert.[18] Unter diesem Eindruck, wohl aber vor allem aufgrund fehlender Perspektiven außerhalb des Klosters kamen einigen der im Herbst 1521 ausgetretenen Augustiner-Eremiten Zweifel an ihrer Entscheidung. Der zwischenzeitlich auf fünf bis sechs Personen geschrumpfte Wittenberger Konvent wuchs so bis Ende Februar 1522 erneut auf zwölf Brüder an, die ungeachtet ihrer proreformatorischen Haltung vorerst weiterhin gemeinschaftlich lebten.[19] Zu diesen Männern stieß im März 1522 auch Martin Luther, der nach seinem Aufenthalt auf der Wartburg nach Wittenberg zurückkehren konnte und dort vorerst weiterhin als Augustiner-Eremit lebte:[20] Öffentlich trat der Reformator weiterhin in der angestammten Ordenskleidung in Erscheinung, setzte im Kloster u.a. die Feier der Stundengebete fort und drückte wiederholt seine

---

15 Vgl. die Edition der Kapitelbeschlüsse bei MÜLLER, Wittenberger Bewegung (wie Anm. 7), S. 147–151, Nr. 67; zusammenfassend zum Kongregationskapitel auch SCHILLING, Klöster (wie Anm. 1), S. 138; KUNZELMANN, Geschichte 5 (wie Anm. 6), S. 502, 509f.; Theodor KOLDE, Die deutsche Augustiner-Congregation und Johann von Staupitz. Ein Beitrag zur Ordens- und Reformationsgeschichte nach meistens ungedruckten Quellen, Gotha 1879, S. 377–380; Wolfgang GÜNTER, Reform und Reformation. Geschichte der deutschen Reformkongregation der Augustinereremiten (1432–1539) (Reformationsgeschichtliche Studien und Texte, 168), Münster 2018, S. 392–394.
16 Zu Entstehung, Drucklegung und Zirkulation der Schrift vgl. SCHILLING, Klöster (wie Anm. 1), S. 134; Martin BRECHT, Martin Luther, Bd. 2: Ordnung und Abgrenzung der Reformation. 1521–1532, Stuttgart 1994, S. 32. Zur zeitgenössischen Rezeption der Schrift insbesondere in ihrer deutschen Übersetzung durch Leo Jud vgl. Hans-Christoph RUBLACK, Zur Rezeption von Luthers De votis monasticis iudicium, in: Reformation und Revolution. Beiträge zum politischen Wandel und den sozialen Kräften am Beginn der Neuzeit. Festschrift für Rainer Wohlfeil zum 60. Geburtstag, hrsg. von Rainer Postel/Franklin Kopitzsch, Stuttgart 1989, S. 224–237.
17 Zum Quellenbegriff des »Auslaufens« im Kontext der frühen Klosteraustritte vgl. Andreas GÖSSNER, Das »Auslaufen« – Grenzerfahrung im konfessionell geschlossenen Raum, in: Grenzen. Annäherungen an einen transdisziplinären Raum, hrsg. von Barbara Kuhn/Ursula Winter, Würzburg 2019, S. 191–215, hier S. 192.
18 Vgl. das Schreiben Luthers an Wenzeslaus Linck vom 18. Dezember 1521 in D. Martin Luthers Werke: Kritische Gesamtausgabe. Briefwechsel, Bd. 2: 1520–1522, Weimar 1931 (im Folgenden: WA Br 2), S. 414–416, Nr. 446.
19 Vgl. BÜNGER/WENTZ, Bistum Brandenburg 2 (wie Anm. 6), S. 451. Dahingegen hatte der Prior Konrad Helt, der die Überzeugungen seiner Brüder nicht teilte, das Kloster spätestens Anfang Februar 1522 verlassen.
20 Zu Luthers Auseinandersetzung mit dem Mönchtum nach seiner Rückkehr nach Wittenberg ausführlich Vera Christina PABST, ... quia non habeo aptiora exempla. Eine Analyse von Martin Luthers Auseinandersetzung mit dem Mönchtum in seinen Predigten des ersten Jahres nach seiner Rückkehr von der Wartburg 1522/1523 (Diss. masch.), Hamburg 2005.

fortwährende Zugehörigkeit zum Orden aus.²¹ In der Folgezeit zogen überdies weitere Männer, die zuvor an anderen Orten in einem Kloster gelebt und sich den Lehren Luthers zugewandt hatten, in das Schwarze Kloster ein. Inwieweit es diesen Personen an der Seite Luthers gelang, dem gewohnten Mönchtum vorübergehend einen neuen Ausdruck im Sinne der evangelischen Freiheit zu verleihen, muss jedoch offenbleiben.²²

Unterdessen kam es im Nachgang des Wittenberger Kapitelbeschlusses zu Austritten aus den weiteren Niederlassungen des Augustiner-Eremitenordens in Kursachsen: Bis März 1522 verließen mindestens 14 Mönche das Kloster im thüringischen Neustadt an der Orla. Der Vorgang und die Namen dieser Männer sind über Quittungen belegt, welche die Auszahlung geringer Unterstützungsgelder durch den Neustädter Rat bezeugen.²³ Spätestens im April 1522 ereigneten sich die ersten Austritte in der Grimmaer Niederlassung des Ordens. Bei den Betreffenden handelte es sich wohl um Wolfgang von Zeschau, der sich folgend in Grimma als Spitalmeister betätigte, sowie um einen jungen Diakon, der wohl mit dem Bruder Johann Schreiner, genannt Kalbfleisch, identisch ist. Schreiner wirkte in der Folge als evangelischer Prediger in Grimma.²⁴ Ebenfalls in die erste Jahreshälfte 1522 fallen Bemühungen der Herzberger Augustiner-Eremiten, Vorkehrungen für mögliche Austritte zu treffen.²⁵ Die Austrittsbewegung hatte binnen weniger Monate mindestens vier der sechs Klöster der Augustiner-Eremiten im Kurfürstentum erreicht; weitere Mönche verließen bereits 1521 und 1522 die mitteldeutschen Ordensniederlassungen in Erfurt, Dresden oder Eisfeld.²⁶ Bis auf wenige Ausnahmen blieb das reformatorisch motivierte Auslaufen von Mönchen in seinen Anfängen eine Entwicklung, die vor allem innerhalb des Augustiner-Eremitenordens ihre Bahnen zog, was angesichts der ordensinternen Beschlüsse nachvollziehbar ist. Dass es zumindest in Wittenberg ebenso zu einer raschen Zerstreuung des Franziskanerkonvents kam, ist dagegen eher im Zusam-

---

21 Vgl. PABST, Exempla (wie Anm. 20), S. 378, 380 f. Luther legte den Habit erst am 16. Oktober 1524 endgültig ab.
22 Vgl. PABST, Exempla (wie Anm. 20), S. 379.
23 Vgl. Uwe BACHMANN, Ein Klosterexodus der ersten Stunde? Die Entdeckung unbekannter Quittungen von Mönchen des Augustiner-Eremiten-Klosters in Neustadt an der Orla aus dem Jahr 1522, in: Zeitschrift für Thüringische Geschichte 76 (2022), S. 279–304, 289–292.
24 Vgl. Helmar JUNGHANS, Die Ausbreitung der Reformation von 1517 bis 1539, in: Das Jahrhundert der Reformation in Sachsen, hrsg. von Helmar Junghans, Leipzig 2005, S. 37–92, hier S. 44.
25 Dazu ausführlicher unten.
26 Zum Klosteraustritt des Erfurter Augustiner-Eremiten Johannes Lang zu Beginn des Jahres 1522 vgl. Willigis ECKERMANN, Eine Episode aus dem Augustinerkloster Erfurt. Der Klosteraustritt des Johann Lang vom Jahre 1522, in: Conventos Augustinos, Madrid, 20–24 de octubre de 1997: Actas del congreso Vol. 2, hrsg. von Rafael Lazcano Gonzáles, Rom 1998, S. 833–864. Das Kloster in Eisleben löste sich bereits vor dem 2. Februar 1523 vollständig auf, zuvor hatte sich der Prior Kaspar Güttel von der monastischen Lebensweise distanziert, vgl. Enno BÜNZ, Kaspar Güttels Lebensbericht. Mit einem Editionsanhang, in: Von Grafen und Predigern. Zur Reformationsgeschichte des Mansfelder Lands, hrsg. von Armin Kohnle/Siegfried Bräuer, Leipzig 2014, S. 245–291, hier S. 260. Auf den aus Dresden in das ernestinische Gebiet gelangten ehemaligen Mönch Balthasar Sturn ist unten näher einzugehen.

menhang städtischer Reformationsbestrebungen zu betrachten:[27] Mit dem Erlass einer neuen Kirchenordnung hatte der Magistrat am 20. Januar 1522 die Einstellung des Terminierens in Wittenberg verfügt, was einem Verbot der mendikantischen Lebens- und Wirtschaftsweise gleichkam.[28] Während mindestens zwei Brüder das Franziskanerkloster schon Anfang 1522 dauerhaft verließen,[29] wichen andere, darunter auch reformationsfreundlich eingestellte Franziskaner vorerst in eine der zahlreichen weiteren Ordensniederlassungen im mitteldeutschen Raum aus.[30] Nur wenige ältere Brüder blieben in den Folgejahren in den Klostergebäuden zurück.[31] Anders als im Fall der Augustiner-Eremiten galt der Klosteraustritt innerhalb des Ordens grundsätzlich als deviant,[32] was die Franziskaner neben den ohnehin hohen sozialen Risiken für die austretenden Mönche eher zu einem abwartenden Verhalten veranlasst haben dürfte. Saßen die Brüder der Bettelorden grundsätzlich an den Zentren der reformatorischen Bewegung, war es für die Angehörigen des vorwiegend in der ländlichen Abgeschiedenheit siedelnden benediktinischen und zisterziensischen Mönchtums hingegen deutlich schwieriger, überhaupt mit den klosterkritischen Lehren Martin Luthers in Kontakt zu kommen. Dass die Konvente dieser Klöster bis zum Bauernkrieg noch weitgehend konstant beieinanderblieben,[33] ist

---

27 Vgl. zur Reformation in Wittenberg allgemein Natalie KRENTZ, Ritualwandel und Deutungshoheit. Die frühe Reformation in der Residenzstadt Wittenberg (1500–1533) (Spätmittelalter Humanismus Reformation, 74), Tübingen 2014.

28 Vgl. Die evangelischen Kirchenordnungen des XVI. Jahrhunderts, Bd. 1/1 Die Ordnungen Luthers, die Ernestinischen und Albertinischen Gebiete, hrsg. von Emil Sehling, Leipzig 1902, S. 697.

29 Vgl. hier Anm. 70.

30 Exemplarisch sei hier auf Johann Briesmann verwiesen, der sich im Frühjahr 1522 zeitweilig in das Franziskanerkloster Cottbus begab, jedoch von dort aus weiter mit Luther korrespondierte. Bereits Ende 1522 kehrte Briesmann, nun offenbar aus dem Kloster ausgetreten, nach Wittenberg zurück. Vgl. zu Briesmann und weiteren Angehörigen des Wittenberger Franziskanerklosters DOELLE, Wittenberger Franziskanerkloster (wie Anm. 6), S. 284 f.

31 Vgl. das Schreiben der kurfürstlichen Räte an Kurfürst Friedrich vom 2. Juli 1523, wonach zu diesem Zeitpunkt wenige alte Brüder im Franziskanerkloster verblieben waren, die zu ihrem Unterhalt ein Almosen aus Stiftungsgeldern erhalten sollten in Landesarchiv Thüringen – Hauptstaatsarchiv Weimar (im Folgenden: LATh – HStA Weimar), EGA, Reg. Kk 1422, Bl. 1rv. Am 22. September 1524 berichtete der Wittenberger Rat gegenüber Kurfürst Friedrich, dass nur noch drei Franziskaner im Kloster lebten, die von der Gemeinde geduldet würden und eine Versorgung erhielten, vgl. LATh – HStA Weimar, EGA, Reg. Kk 1417, Bl. 6r–8v, hier 7r. Der dritte Band von BAKFJ wird die beiden Stücke in einer Volltextedition bieten. Nach dem Regierungsantritt Kurfürst Johanns wandte sich der Franziskaner Jakob Tyle in einem undatierten Schreiben an seinen Landesherrn und bat um die Klärung seiner Versorgung. Tyle erklärte, dass neben ihm noch ein weiterer alter Bruder im Kloster verblieben sei, vgl. LATh – HStA Weimar, EGA, Reg. Kk 1418, Bl. 2rv+5v.

32 Zum Verhalten der thüringischen Franziskaner in der Reformation vgl. Klaus-Bernward SPRINGER, Die Franziskaner in Thüringen zur Reformationszeit. Ein Überblick, in: Für Gott und die Welt. Franziskaner in Thüringen, hrsg. von Thomas T. Müller / Bernd Schmies / Christian Loefke (Mühlhäuser Museen. Forschungen und Studien, 1), Paderborn / München / Wien / Zürich 2008, S. 134–148.

33 Dies kann beispielsweise für das Zisterzienserkloster Buch bei Leisnig angenommen werden. Eine vom 4. Oktober 1524 datierende Konventsliste nennt neben dem Abt 28 Brüder, die dem Kloster zu diesem Zeitpunkt angehörten, vgl. Paul KIRN, Friedrich der Weise und die Kirche. Seine Kirchen-

in diesem Zusammenhang nachvollziehbar. Die vielfach attestierte Massenhaftigkeit[34] der frühen Klosteraustritte gilt demnach vornehmlich für die städtischen Aktionsräume der frühen Reformation, während Belege für Austritte in einem größeren personellen Umfang im Fall der ländlichen Klöster weitgehend fehlen. Umso bemerkenswerter ist es, dass Georg Spalatin schon im Herbst 1522 über den Austritt von ungefähr 16 Zisterziensern aus dem erzgebirgischen Kloster Grünhain berichtete.[35] Die Hintergründe dieses Vorgangs sind unbekannt. Dass Kontakte der Abtei in die früh von der reformatorischen Bewegung erfasste Stadt Zwickau bei der Diffusion der neuen Lehre eine Rolle gespielt haben, kann nur vermutet werden.[36]

Dass sich zumindest einige der in Grünhain Ausgetretenen nach Wittenberg begaben, ist nicht unwahrscheinlich. Die Elbestadt blieb nicht allein Ursprungsort der Austrittsbewegung, sondern zog als geistiges Zentrum der reformatorischen Bewegung bald ausgetretene Ordensleute aus anderen Orten und Territorien an, die aufgrund der restriktiven Haltung ihrer geistlichen Oberen von Verfolgung bedroht waren und sich im Umfeld der Wittenberger Theologen neue Lebensperspektiven erhofften. Schon im November 1522 beabsichtigte beispielsweise der Augustiner-Chorherr Moritz Pfleumler, von Altenburg nach Wittenberg zu ziehen. Nach seinem Austritt aus dem Altenburger Marienstift hatte sich Pfleumler in den Schutz des dortigen Stadtrats geflüchtet, der ihn vor dem altgläubigen Propst des Stifts schützte und an Martin Luther empfahl.[37] Die Herkunft der nach Wittenberg drängenden und sich oft im direkten Umfeld Luthers aufhaltenden ehema-

---

politik vor und nach Luthers Hervortreten im Jahre 1517. Dargestellt nach den Akten im Thüringischen Staatsarchiv zu Weimar, Leipzig 1926, S. 190 f., Nr. 8.

34 Vgl. Bernd MOELLER, Die frühe Reformation in Deutschland als neues Mönchtum, in: Die frühe Reformation in Deutschland als Umbruch. Wissenschaftliches Symposium des Vereins für Reformationsgeschichte 1996, hrsg. von Bernd Moeller/Stephen E. Buckwalter (Schriften des Vereins für Reformationsgeschichte, 199), Gütersloh 1998, S. 141–155, hier S. 150, ebd. als »Massenerscheinung«; Die Charakterisierung der Austritte als »massenhaft« findet sich auch bei Christoph VOLKMAR, Reform statt Reformation. Die Kirchenpolitik Herzog Georgs von Sachsen 1488–1525 (Spätmittelalter Humanismus Reformation, 41), Tübingen 2008, S. 521; SCHILLING, Klöster (wie Anm. 1), S. 137, bzw. als »Massenphänomen« bei GÖSSNER, Auslaufen (wie Anm. 17), S. 193.

35 Vgl. SPALATIN, Chronicon Sive Annales, in: Scriptores Rervm Germanicarvm, Praecipve Saxonicarvm: In Quibus Scripta Et Monumenta Illustria, Pleraque Hactenus Inedita, Tum Ad Historiam Germaniae Generatim, Tum Speciatim Saxoniae Sup. Misniae, Thuringiae Et Variscie Spectantia, Vel Nunc Primum In Lucem Protrahuntur, Vel Cum Codicibus Mss. Collata Notulis Illustrantur; Cum Figuris Aeneis, Bd. 2, hrsg. von Johann Burkhard Mencke, Leipzig 1728, Sp. 617: *Ex coenobio Grunhaynenso in Voitlandia Ordinis D. Bernardi plus minus xvi. monachi discesserunt*. Außer der Erwähnung in der Chronik Georg Spalatins haben sich scheinbar keine Quellen zur Grünhainer Klosterflucht erhalten. Wer die ausgetretenen Männer waren und welche Lebenswege diese einschlugen, kann daher nicht gesagt werden.

36 Zu den Beziehungen zwischen der Stadt Zwickau und dem Zisterzienserkloster Grünhain vgl. Julia KAHLEYSS, Die Bürger von Zwickau und ihre Kirche. Kirchliche Institutionen und städtische Frömmigkeit im späten Mittelalter (Schriften zur sächsischen Geschichte und Volkskunde, 45), Leipzig 2013, S. 119–136.

37 Vgl. das Schreiben des Altenburger Rats an Luther in WA Br 2 (wie Anm. 18), S. 615 f., Nr. 548, dort auf ca. 9. November 1522 datiert. Daraufhin empfahl Luther Moritz Pfleumler am 11. November 1522 an Georg Spalatin, vgl. ebd., S. 617, Nr. 549.

ligen Mönche beschränkte sich jedoch nicht allein auf das Kurfürstentum, unter ihnen fanden sich zunehmend Personen, die vor Maßnahmen ihrer altgläubigen Landesherren flohen, beispielsweise aus Halle[38] und aus dem albertinischen Sachsen. Gerade aus dem Herzogtum Sachsen erwuchs infolge der antireformatorischen Politik Herzog Georgs ein solcher Zustrom an reformationsfreundlichen Ordensleuten, dass der albertinische Landesherr am 28. Dezember 1525 gegenüber Luther beklagte:

> *Darzu hast du zu Wittenberg eyn asylum angericht, das alle monche und nonnen, so uns unser kirchen und closter berauben mit nhemen und stelen, die haben bey dir zuflucht, ufenthalt, als wer Wittenberg, hoflich zu nennen ein janerbenhaus aller abtrunniger unser land.*[39]

## Reaktionen weltlicher und geistlicher Obrigkeiten auf die frühen Klosteraustritte

Über die ersten Austritte von Augustiner-Eremiten und Franziskanern in Wittenberg wurde Kurfürst Friedrich unmittelbar unterrichtet: Am 4. November 1521 wandten sich Stiftsgeistliche des Allerheiligenstifts mit einem Schreiben an den Landesherrn und informierten diesen u. a. über den Austritt eines Franziskaners.[40] Am 13. November 1521 äußerte sich auch der Augustiner-Eremitenprior Konrad Helt zu den Austritten seiner Ordensbrüder. Der Prior bat um die Unterstützung Friedrichs bei der Umsetzung von Maßnahmen gegen die Ausgetretenen, die zur Überstellung der Männer durch den Stadtrat oder aber deren Ausweisung führen sollten.[41] Eine Erwiderung Kurfürst Friedrichs ist nicht überliefert, doch macht das Ansuchen des Priors bei seinem weltlichen Herrn bereits die Schwierigkeiten deutlich, mit denen sich die Klosteroberen konfrontiert sahen, wenn sie gegen die unerlaubten Austritte vorgehen wollten: Mit der räumlichen Entfernung aus dem Kloster fiel die Ergreifung und Überantwortung der Mönche in die Zuständigkeit weltlicher Obrigkeiten. Ohne deren Mitwirken wurde die Unterbindung von Austritten für die papstkirchlichen Autoritäten in Ermangelung einer in weltliche Rechtssphären vordringenden Exekutive nahezu unmöglich. Das passive Verhalten des Ernestiners stiftete schon bald Verwunderung: Am 26. November 1521 wandte sich der albertinische Herzog Georg mit einem Schreiben an Herzog Johann und zeigte sich bestürzt über die offensichtliche Tatenlosigkeit seines Vetters angesichts der reformatorischen Umtriebe in Wittenberg. In diesem Zusammenhang wies der Albertiner auch konkret auf Aus-

---

38 So der ehemalige Augustiner-Chorherr Nikolaus Demuth, der im April 1523 aus dem Stift Neuwerk in Halle floh und sich zu Luther nach Wittenberg begab. Vgl. das Empfehlungsschreiben Luthers an Georg Spalatin vom 21. April 1523 in D. Martin Luthers Werke: Kritische Gesamtausgabe. Briefwechsel. Bd. 3: 1523–1525, Weimar 1933 (im Folgenden: WA Br 3), S. 62f., Nr. 606.
39 Felician GESS, Akten und Briefe zur Kirchenpolitik Herzog Georgs von Sachsen, Bd. 2: 1525–1527, Leipzig 1917, S. 474, Nr. 1195.
40 Im Volltext ediert bei MÜLLER, Wittenberger Bewegung (wie Anm. 7), S. 59, Nr. 25; vgl. zu dem Schreiben auch das Regest in BAKFJ 2 (wie Anm. 5), S. 557f., Nr. 1374.
41 MÜLLER, Wittenberger Bewegung (wie Anm. 7), S. 67–69, Nr. 28.

tritte und Heiraten von Mönchen hin.[42] Erneut griff Herzog Georg das Anliegen in einem Schreiben an Herzog Johann vom 26. Dezember 1521 auf: Nach seiner Ansicht müsse der Kurfürst für die Rückkehr der entlaufenen Mönche in ihr Kloster Sorge tragen.[43]

Am 20. Januar 1522 erließ das Reichsregiment in Nürnberg ein Mandat, das neben der Veränderung religiöser Zeremonien auch den unerlaubten Auszug von Ordenspersonen aus ihren Klöstern, das Ablegen der Ordenskleidung, die Aufnahme weltlicher Berufe sowie Heiraten von Geistlichen als Ketzerei anmahnte und die Territorialfürsten eindringlich zum Einschreiten gegen entsprechende Vorgänge aufforderte.[44] Während Herzog Georg in seinem Herrschaftsbereich daraufhin ein mit den Inhalten des Reichsmandats weitgehend kongruentes Mandat erließ, blieb eine vergleichbare Initiative seitens der Ernestiner aus.[45] Um das Reichsmandat innerhalb der Grenzen seiner Diözese umsetzen zu können, wandte sich der Meißener Bischof Johann VII. am 7. Februar 1522 an Kurfürst Friedrich:[46] Der Bischof beabsichtigte, bald eine Predigtreise in das ernestinische Gebiet zu unternehmen[47] und mahnte verschiedene Missstände an, u. a. hatte er von dem Auftreten eines Apostaten in der Herzberger Pfarrkirche erfahren. Bezugnehmend auf das bischöfliche Schreiben ließ sich der Kurfürst durch seinen Rat Hans von der Planitz beraten, der seinem Herrn am 19. Februar 1522 in Bezug auf die ausgetretenen Mönche folgenden Argumentationsvorschlag unterbreitete:[48] Obwohl der Kurfürst die Austritte nicht gern sehe, dürfe er in der Angelegenheit kein Recht einfordern, da es sich bei den Männern um *geistlich leut*[49] handele. Stattdessen falle die Ahndung der Klosteraustritte in den Aufgabenbereich der Ordens- und Klosteroberen. Hans von der Planitz' Argumentation folgte den geltenden rechtlichen Verhältnissen, die zwischen voneinander getrennten weltlichen und geistlichen Sphären unterschied, löste die dieser Trennung innewohnende Problematik jedoch bewusst nicht auf. Um das Vergehen der geflüchteten

---

42 Im Volltext ediert in Felician GESS, Akten und Briefe zur Kirchenpolitik Herzog Georgs von Sachsen, Bd. 1: 1517–1524, Leipzig 1905 (im Folgenden: ABKG 1), S. 208–211, Nr. 259, vgl. auch das Regest in BAKFJ 2 (wie Anm. 5), S. 568, Nr. 1391.
43 Im Volltext ediert in ABKG 1 (wie Anm. 42), S. 237–240, Nr. 276, vgl. auch das Regest in BAKFJ 2 (wie Anm. 5), S. 602, Nr. 1433.
44 Im Volltext ediert in ABKG 1 (wie Anm. 42), S. 250–252, Nr. 288, vgl. auch das Regest in BAFKJ 2 (wie Anm. 5), S. 620 f., Nr. 1547.
45 Im Volltext ediert in ABKG 1 (wie Anm. 42), S. 269–271, Nr. 299, vgl. dazu VOLKMAR, Reform statt Reformation (wie Anm. 34), S. 502 f.; Armin KOHNLE, Reichstag und Reformation. Kaiserliche und ständische Religionspolitik von den Anfängen der Causa Lutheri bis zum Nürnberger Religionsfrieden (Quellen und Forschungen zur Reformationsgeschichte, 72), Gütersloh 2001, S. 108.
46 Vgl. das Regest in BAKFJ 2 (wie Anm. 5), S. 633 f., Nr. 1471; vgl. auch die Volltextedition in Karl PALLAS, Briefe und Akten zur Visitationsreise des Bischofs Johannes VII. von Meißen im Kurfürstentum Sachsen 1522, in: Archiv für Reformationsgeschichte 5 (1907/08), S. 217–312, hier S. 241–243, Nr. 2.
47 Vgl. dazu ausführlich im Beitrag von Ulrike Ludwig in diesem Band.
48 Vgl. das Regest in BAKFJ 2 (wie Anm. 5), S. 649 f., Nr. 1486. Vgl. auch die Volltextedition in Des kursächsischen Rathes Hans von der Planitz Berichte aus dem Reichsregiment in Nürnberg 1521–1523, ges. von Ernst Wülcker, nebst ergänzenden Aktenstücken bearb. von Hans Virck, Leipzig 1899, S. 86–92, Nr. 39.
49 WÜLCKER/VIRCK, Hans von der Planitz (wie Anm. 48), S. 90, Nr. 39.

Mönche ahnden zu können, musste der Landesherr diese ausliefern, da geistliche Würdenträger nicht befugt waren, die Männer in weltlichem Herrschaftsgebiet selbstständig zu ergreifen. Im Nachgang seiner Reise durch die kurfürstlichen Lande, bei der Bischof Johann von Meißen, wie zuvor befürchtet, vielerorts Missstände beobachtet hatte und u. a. in Herzberg, Lochau und Düben auf ausgetretene Mönche getroffen war, forderte dieser Kurfürst Friedrich erneut auf, ihn bei Maßnahmen gegen die Männer zu unterstützen.[50] Dem Ratschlag des Hans von der Planitz entsprechend, wies Kurfürst Friedrich das Gesuch des Bischofs mit dem Hinweis ab, dass die entlaufenen und nun als Prediger auftretenden Ordensmänner Geistliche seien, weshalb er als weltlicher Landesfürst nicht gegen diese vorgehen dürfe.[51] Auch Bischof Adolf von Merseburg bemühte sich im Frühjahr 1522 um die Durchsetzung des Reichsmandats in den Grenzen seines Bistums und forderte den Ernestiner zur Kooperation auf. In diesem Zusammenhang wies der Geistliche den Kurfürsten auch auf das Auftreten mehrerer Apostaten hin, die ihm in Machern und Grimma aufgefallen waren.[52] Hinsichtlich der aus dem Kloster Grimma ausgetretenen Augustiner-Eremiten ließ Kurfürst Friedrich dem Bischof durch seine Räte mitteilen, dass die Mönche nach seinem Wissen im Einvernehmen mit ihren Ordensoberen handelten.[53] Dabei bezog sich Friedrich auf die Entscheidung des Generalkapitels der Augustiner-Eremiten vom 6. Januar 1522, die er als Laie nicht anfechten wollte. Der Kurfürst forderte Bischof Adolf auf, die Angelegenheit mit Vertretern des Ordens zu klären, lehnte es jedoch ab, selbst in der Sache tätig zu werden.

Neben der Auseinandersetzung mit Anfragen von geistlichen Autoritäten, die sich auf das passive Verhalten Kurfürst Friedrichs gegenüber den an verschiedenen Orten des Landes austretenden Mönchen bezogen, sahen sich die Ernestiner bereits 1522 auch an anderer Stelle mit den Folgen einer in dieser Frage gewährenden Politik konfrontiert: Der Auszug von Mönchen und das Ausbleiben von Stiftungs- und Terminiergeldern provozierten wirtschaftliche Verfallserscheinungen in einzelnen Ordensniederlassungen und verwiesen die verbliebenen Brüder in finanzielle Notlagen. Im Hinblick auf eine mögliche Zweckentfremdung klösterlicher Güter ging die weltliche Obrigkeit jedoch aktiv und

---

50 Vgl. das Schreiben Bischof Johanns von Meißen an Kurfürst Friedrich vom 11. April 1522, BAKFJ 2 (wie Anm. 5), S. 712 f., Nr. 1571. In einem beiliegenden Zettel verwies der Bischof gesondert auf die predigenden Apostaten an den genannten Orten.
51 Vgl. das Schreiben Kurfürst Friedrichs an Bischof Johann von Meißen vom 13. April 1522, BAKFJ 2 (wie Anm. 5), S. 716, Nr. 1576. Auf die Anfrage des Bischofs bezüglich der Apostaten reagierte der Kurfürst auf einem beiliegenden Zettel.
52 Am 17. April 1522 reagierte Kurfürst Friedrich auf ein nicht überliefertes Schreiben Bischof Adolfs von Merseburg vom 14. April 1522, vgl. das Regest in BAKFJ 2 (wie Anm. 5), S. 720, Nr. 1582. Darin erwähnte Kurfürst Friedrich auch Mönche in Machern und Grimma, auf die sich der Bischof in seinem vorherigen Schreiben bezogen hatte. In seiner Antwort vom 27. April 1522 thematisierte Bischof Adolf die Ordensmänner erneut und bat Kurfürst Friedrich um Unterstützung, da die Mönche durch weltliche Untertanen geschützt würden, vgl. BAKFJ 2 (wie Anm. 5), S. 723 f., Nr. 1588.
53 Die Weisung Kurfürst Friedrichs ist in Form einer Instruktion an seine Räte vom 30. April 1522 überliefert, die als Grundlage für mündliche Verhandlungen mit Adolf von Merseburg dienen sollte, vgl. Karl Eduard FÖRSTEMANN, Neues Urkundenbuch zur Geschichte der evangelischen Kirchen-Reformation, Hamburg 1842, S. 86, Nr. 3; vgl. auch das Regest in BAKFJ 2 (wie Anm. 5), S. 726 f., Nr. 1591.

in Zusammenarbeit mit lokalen Stadträten bereits unmittelbar im Zusammenhang mit den ersten Austritten vor. So instruierte Kurfürst Friedrich Anfang Februar 1522 seinen Rat Haubold von Einsiedel, den Schosser und Stadtrat zu Wittenberg mit einer Inventarisierung sämtlicher Kleinodien, Vorräte und Zinsen des Augustiner-Eremiten- sowie des Franziskanerklosters zu beauftragen.[54] Am 25. Februar 1522 übersandte der Schosser Gregor Burger schließlich eine von den Augustiner-Eremiten angefertigte Klosterrechnung sowie die gewünschten Inventare, die der Stadtrat zuvor erstellt hatte.[55] Der Vorgang steht im Zusammenhang mit der vorangegangenen Entscheidung des Wittenberger Magistrats, wonach sämtliche in der Stadt ansässige Mendikanten bis Ende März 1522 eine Inventur ihrer Besitzungen gestatten und fortan vom Bettel abstehen sollten.[56] Dass in der Sache Dringlichkeit geboten war, hatte sich jedoch auch durch das Vorkommen ikonoklastischer Handlungen am Inventar der Klosterkirche durch Gabriel Zwilling und andere (ehemalige) Augustiner-Eremiten am 10. Januar 1522 gezeigt.[57] Wenngleich der Stadtrat daraufhin selbst eine Inventarisierung vorsah und sich an dieser aktiv beteiligte, so erhob auch der Landesherr Anspruch auf eine Involvierung in entsprechende Vorgänge.

Schon in der ersten Jahreshälfte 1522 hatte sich die wirtschaftliche Lage auch im Kloster der Augustiner-Eremiten in Herzberg dramatisch zugespitzt.[58] Gleichzeitig sind Bemühungen der Landesherrschaft erkennbar, die dem Zusammenhalt und der Verzeichnung des Herzberger Klosterbesitzes galten, die bisher allerdings nicht erfolgt war.[59] Im Mai 1522 baten schließlich die wenigen noch im Kloster verbliebenen Brüder den Kurfürsten darum, die Klostergüter untereinander teilen zu dürfen, um auf diese Weise ihren Unterhalt sicherzustellen.[60] In der Folge wandte sich der kurfürstliche Sekretär Georg Spalatin an den Ordensbruder Martin Luther, der die Mönche bezüglich der Zugriffsrechte auf die klösterlichen Güter beraten sollte. Der Wittenberger Theologe befürwor-

---

54 Vgl. das Schreiben Haubold von Einsiedels an Kurfürst Friedrich vom 14. Februar 1522. Darin bezieht sich der Rat auf ein Schreiben des Kurfürsten vom 6. Februar 1522, worin dieser die Beauftragung von Schosser und Stadtrat zu Wittenberg bezüglich der Inventarisierung erbeten hatte, ediert bei MÜLLER, Wittenberger Bewegung (wie Anm. 7), S. 203–206, hier S. 204, Nr. 97; vgl. auch das Regest bei BAKFJ 2 (wie Anm. 5), S. 643 f., Nr. 1482.
55 Vgl. BAKFJ 2 (wie Anm. 5), S. 654 f., Nr. 1495, siehe dazu auch ebd., Anm. 1.
56 Vgl. SPALATIN, Chronicon Sive Annales (wie Anm. 35), Sp. 611. Die Entscheidung vom 25. Januar 1522 konkretisierte die in der Ordnung vom 20. Januar 1522 noch vage formulierten Forderungen an den Regularklerus, vgl. SEHLING, Evangelische Kirchenordnungen (wie Anm. 28), S. 697. Vgl. dazu auch DOELLE, Wittenberger Franziskanerkloster (wie Anm. 6), S. 288.
57 Vgl. KRENTZ, Ritualwandel (wie Anm. 27), S. 153.
58 Eine Monografie zur Geschichte des Klosters Herzberg fehlt; siehe die kurze Darstellung bei KUNZELMANN, Geschichte 5 (wie Anm. 6), S. 272–276.
59 Vgl. das Schreiben des Geleitsmanns Hans Wildenritt an Kurfürst Friedrich vom 2. Mai 1522. Nach Aussage des Geleitsmanns hatten sich die Mönche im Geheimen beraten. Wildenritt fürchtete, dass die Brüder einen Verkauf der Kleinodien beabsichtigten, vgl. BAKFJ 2 (wie Anm. 5), S. 735, Nr. 1599. Daraufhin teilte Kurfürst Friedrich dem Geleitsmann am 4. Mai 1522 mit, dass eine Inventarisierung zügig zu erfolgen habe, vgl. BAKFJ 2 (wie Anm. 5), S. 739 f., Nr. 1605.
60 Vgl. das undatierte Schreiben von Prior und Konvent der Herzberger Augustiner-Eremiten an Kurfürst Friedrich in BAKFJ 2 (wie Anm. 5), S. 740 f., Nr. 1607, hier datiert: [nach 4. Mai 1522].

tete die Aufteilung der Güter unter den Brüdern, da die Mönche während ihrer Ordenszeit zu deren Vermehrung beigetragen hätten. Damit es bei der Verteilung aber nicht zu Unrechtmäßigkeiten komme, empfahl Luther die Bestimmung von unparteiischen Aufsehern, die den Klosterbesitz ordnungsgemäß inventarisieren sollten.[61] Wohl dachte er dabei an die Einsetzung von Vertretern der Stadt- bzw. Landesobrigkeit. Die landesherrlichen Räte folgten Luthers Ausführungen in der Frage nicht[62] und betonten stattdessen die Bedeutung der auf Gottes Willen ausgerichteten Stifterabsicht, die im Hinblick auf den Erhalt von Kleinodien und Besitz der Ordensniederlassung geschützt werden müsse. Darum dürfe allein der klösterliche Hausrat in Abstimmung mit dem Herzberger Stadtrat von den Mönchen veräußert werden.[63] Die Entscheidung verdeutlicht, dass die umfassende Transformation regularklerikaler Strukturen, die unter Kurfürst Friedrichs Nachfolger Johann vielerorts in Auflösungen von Klöstern und Stiften und der Umwidmung ihrer Güter mündete, Ende des Jahres 1522 noch gänzlich außer Frage stand. Obwohl der Kurfürst die Austrittsabsichten der einzelnen Mönche offenbar tolerierte und die betreffenden Männer nicht an ihre geistlichen Oberen aushändigte, hielt der Ernestiner an der fortwährenden Beständigkeit der Klöster fest und schützte deren ursprüngliche Bestimmung als Orte frommen Gebets. Gleichzeitig nutzte der Landesherr die entstandene Rahmensituation, um eine Beteiligung an Inventarisierungsvorgängen zu rechtfertigen und dadurch den eigenen Zugriff auf geistliche Institutionen und deren Besitz im Sinne der Territorialisierung auszubauen. Die im Kloster Herzberg verbliebenen Augustiner-Eremiten gerieten durch die obrigkeitliche Entscheidung in einen ungewissen Schwebezustand: Aufgrund fehlender materieller Grundlagen blieb den Brüdern der Anschluss an reformatorische Ideale christlicher Lebensführung verwehrt, denn ein Klosteraustritt und die Verwirklichung von Heiratsabsichten waren ohne die Sicherung des Lebensunterhalts nicht möglich.[64] Doch auch innerhalb des Klosters blieben die Mönche auf Einnahmen angewiesen, die sie u. a. durch Stiftungszinsen erzielten. Die von den Stif-

---

61 Am 25. Dezember 1522 äußerte sich Luther gegenüber Spalatin über die Herzberger Mönche, die dieser zu ihm geschickt hatte, vgl. WA Br 2 (wie Anm. 18), S. 640 f., Nr. 562. Am selben Tag schrieben auch Prior und Konvent zu Herzberg an Kurfürst Friedrich und berichteten über ihre Unterredung mit Martin Luther, vgl. BAKFJ 2 (wie Anm. 5), S. 842 f., Nr. 1750. Dabei gaben sie Luthers Rat wie folgt wieder: *Hat her unß den rath gegeben und underricht, das billich und von recht alles unßer sey und wir mogen frey die dingk teylen und for unbillich were, das wir sulden ßo bloß er auß gehen und alles da lassen, szo wir doch das meyste teyl haben helffen erwerben und czum gebau groß fleyß gethan haben. Doch das wir nicht unbillich handelten, sollen wir etliche adder czweyne erwelen, dy dor bey weren und beschriben alles.*, ebd., S. 843.
62 Vgl. das undatierte Konzept des entsprechenden Rätebedenkens, zum Inhalt BAKFJ 2 (wie Anm. 5), S. 843, Nr. 1750, Anm. 1.
63 Die Inventarisierung der Kleinodien und Gewänder des Klosters erfolgte am 6. September 1523. Neben den Mönchen erhielt auch der kurfürstliche Amtsträger Hans Wildenritt Zugang zu den Gütern, vgl. LATh – HStA Weimar, EGA, Reg. Kk 681, Bl. 8rv, vgl. dazu auch BAKFJ 2 (wie Anm. 5), S. 843, Nr. 1750, Anm. 1.
64 Dass einige Brüder offenbar konkrete Heiratsabsichten hegten, geht aus dem [nach 4. Mai 1522] datierten Schreiben von Prior und Konvent des Klosters Herzberg an Kurfürst Friedrich hervor, BAKFJ 2 (wie Anm. 5), S. 741, Nr. 1607. Die Mönche teilten mit, dass sie *wol personen vorhanden hetten, mit den wir eynen seligen stanth der ehe anheben mochten*, [...].

tern erwarteten Mess- und Gebetsdienste wollten die reformationsfreundlichen Mönche jedoch nicht länger erbringen, woraus sich neue Streitfälle ergaben, die in den folgenden Jahren durch die Landesherrschaft geschlichtet werden mussten.[65]

## Zwischen Handwerk und reformatorischer Predigt – Perspektiven ausgetretener Mönche in unsicheren Zeiten

Der Klosteraustritt bedeutete einen unwiderrufbaren und umstürzenden Lebenseinschnitt in der Biografie des einzelnen Religiosen, der mit erheblichen sozialen Folgen verbunden war. Um Fuß in der außerklösterlichen Gesellschaft fassen zu können, waren die ehemaligen Mönche darauf angewiesen, bald neue Möglichkeiten des Verdiensterwerbs zu finden. Denn erst ein geregeltes Einkommen ermöglichte in der Regel eine erneute Sesshaftwerdung, den Aufbau einer langfristig belastbaren beruflichen Existenz, die Begründung eines eigenen Haus- und Ehestands und damit die vollwertige gesellschaftliche Integration.[66] Unter diesem Eindruck wurden schon 1522 Stimmen laut, die kritisch auf die sich mehrenden sozialen Nöte ehemaliger Ordensmänner blickten. Im Herbst 1522 formulierte Johann Eberlin von Günzburg,[67] der selbst Franziskaner gewesen war, in Wittenberg eine Schrift, die Ordensleute vor unüberlegten Austritten warnte. In dem erst 1524 publizierten Text heißt es:

*Du lauffest auß dem kloster vnd wilt in der welt suchen, finden oder haben, on gelt, on geschickt, on eer, oder freunden hilff, das die weltleüt mit gutt, eer vnnd gunst nit haben noch halten mügen, da wirt nicht auß, Deinen freunden würdest ain vnangenemer gast in die leng, [...].*[68]

In den frühen Reformationsjahren waren die austretenden Mönche sich selbst überlassen und konnten nicht mit der Unterstützung der Landesherrschaft rechnen. Verbindliche Vorgehensweisen bei einem Klosteraustritt, die u. a. die Verschreibung von Abfindungen aus dem Klostervermögen umfassten, hatten sich 1522 noch nicht etabliert und wurden erst unter der Regentschaft Kurfürst Johanns im Zusammenhang mit den ersten Klosterauflösungen im Nachgang des Bauernkriegs auf den Weg gebracht.[69] Wie schon die Aus-

---

65 An dieser Stelle ist auf die an Kurfürst Friedrich gerichtete Beschwerde der Stifter Kunz und Günther von der Drossel vom 24. Februar 1525 zu verweisen, die über die Nichterfüllung von Gebetsdiensten durch die Herzberger Mönche klagten, vgl. LATh – HStA Weimar, EGA, Reg. Kk 683, Bl. 2rv+4v.
66 Vgl. zur Thematik bisher Oehmig, Mönchtum (wie Anm. 5).
67 Zur Biografie Johann Eberlin von Günzburgs vgl. Christian Peters, Johann Eberlin von Günzburg (ca. 1465–1533). Franziskanischer Reformer, Humanist und konservativer Reformator (Quellen und Forschungen zur Reformationsgeschichte, 60), Gütersloh 1994.
68 Johan Eberlin von Günzburg. Sämtliche Schriften: Bd. 2, hrsg. von Ernst Ludwig Enders (Flugschriften aus der Reformationszeit, 15), Halle 1900, S. 130 f.
69 Zu einer systematischen Auflösung mehrerer Klöster und der Abfindung der ehemaligen Nonnen und Mönche dieser Klöster kam es erstmalig im Frühjahr 1526, als die kurfürstlichen Räte Nikel

einandersetzung der Herzberger Augustiner-Eremiten mit der Landesherrschaft gezeigt hatte, lehnten die Ernestiner die Herauslösung einzelner Güter aus dem Klostervermögen 1522 noch ab, sodass die Mönche das Kloster mit leeren Händen verließen.

Schon die weiteren Lebenswege der ersten in Wittenberg ausgetretenen Mönche zeigen, dass sich ehemaligen Mönchen im Handwerk, vor allem aber in den Pfarreien neue Perspektiven darboten, worauf im Folgenden näher einzugehen ist. Zu Beginn des Jahres 1522 berichtete eine anonym publizierte Druckschrift darüber, dass sich in Wittenberg mehrere ehemalige Ordensmänner verheiratet hatten und einen weltlichen Beruf ausübten: Ein ehemaliger Franziskaner war Schuster geworden, ein weiterer Bäcker, ein vormaliger Augustiner-Eremit verdingte sich als Schreiner, ein anderer nicht näher spezifizierter Geistlicher erwarb sein Brot als Salzführer.[70] Die Quelle zeigt zum einen, dass heiratende und handwerklich tätige Mönche Anfang 1522 ein spektakuläres Novum waren, deren Existenz Anlass zur Berichterstattung gab. Zum anderen wird in der Aufzählung ebenso deutlich, dass sich derartige Biografien schon wenige Monate nach den ersten Austritten häufen. Die Tätigkeiten dieser Männer stellen zugleich ein Gegenbild zu dem in der zeitgenössischen Publizistik vielfach bedienten Kontrast zwischen vermeintlich faulen Mönchen und fleißigen Handwerkern dar, die u. a. als Protagonisten reformatorischer Dialogflugschriften aufeinandertrafen.[71] Dass zumindest einige ehemalige Geistliche bewusst nach der größtmöglichen Distanz zu ihrer einstigen Lebensform suchten, bleibt in diesem Kontext nicht auszuschließen. Für weitere Städte Kursachsens sind spätestens für 1523 ähnliche Verhältnisse wie in Wittenberg anzunehmen: Im Januar 1523 betätigten sich ehemalige Mönche in Torgau als Töpfer, Schneider und

---

vom Ende zum Stein und Hans von Gräfendorf eine Reise durch das vom Bauernkrieg gezeichnete thüringische Landesgebiet unternahmen. Während die Äbte der aufgelösten Zisterzienser- und Benediktinerabteien großzügige Pensionen erhielten, mussten sich einfache Brüder und Schwestern mit einmaligen Zahlungen in Höhe von 25 bis 30 Gulden begnügen, vgl. Stefan MICHEL, Eine kursächsische Klostervisitation aus dem Jahr 1526, in: Reformation vor Ort. Zum Quellenwert von Visitationsprotokollen, hrsg. von Dagmar Blaha/Christopher Spehr (Quellen zur Geschichte Sachsen-Anhalts, 21; Schriften des Hessischen Staatsarchiv Marburg, 29; Schriften des Thüringischen Hauptstaatsarchivs, 7), Leipzig 2016, S. 107–119.

70 Vgl. MÜLLER, Wittenberger Bewegung (wie Anm. 7), S. 209, Nr. 101.
71 Stellvertretend sei hier auf die anonym erschienene Schrift *Eyn gesprech zwyschen vyer Personen: wye sie eyn getzengk haben/ von der Walfart ym Grim=metal/ was fur vnradt odder büberey/ dar aus entstanden sey. Hantwerckßmant Bawer. Pfaff. Münch. Eyn trew Christlich vermanung/ an alle Hantwercks leute vor müßigang sich tzue hüten*, 1523, Erfurt: Wolfgang Stürmer [VD 16 G 1888], verwiesen, vollständig ediert bei Otto CLEMEN, Flugschriften aus den ersten Jahren der Reformation, Bd. 1, Leipzig/New York 1907, S. 131–167. Ausführlich zu Inhalt und Entstehungskontext Susanne SCHUSTER, Das Ringen um den wahren Glauben. Ein Wirtshausgespräch, in: Alltagsgeschichten im Religionsunterricht. Kirchengeschichtliche Studien und religionsdidaktische Perspektiven, hrsg. von Konstantin Lindner/Ulrich Riegel/Andreas Hoffmann, Stuttgart 2013, S. 119–134, insbes. S. 122–127. In der Dialogflugschrift unterhalten sich ein reformationsgesinnter Handwerker, ein Bauer, der sich auf der Wallfahrt ins Grimmenthal befindet, ein Mönch und ein Priester, die im Wirtshaus trinken und spielen. Dem geschickt argumentierenden Handwerker gelingt es, den Bauer und den Mönch von der evangelischen Lehre zu überzeugen, sie lassen vom Pilgern bzw. vom Klosterleben ab. Einzig der Priester bleibt beharrlich beim alten Glauben.

Schuster.⁷² Bei dem in der anonymen Druckschrift genannten Schreiner in Wittenberg dürfte es sich um Johann Gerlender gehandelt haben, der im Herbst 1521 gemeinsam mit Gabriel Zwilling das Kloster der Augustiner-Eremiten verlassen hatte. Gerlenders weiterer Lebensweg entwickelte sich den bekannten Eckdaten nach erfolgreich: Nachdem der gewesene Ordensmann bereits Ende 1521 das Wittenberger Bürgerrecht erlangt und bald darauf eine Frau namens Margarethe geheiratet hatte,⁷³ konnte er bereits im Rechnungsjahr 1523/24 vom Stadtrat ein Haus erwerben, das zuvor dem Stiftsherrn Sebastian Küchenmeister gehört hatte. Gerlenders Tätigkeit als Tischler schien zu florieren, denn er wurde mehrfach mit Arbeiten im Schloss betraut und konnte einen eigenen Gesellen beschäftigen.⁷⁴ Noch im Rechnungsjahr 1545/46 wird er in Wittenberg genannt. Johann Gerlenders Lebensweg hebt sich auffällig ab von den bekannten Schicksalen anderer ehemaliger Ordensmänner, die versuchten, sich langfristig als Handwerker im ernestinischen Sachsen zu etablieren. Die Betrachtung der Lebenswege vormaliger Mönche, die nach ihrem Klosteraustritt in einen Handwerksberuf drängten, zeigt hingegen, dass sich nach Gesellenzeit und Wanderschaft oft existenzielle Nöte einstellten. Die strengen Restriktionen des Zunfthandwerks verwiesen die gewesenen Ordensmänner langfristig darauf, von Hilfsarbeiten und zusätzlichen Tätigkeiten zu leben.⁷⁵ Einige dieser Männer ergriffen daher zu einem späteren Zeitpunkt die Möglichkeit, als evangelische Geistliche in einer Dorfpfarrei tätig zu werden.⁷⁶

---

72 Vgl. das Schreiben des Oschatzer Vogts Bartholomeus Gortler an Herzog Georg in ABKG 1 (wie Anm. 42), S. 417, Nr. 421.

73 Bereits am 13. November 1521 hatte Konrad Helt an Kurfürst Friedrich geschrieben, dass ein Bruder sich als Tischler betätige, das Bürgerrecht erworben habe und heiraten wolle, vgl. BAKFJ 2 (wie Anm. 5), S. 562, Nr. 1379; MÜLLER, Wittenberger Bewegung (wie Anm. 7), S. 68 f., Nr. 28. In der oben zitierten anonymen Druckschrift vom Jahresbeginn 1522 wird der wohl mit Gerlender identische Schreiner als verheiratet bezeichnet.

74 Vgl. MÜLLER, Wittenberger Bewegung (wie Anm. 7), S. 209, Nr. 101, Anm. 3. Vgl. zum Fall des Johannes Gerlender auch Stefan OEHMIG, Die Wittenberger Bewegung 1521/22 und ihre Folgen im Lichte alter und neuer Fragestellungen, in: 700 Jahre Wittenberg. Stadt, Universität, Reformation, hrsg. von Stefan Oehmig, Weimar 1995, S. 97–130, hier S. 121 f.

75 Stellvertretend sei an dieser Stelle auf das Schicksal des ehemaligen Reinhardsbrunner Benediktiners Heinrich Kleinspinn verwiesen. Kleinspinn wandte sich mehrfach mit Bittschreiben an die Landesherrschaft und stellte sein nachklösterliches Schicksal detailliert dar. Sein Fall wird in der Dissertationsschrift der Verfasserin ausführlich dargestellt. In einem Schreiben an Herzog Johann Friedrich den Mittleren vom 1. Oktober 1549 führt Heinrich Kleinspinn aus, dass er als *wolle knappen den meistern zu Gotha gearweit, darzu etliche fiel mal tage unnd nacht, wan es die not erfordert hat, die post und botschafft gelauffen* habe, Landesarchiv Thüringen – Staatsarchiv Gotha, XX VII, Nr. 13h, Bl. 12r–13v, hier Bl. 12r. Kleinspinn klagte darüber, dass er mit den vom ihm im Umfeld der Gothaer Wollweber übernommenen Tätigkeiten nicht den Lebensunterhalt seiner stetig wachsenden Familie decken könnte, weshalb die Schulbildung seiner Söhne gefährdet sei.

76 Als Beispiel sei hier der Fall des ehemaligen Georgenthaler Zisterziensers Johann Büchner angeführt. Büchner ließ sich nach seinem Klosteraustritt in Gotha nieder und ersuchte gemeinsam mit seinen ehemaligen Mitbrüdern Johann Holzapfel und Heinz Schleiffer bei Kurfürst Johann am 29. März 1526 um Unterstützung, um eine Ausbildung im Handwerk zum Ende zu bringen, vgl. LATh – HStA Weimar, EGA, Reg. Kk 567, Bl. 1rv. In Reaktion auf sein Gesuch erhielt Büchner am 20. Februar 1527 15 Gulden verschrieben, vgl. LATh – HStA Weimar, EGA, Urkunde 3957. Am

Die Bedeutung ehemaliger Mönche für das Entstehen evangelischer Kirchenstrukturen in den sich der Reformation zuwendenden Territorien hat die Forschung wiederholt herausgestellt.[77] Bereits am Beginn der 1520er Jahre kam ausgetretenen Ordensmännern in Kursachsen und anderen Gebieten eine Schlüsselrolle in der Verbreitung von Inhalten innerhalb des reformatorischen Spektrums in Form von geistlichen Reden zu.[78] Umgekehrt ergaben sich aus dem Bedürfnis kleinstädtischer bzw. dörflicher Gemeinden nach einer sich an der neuen Lehre orientierenden Seelsorge Möglichkeiten für die gewesenen Mönche, den durch den Klosteraustritt weggebrochenen Lebensunterhalt zumindest kurzzeitig durch Übereinkommen mit den Gemeinden zu sichern. Gerade in der Frühphase des Jahres 1522 geschah dies in der Regel außerhalb regulärer Pfarrstrukturen, unabhängig von entsprechenden Ämtern sowie in Opposition zu einem altgläubigen Amtsinhaber. Kennzeichnend für die Prediger mit monastischer Vergangenheit ist daher auch ein hoher Mobilitätsgrad mit oft kurzdauernden Wirkungsstationen.

Prominent ist in diesem Zusammenhang der Fall von Luthers ehemaligem Ordensbruder Gabriel Zwilling.[79] Nach Einschätzung seiner Zeitgenossen war Zwilling ein geschickter Prediger, der großen Eindruck bei seinen Zuhörerinnen und Zuhörern hinterließ.[80] Wenige Wochen nach seinem Klosteraustritt zog Zwilling am 24. Dezember 1521

---

4. April 1557 ersuchte Johann Büchner als Pfarrer zu Rittersdorf noch einmal um Zuwendung, da er das ihm übertragene Amt aufgrund seines hohen Alters nicht länger ausüben könne, vgl. LATh – HStA Weimar, EGA, Reg. Kk 571, Bl. 1rv.

77 Am Beispiel der Landgrafschaft Hessen vgl. Johannes SCHILLING, Die Bedeutung von Klöstern und Mönchen für die Reformation in Hessen. Zur Vorgeschichte des evangelischen Pfarrstandes, in: Zeitschrift des Vereins für Hessische Geschichte und Landeskunde 102 (1997), S. 15–24.

78 Vgl. u. a. Thomas HOHENBERGER, Lutherische Rechtfertigungslehre in den reformatorischen Flugschriften der Jahre 1521–22 (Spätmittelalter und Reformation. Neue Reihe, 6), Tübingen 1996, S. 267. Für Mühlhausen betont auch Müller die hohe Dichte von (ehemaligen) Mönchen unter den proreformatorischen Predigern, vgl. Thomas T. MÜLLER, Mörder ohne Opfer. Die Reichsstadt Mühlhausen und der Bauernkrieg in Thüringen. Studien zu Hintergründen, Verlauf und Rezeption der gescheiterten Revolution von 1525 (Schriftenreihe der Friedrich-Lesser-Stiftung, 40), Petersberg 2021, S. 560. Zu den evangelischen Predigern in Kursachsen allgemein Joachim BAUER/Stefan MICHEL, Alternative Predigt? Beobachtungen zur kursächsischen Predigerlandschaft neben Luther, Karlstadt und Müntzer bis 1525 (Thomas-Müntzer-Gesellschaft e. V., Veröffentlichungen, 25), Mühlhausen 2018. Von den 24 bei Bauer und Michel aufgeführten Männern, die bis 1525 im Kurfürstentum Sachsen als evangelische Prediger nachgewiesen werden können, handelte es sich bei elf Männern um (ehemalige) Mönche, vgl. ebd., S. 38–45.

79 Zu Zwillings Wirken in Eilenburg auch Volkmar JOESTEL, Auswirkungen der Wittenberger Bewegung 1521/22. Das Beispiel Eilenburg, in: 700 Jahre Wittenberg. Stadt, Universität, Reformation, hrsg. von Stefan Oehmig, Weimar 1995, S. 131–142; auch JOESTEL, Geschwinde Zeitläufte (wie Anm. 13), S. 126–137. Editionen einzelner Quellenstücke zu Zwillings Wirken in Eilenburg bei Karl PALLAS, Der Reformationsversuch des Gabriel Didymus in Eilenburg und seine Folgen. 1522–1525. Neue urkundliche Nachrichten I, in: Archiv für Reformationsgeschichte 9 (1911/12), S. 347–362; II, in: Archiv für Reformationsgeschichte 10 (1913), S. 51–69.

80 Über die Predigt Zwillings am 23. Juni 1524 in Buchholz vgl. den Bericht des Matthes Pusch an Kurfürst Friedrich vom 8. Juli 1524: »*Aber mgr. Gabriel ist noch tisch aufgetreten und vom glauben und lybe einen köstlichen sermon gethan, ader sere auf die praedestinacion gegrundet. Dieweyl dan mendlein eine cleyne stymme hat und die kirch ist weyt und hoch, noch ungewelbet, do traten die leute alle aus den stuelen, hörten mit solchem fleys zu, vergaßen maul und augen auf, und wen*

nach Eilenburg, um dort in der folgenden Woche wiederholt zu predigen. Dabei war er offenbar einer konkreten Einladung der Eingepfarrten gefolgt, deren Patronatsherr, der Propst des Petersstifts auf dem Lauterberg, sich gegen das Eindringen reformatorischer Gedanken zu wehren versuchte. Inhalte der Predigten Zwillings bildeten die Lehre von der alleinigen Rechtfertigung durch Christus,[81] Kritik an der Werkgerechtigkeit der Papstkirche sowie den kanonischen Speisegeboten, die der christlichen Freiheit zuwiderliefen.[82] Darüber hinaus lud Zwilling am 27. Dezember zum Fastenbrechen auf das Schloss ein.[83] Sein Aufenthalt kulminierte am 1. Januar 1522 in der öffentlichen Feier des Abendmahls unter beiderlei Gestalt.[84] Auch im nahe Eilenburg gelegenen Machern trat zu Beginn des Jahres 1522 ein ehemaliger Wittenberger Mönch als Prediger in Erscheinung. Der Annahme, dass es sich bei diesem Mann um den später in Machern tätigen Konrad Klug handelte, wurde nachvollziehbar widersprochen,[85] sodass die Identität des Predigers unklar bleiben muss. Anders als in Eilenburg, war in Machern die Initiative nicht von der Gemeinde, sondern von Heinrich, dem Sohn des adeligen Patronatsherrn Albrecht von Lindenau, ausgegangen, der den ihm aus Wittenberg bekannten Geistlichen nach Machern geholt hatte.[86] Damit der Prediger ungehindert die ihm übertrage-

---

*ers ein ganzen tag getrieben, so weren sie nicht mude noch verdrossen worden.«*, ABKG 1 (wie Anm. 42), S. 701, Nr. 692.

81 Vgl. den Bericht des Hans von der Planitz an Kurfürst Friedrich vom 28. Januar 1522, ediert im Volltext in WÜLCKER/VIRCK, Hans von der Planitz (wie Anm. 48), S. 71–75, Nr. 31; vgl. auch das Regest in BAKFJ 2 (wie Anm. 5), S. 624 f., Nr. 1462.

82 Vgl. die Schilderung der Predigtinhalte in dem Bericht des Eilenburger Rats an Kurfürst Friedrich vom 11. Januar 1522, im Volltext ediert bei PALLAS, Reformationsversuch I (wie Anm. 79), S. 359 f., Nr. 1; vgl. auch das Regest in BAKFJ 2 (wie Anm. 5), S. 616, Nr. 1450.

83 Zum Fastenbrechen in Eilenburg als »frühreformatorischer Aktionsform« vgl. KAUFMANN, Geschichte (wie Anm. 12), S. 334 f.

84 Vgl. das in Anm. 82 zitierte Schreiben vom 11. Januar 1522. In der Forschung wurde vermutet, dass die Austeilung des Abendmahls unter beiderlei Gestalt, wie sie zeitgleich auch in Wittenberg vorgenommen wurde, in Abstimmung mit Andreas Bodenstein, gen. Karlstadt erfolgte. Zur Diskussion dieser These vgl. JOESTEL, Auswirkungen (wie Anm. 79), S. 135.

85 Eine Gleichsetzung des Predigers mit Konrad Klug findet sich u. a. bei Heiko JADATZ, Wittenberger Reformation im Leipziger Land. Dorfgemeinden im Spiegel der evangelischen Kirchenvisitation des 16. Jahrhunderts (Herbergen der Christenheit, Sonderband 10), Leipzig 2007, S. 36. Diese Annahme kann auf Grundlage der Überlieferung nicht bestätigt werden, es ist zudem nicht gesichert, dass es sich bei Konrad Klug um einen Ordensmann handelte. Bezugnehmend auf Gustav Bossert, der schon 1924 Kritik an der verbreiteten These formuliert hatte, äußerte sich zuletzt Hartmut Kühne zur Identität des Predigers zu Machern und widersprach einer Gleichsetzung mit Klug, vgl. Gustav BOSSERT, Neues von Neuheller (Neobolus) und Diedelhuber, in: Archiv für Reformationsgeschichte 21/1 (1924), S. 37–48, hier S. 41–43; Hartmut KÜHNE, Lehrer – Priester – Prediger. Michael Coelius' Weg in die Reformation (1492–1530), in: Von Grafen und Predigern. Zur Reformationsgeschichte des Mansfelder Lands, hrsg. von Armin Kohnle/Siegfried Bräuer, Leipzig 2014, S. 155–195, hier S. 165–167. Kühne vermutet, dass Konrad Klug erst gegen Ende 1522 oder 1523 nach Machern gelangt sein könnte, wo er daraufhin das Pfarramt übernahm. Der namenlose Prediger dürfte Machern zu diesem Zeitpunkt bereits verlassen haben.

86 Armin KOHNLE, Die Herren von Lindenau und die frühe Reformation, in: Adlige Lebenswelten in Sachsen. Kommentierte Bild- und Schriftquellen, hrsg. von Martina Schattkowsky, Köln/Wien 2013, S. 320–326.

nen Aufgaben verrichten konnte, begleitete der junge Adelige den Geistlichen stets *mit funnf oder vi knechten an der seyten, vnd fhurte In zur kirchen vnd drunghe in eyn wider des pfarners willen*.[87] Neben der Verkündigung des Gottesworts hielt der Geistliche in Machern auch *andere gotsdinst*[88] ab, was bedeuten könnte, dass der Prediger auch das Abendmahl unter beiderlei Gestalt austeilte. Bald begaben sich darum auch reformationsfreundliche Gläubige aus dem benachbarten Brandis nach Machern.[89] Im Frühjahr 1522 erfuhr schließlich Bischof Adolf von Merseburg von den Vorgängen in seiner Diözese und mahnte die vermeintlichen Missstände gegenüber Kurfürst Friedrich an.[90] Die zur Klärung der Angelegenheit entsandten kurfürstlichen Räte informierte der Bischof über die Vergehen des Geistlichen, der nicht nur falsche Predigten und Gottesdienste ohne Zustimmung des regulären und bischöflich bestätigten Pfarrers halte, sondern überdies seinen Habit widerrechtlich abgelegt habe.[91] Die Bezugnahme papstkirchlicher Vertreter auf das Missverhalten der evangelischen Prediger zeigt, dass die Aufkündigung des Ordensstands keinesfalls in einer generellen Anschuldigung dieser Personen als Anhänger der neuen Lehre unterging, sondern stets als eigenständiges Vergehen hervorgehoben wurde. Da sich in der Folge der Patronatsherr Albrecht von Lindenau bei dem ernestinischen Rat Haubold von Einsiedel für den Prediger verwandte, der anders als der reguläre Pfarrer in der Schrift gelehrt sei,[92] ist anzunehmen, dass Kurfürst Friedrich seinen Funktionsträger mit einer Klärung der Angelegenheit vor Ort beauftragt hatte. Dass es zu einem aktiven Vorgehen gegen den gewesenen Ordensmann kam, ist jedoch unwahrscheinlich. Danach verliert sich die Spur des Mannes.

Etwa gleichzeitig traf auch Bischof Johann von Meißen im Frühjahr 1522 auf seiner Predigtreise durch das ernestinische Gebiet auf entlaufene Mönche, die in Herzberg, Lochau und Düben predigten. Über die Identität des Herzberger Predigers ist nichts bekannt, auch eine Zugehörigkeit zum dortigen Konvent der Augustiner-Eremiten ist nicht gesichert. Einem Protokoll des kurfürstlichen Rats Hans von Minckwitz zufolge, wurde

---

87 Vgl. den Bericht Gregor Brücks und Hieronymus Rudloffs an Kurfürst Friedrich, [nach 30. April 1522], Volltextedition in FÖRSTEMANN, Neues Urkundenbuch (wie Anm. 53), S. 87–90, Nr. 4, Zitat hier S. 87; vgl. auch das Regest in BAKFJ 2 (wie Anm. 5), S. 729–731, Nr. 1595, obige Datierung nach dem Regest.
88 FÖRSTEMANN, Neues Urkundenbuch (wie Anm. 53), S. 87, Nr. 4.
89 Vgl. FÖRSTEMANN, Neues Urkundenbuch (wie Anm. 53), S. 87, Nr. 4; BAKFJ 2 (wie Anm. 5), S. 730, Nr. 1595.
90 Bischof Adolf von Merseburg erwähnte den in Machern predigenden Mönch gegenüber Kurfürst Friedrich erstmalig in dem nicht erhaltenen Schreiben vom 14. April 1522, vgl. dazu hier Anm. 52. Der Bischof hatte von den Vorgängen bereits vor dem Beginn der Fastenzeit am 5. März 1522 erfahren, sodass sich der Prediger schon im Februar oder gar Januar des Jahres in Machern aufgehalten haben muss, vgl. den in Anm. 91 genannten Bericht Brücks und Rudloffs an Kurfürst Friedrich.
91 [Nach 30. April 1522] berichteten Gregor Brück und Hieronymus Rudloff gegenüber Kurfürst Friedrich über ihre Verhandlungen mit Bischof Adolf von Merseburg, vgl. BAKFJ 2 (wie Anm. 5), S. 729–731, Nr. 1595.
92 Vgl. das Schreiben Albrecht von Lindenaus an Haubold von Einsiedel vom 28. April 1522, Volltextedition bei FÖRSTEMANN, Neues Urkundenbuch (wie Anm. 53), S. 90f., Nr. 5, vgl. dazu auch BAKFJ 2 (wie Anm. 5), S. 723, Nr. 1588, Anm. 1.

der Mann am 9. April 1522 durch Bischof Johann verhört.[93] Auf die Frage des Bischofs, wer ihm das Predigen in der Stadt gestattet hätte, gab der Ordensmann zu erkennen, *er were von e. churf. g. reten dohin verordnet.*[94] Der Fall unterstreicht die hohe Bedeutung kursächsischer Verwaltungseliten für die Ausbreitung reformatorischer Predigt im Kurfürstentum.[95] Gegenüber seinem Diözesanherrn zeigte der Prediger auch an, dass ihn das *neidige und widerwertige leben im closter*[96] zum Austritt aus dem Kloster bewogen hätte. Als sein geistlicher Herr untersagte ihm der Bischof folgend die weitere Ausübung des Predigt- und Priesteramts. Ob der Prediger seine Tätigkeit in Herzberg protegiert durch die ihm zugeneigten landesherrlichen Funktionsträger in der Folge für einige Zeit fortsetzen konnte, muss offenbleiben. Der Lochauer Prediger ist mit dem aus Dresden geflohenen ehemaligen Augustiner-Eremitenprior Balthasar Sturn identisch,[97] der – möglicherweise als erster ehemaliger Mönch in Kursachsen, der auch nach seinem Klosteraustritt weiterhin als Geistlicher wirkte – Ende März 1522 von dem Lochauer Pfarrer Franz Günther getraut wurde.[98] Sturn gelang es, sich langfristig als evangelischer Geistlicher in Kursachsen zu etablieren: Noch in den 1530er Jahren amtierte er als Pfarrer in Dornreichenbach und Großbothen.[99] Der in dieser Zeit in Düben auftretende Prediger ist sehr wahrscheinlich mit Gabriel Zwilling gleichzusetzen, der sich im Frühjahr 1522

---

93 Vgl. die Edition des Protokolls bei Pallas, Briefe und Akten (wie Anm. 46), S. 284–286, Nr. 21; vgl. auch das Regest in BAKFJ 2 (wie Anm. 5), S. 710, Nr. 1566, Anm. 1.
94 Pallas, Briefe und Akten (wie Anm. 46), S. 284, Nr. 21.
95 Bauer/Michel, Alternative Predigt? (wie Anm. 78), S. 28–30.
96 Pallas, Briefe und Akten (wie Anm. 46), S. 284, Nr. 21.
97 Vgl. zu Sturns Tätigkeit und Heirat in Lochau den chronikalischen Eintrag Spalatins bei Spalatin, Chronicon Sive Annales (wie Anm. 35), Sp. 612. Balthasar Sturn oder Sturm ist mit jenem Augustiner-Eremiten gleichzusetzen, der am 23. September 1514 als Angehöriger des Dresdner Klosters in Merseburg die Priesterweihe empfangen hatte, vgl. Georg Buchwald, Die Matrikel des Hochstifts Merseburg 1469–1558, Weimar 1926, S. 100.
98 In der Forschung wurde bereits mehrfach darauf hingewiesen, dass die Symbolkraft sich verheiratender Geistlicher ungleich größer einzuschätzen ist als die Heiraten von Personen, die mit der Reformation ihre Existenz als Geistliche gänzlich aufgaben, vgl. Stephen E. Buckwalter, Die Priesterehe in Flugschriften der frühen Reformation (Quellen und Forschungen zur Reformationsgeschichte, 68), Gütersloh 1998, S. 17. Vgl. auch Julia Schmidt-Funke, Reformation und Geschlechterordnung. Neue Perspektiven auf eine alte Debatte, in: Negative Implikationen der Reformation? Gesellschaftliche Transformationsprozesse 1470–1620, hrsg. von Werner Greiling/Armin Kohnle/Uwe Schirmer (Quellen und Forschungen zu Thüringen im Zeitalter der Reformation, 4), Köln/Weimar/Wien 2015, S. 29–54, hier S. 47.
99 Vgl. die Angaben zu seiner Person in D. Martin Luthers Werke: Kritische Gesamtausgabe. Briefwechsel, Bd. 7: 1534–1536, Weimar 1837, S. 231, Nr. 2222. Bei der Visitation im Jahr 1534 war er Pfarrer in Großbothen, vgl. LATh – HStA Weimar, EGA, Reg. Ii 6, Bl. 172r. Am 1. November 1539 richtete Kurfürst Johann Friedrich ein Schreiben an Herzog Heinrich von Sachsen, wonach der ehemalige Dresdner Augustiner-Eremit Johann Starck eine Abfertigung erhalten sollte. Ein gleichlautendes Schreiben sollte auch in der Angelegenheit von Starcks ehemaligen Konventsbruder Balthasar Sturn, derzeit Pfarrer in Großbothen, aufgesetzt werden, vgl. LATh – HStA Weimar, EGA, Reg. Ii 1318, Bl. 1r.

nachweislich in der Kleinstadt aufhielt[100] und dort, wie bereits in Eilenburg, parallel zu einem opponierenden papstkirchlichen Geistlichen predigte.[101] Dass Zwilling schon bald nach seinem Aufenthalt in Eilenburg auch in Düben und Umland predigte, verdeutlicht das dynamische und spontan auf die Bedürfnisse kleiner Gemeinden reagierende Auftreten der frühreformatorischen Prediger aus dem Mönchsstand, die dadurch einen wesentlichen Beitrag zur Verbreitung der neuen Lehre über reguläre Seelsorgestrukturen hinaus lieferten. Zwillings Schicksal zeigt aber ebenso, dass es ehemaligen Mönchen 1522 noch verwehrt blieb, in feste kirchliche Ämter vorzudringen und damit verbunden Sesshaftigkeit und soziales Prestige zu erlangen: Bei der von Luther geförderten Bewerbung Zwillings auf die Prädikatur an der Altenburger Bartholomäikirche im April 1522 spielte darum der Ordensaustritt neben der Verstrickung Zwillings in die Wittenberger Unruhen keine unerhebliche Rolle. In seinem Schreiben an den Stadtrat erkannte Luther am 17. April 1522 durchaus an, dass der Klosteraustritt seines ehemaligen Mitbruders als Makel gedeutet werden könne. Zugleich sei Zwilling nun aber gerade darum im Stande, ungehindert das Wort Gottes zu predigen. Sollte man den Empfohlenen ablehnen, könne er stattdessen zwei Weltgeistliche schicken, die zumindest im Hinblick auf den Bruch eines Ordensgelübdes unverdächtig waren.[102] Schließlich unterstützte Kurfürst Friedrich die Anstellung eines ehemaligen Klosterbruders von Zwilling und Luther in Altenburg: Mit Wenzeslaus Linck gelangte dabei eine Person ins Amt, die zwar dem Wunsch der Altenburger entsprechend evangelisch predigte. Anders als Gabriel Zwilling hatte Linck den Habit jedoch bis dahin nicht abgelegt und entschloss sich erst 1523 aus dem im Vorjahr erlangten Amt heraus, von seinen Gelübden zurückzutreten und zu heiraten.[103]

## Ausblick

Seitdem die ersten Mönche inspiriert durch die klosterkritischen Lehren des Augustiner-Eremiten Martin Luther im Herbst 1521 ihren Habit abgelegt hatten, entwickelten

---

100 Am 17. April 1522 erwähnte Martin Luther in einem Schreiben an den Altenburger Rat, dass sich Gabriel Zwilling derzeit in Düben aufhalte, vgl. WA Br 2 (wie Anm. 18), S. 505, Nr. 477.

101 Zu dieser Zeit amtierte Balthasar Lamperswalde in Düben, der seit 1493 als Erzpriester belegt ist und erst im Rahmen der Visitation des Jahres 1529 beurlaubt wurde; vgl. Thomas LANG, »Jeder mit einer Bibel unterm Arm«? Auf Spurensuche nach den Lesern der Lutherbibel im mitteldeutschen Bürgermilieu des 16. Jahrhunderts, in: Wittenberger Bibeldruck der Reformationszeit, hrsg. von Stefan Oehmig/Stefan Rhein (Schriften der Stiftung Luthergedenkstätten in Sachsen-Anhalt, 24), Leipzig 2022, S. 367–433, hier S. 374, Anm. 24. Lamperswalde war bereits bei der von Bischof Johann von Meißen durchgeführten Visitation negativ aufgefallen, vgl. ebd., Anm. 25.

102 WA Br 2 (wie Anm. 18), S. 505, Nr. 477: *Es ist aber eyn kleyne schewe dran, das er auß dem orden getretten vnnd nu ynn weltliches priesters kleyden geperdet. Ist auch wol nott vnnd gutt, das er erauß komen ist, das man seyn genießen kunde tzu vieler seelen heyll.* Bei den zwei Weltgeistlichen handelte es sich wohl um Andreas Kauxdorf sowie einen Prediger namens Thomas. Luther erwähnte die beiden Männer am 5. Mai 1522 in einem Schreiben an Georg Spalatin, vgl. WA Br 2 (wie Anm. 18), S. 515, Nr. 483.

103 Vgl. Bernd MOELLER, Wenzel Lincks Hochzeit, in: Zeitschrift für Theologie und Kirche 97 (2000), S. 317–342.

sich die Austritte von Ordensmännern in wenigen Monaten zu einem Phänomen bisher ungekannter Größenordnung. Die Entwicklungen, die im Augustiner-Eremitenkloster Wittenberg ihren Ausgang genommen hatten, sprangen im Laufe des Jahres 1522 auf weitere Niederlassungen und Orden über, die für Kursachsen spätestens 1523 kaum mehr als Einzelfälle ausgemacht werden können. Gerade die von Martin Luther publizistisch verarbeitete Flucht von neun Nonnen aus dem Zisterzienserinnenkloster Nimbschen im April 1523[104] sowie die nun an verschiedenen Orten im Reich gedruckten Rechtfertigungsschreiben ehemaliger Ordensleute[105] dürften zu einer weiteren Popularisierung und Akzeptanz der Klosteraustritte beigetragen haben. Waren die ersten Austretenden auch von Unterstützern der neuen Lehre noch mit Kritik bedacht worden, entwickelte sich das Verlassen der Klöster in nur etwa eineinhalb Jahren zu einer Erscheinung des reformatorischen Mainstreams, den die Wittenberger Theologen vertraten und der sich in Kursachsen schließlich durchsetzte.[106] Die ernestinische Landesherrschaft musste sich in diesem Zusammenhang nicht nur mit den Austritten selbst, sondern auch mit Folgeerscheinungen wie der Frage nach der Nutzung klösterlicher Güter durch die ehemaligen Mönche oder auch deren Betätigung als evangelische Prediger auseinandersetzen. Kurfürst Friedrich verhielt sich in diesen Angelegenheiten passiv, was die Austrittsbewegung und die Predigtaktivitäten der ehemaligen Mönche zwar förderte, die Betroffenen aber zugleich in eine schwierige Versorgungssituation verwies. Dass der Kurfürst sich nicht gern um die Ausgetretenen kümmern würde, merkte auch Martin Luther am 12. Januar 1523 in einem Schreiben an Georg Spalatin kritisch an.[107] Darum müsse sich der Reformator um die Versorgung der gewesenen Ordensleute bemühen, was dieser offenbar als große Arbeitsbelastung empfand.[108] Zumindest Herzog Johann von Sachsen zeigte sich bereits 1523 offen für die Unterstützung ausgetretener Ordensleute, wie seine Reaktion auf ein Gesuch des gewesenen Priors des Augustiner-Eremitenklosters Neustadt an der Orla, Heinrich Zwetze, vom 25. April 1523 zeigt: Herzog Johann beauftragte den Amtmann Ulrich vom Ende mit der Klärung von Zwetzes Fall. Demnach sollte der ehemalige

---

104 Luther verfasste *Ursach und Antwort, daß Jungfrauen Klöster göttlich verlassen mögen* bereits am 10. April 1523, wenige Tage nach der Flucht der Nonnen am 4./5. April, in Form eines öffentlichen Briefs an den Fluchthelfer Leonhard Koppe, vollständig ediert in D. Martin Luthers Werke: Kritische Gesamtausgabe. Schriften, Bd. 11, Weimar 1900, S. 394–400. Zur Nonnenflucht vgl. auch Anne-Kathrin KÖHLER, Geschichte des Klosters Nimbschen. Von der Gründung 1243 bis zu seinem Ende 1536/1542. Mit einem Exkurs: Zisterzienserinnen zwischen Saale und Neiße im 13. Jahrhundert und ihre Stellung zum Orden (Arbeiten zur Kirchen- und Theologiegeschichte, 7), Leipzig 2003, S. 117f.
105 Antje RÜTTGARDT, Klosteraustritte in der frühen Reformation. Studien zu Flugschriften der Jahre 1522 bis 1524 (Quellen und Forschungen zur Reformationsgeschichte, 79), Gütersloh 2007.
106 Zum Begriff der Wittenberger Theologie und ihrer Durchsetzung in Kursachsen vgl. Stefan MICHEL, Wer zählt zu den »Wittenberger Theologen« um 1525? Historische und historiographische Beobachtungen, in: Der »Unterricht der Visitatoren« und die Durchsetzung der Reformation in Kursachsen, hrsg. von Joachim Bauer/Stefan Michel (Leucorea-Studien zur Geschichte der Reformation und der Lutherischen Orthodoxie, 29), Leipzig 2017, S. 93–110.
107 WA Br 3 (wie Anm. 38), S. 115, Nr. 571.
108 Am 20. Juni 1523 klagte Luther gegenüber Johann Oekolampad, dass ihn die Bemühungen um ehemalige Ordenspersonen viele Stunden kosten würden, vgl. WA Br 3 (wie Anm. 38), S. 97, Nr. 626.

Mönch das einst von seinem Vater in das Kloster eingebrachte Geld zurückerhalten, weil er den Orden verlassen hatte.[109] Mit dem Regierungsantritt Kurfürst Johanns im Mai 1525 sollte schließlich ein neues Kapitel der ernestinischen Kirchenpolitik beginnen, in deren Zusammenhang schon bald die ersten Klöster durch die Landesherrschaft aufgelöst wurden.

---

109 Vgl. LATh – HStA Weimar, EGA, Reg. Ii 410, Bl. 3rv, eine Volltextedition des Schreibens erscheint im dritten Band von BAKFJ. Nach WA Br 3 (wie Anm. 38), S. 60, Nr. 604 hatte sich Zwetze zuvor am 28. März 1523 mit einem Schreiben an Herzog Johann gewandt und um Unterstützung bei der Wiedererlangung von 120 Gulden aus dem Klostervermögen gebeten. Auch Martin Luther unterstützte den ausgetretenen Mönch und bat am 16. April 1523 bei Wolfgang Stein um Fürsprache für Heinrich Zwetze, vgl. die Edition des Schreibens ebd. Wie aus einem Schreiben Zwetzes an die Visitatoren vom 28. Mai 1529 hervorgeht, hatte dieser in der Zwischenzeit jedoch nur einen geringen Teil der geforderten Summe erhalten und bat erneut um eine vollständige Auszahlung, vgl. LATh – HStA Weimar, EGA, Reg. Ii 410, Bl. 1r–2v.

ALEXANDER BARTMUSS

# Alte Briefe in neuer Zeit

## Möglichkeiten und Grenzen der Edition frühneuzeitlicher Briefe mit digitalen Hilfsmitteln

Haben sich die Standards der historisch-kritischen Analyse historischer Dokumente oder Texte in den letzten zwei Jahrhunderten in ihrem Kern kaum verändert, so kann dies im Blick auf die zur Analyse genutzten Hilfsmittel nicht gesagt werden. Genügten anfänglich die Augen des Bearbeiters, Schreibmaterial und begleitende Literatur, so hat sich dies mit der Entwicklung und Massenverfügbarkeit von Mitteln der elektronischen Datenverarbeitung grundlegend geändert. Die immer weiter vordringende Digitalisierung erfordert, dass auch Geisteswissenschaftler sich mit den Möglichkeiten und Grenzen der zur Verfügung stehen digitalen Hilfsmittel und Werkzeuge auseinandersetzen.

Im Folgenden soll nach einer kurzen allgemeinen Problemanzeige und einem Überblick über die Entwicklung der wichtigsten Auszeichnungssprachen die spezifische Herangehensweise des Projekts »Briefe und Akten zur Kirchenpolitik Friedrichs des Weisen und Johanns des Beständigen 1513–1532. Reformation im Kontext frühneuzeitlicher Staatswerdung« vorgestellt werden.

## 1 Verständnis- und Technikprobleme

Das Zusammentreffen von Informatik und Geisteswissenschaft ist nicht immer konfliktfrei, was einerseits aus verschiedenartigen Betrachtungsweisen der Sache und andererseits aus unterschiedlichen Sprachen resultiert. Damit ist nicht die mangelnde Kenntnis von Fremdsprachen gemeint, sondern der divergente Gebrauch von einzelnen Begriffen oder der Mangel an Erklär- und Verständnisfähigkeit der jeweils anderen Seite. Spricht zum Beispiel ein Informatiker von einer Tabelle, dann ist es durchaus möglich, dass er dabei ein völlig anderes Bild vor Augen hat als ein Geisteswissenschaftler, wie das folgende Beispiel illustriert.

```
<table>
  <tr>
    <th>1514-01-30</th>
    <th>1514-01-31</th>
    <th>1514-02-21</th>
  </tr>
  <tr>
    <td>Petrus Boderich</td>
    <td>Peter Polner</td>
    <td>Hz. Johann</td>
  </tr>
  <tr>
    <td>Kf. Friedrich</td>
    <td>Hz. Johann</td>
    <td>Kf. Friedrich</td>
  </tr>
</table>
```

Abb. 1: Eine einfache Tabelle in HTML

| 1514-01-30 | 1514-01-31 | 1514-02-21 |
|---|---|---|
| Petrus Boderich | Peter Polner | Hz. Johann |
| Kf. Friedrich | Hz. Johann | Kf. Friedrich |

Abb. 2: Eine herkömmliche Tabelle

Abb. 1 zeigt eine einfache Tabelle, wie sie in HTML (Hypertext Markup Language), also einer Sprache, die der Strukturierung von Texten für die Darstellung im World Wide Web dient, aussehen kann. Dabei ist zu beachten, dass HTML in diesem Fall nicht das Design der Tabelle bestimmt, sondern nur deren Struktur.[1] Abb. 2 zeigt eine Tabelle desselben Inhalts, wie sie für gewöhnlich dargestellt und gezeichnet wird. Fallen also bei Abb. 2 Inhalt, Struktur und Design zusammen, ist das bei Abb. 1 nicht der Fall. Hier wird nur der Inhalt wiedergegeben und die Struktur bestimmt.

Ein zusätzliches Problem war und ist das Verstehen innerhalb einer der genannten Gruppen bzw. die Kompatibilität der Erzeugnisse, die einem Arbeitsprozess entspringen. Im wissenschaftlichen Diskurs ist das nicht ungewöhnlich, kann aber im Zusammenhang mit dem Austausch von Daten auf elektronischem Weg dramatische Folgen haben. Nur dass man mittels eines Computers und einer Software einen Text erzeugt, heißt noch lange nicht, dass das Gegenüber, welches diese Erzeugnisse an einem anderen Computer nutzen will, dies auch kann. Der Computer des Gegenübers muss mit den Erzeugnissen

---

[1] HTML kann auch im weitesten Sinne Designauszeichnungen beinhalten. So kann z. B. das Element `<strong> </strong>` in einem Fließtext anzeigen, dass der so ausgezeichnete Teil besonders hervorgehoben ist. Wie genau die Hervorhebung umgesetzt wird (also das Design), teilt HTML nicht mit.

umgehen können und diese korrekt darstellen. Ist das nicht gegeben gehen im schlimmsten Fall Daten unwiederbringlich verloren.

So sind zum Beispiel Daten der Mondlandungen in den späten sechziger und frühen siebziger Jahren des 20. Jahrhunderts verloren gegangen bzw. verschollen, weil sie überschrieben, vernichtet oder verkauft wurden. Auch sind Daten von der benutzten Software in einem binären Datenformat gespeichert worden, die von späteren Versionen dieser Software nicht mehr fehlerfrei gelesen werden konnten. Ebenso gingen Daten verloren, da schlicht die benötigte Technik (Magnetbandlesegeräte, Rechner usw.) nicht mehr vorhanden war, um diese auszulesen oder weiterzuverarbeiten. Andere Daten dieser Ära konnten nur mit immensem Aufwand wiederhergestellt und in Formate übertragen werden, die sie wieder nutzbar machten.[2]

Die digitale Schnelllebigkeit kann also dafür sorgen, dass Daten, die sehr aufwendig erhoben, verarbeitet und aufbereitet wurden, für die Nachwelt selbst in kürzester Zeit nicht mehr nutzbar sind.[3] Um diesen Entwicklungen entgegenzuwirken, wurde mit der Entwicklung von Standards begonnen, die zumindest auf rudimentärer Ebene dafür Sorge tragen, dass Daten in Formaten gespeichert werden können, die eine möglichst langfristige und universelle Nutzung ermöglichen. Als Beispiel für diese Standardisierung von Daten soll die Entwicklung der wichtigsten Auszeichnungssprachen (Markup Languages) dienen, also textbasierter Formate für den Austausch und die Auszeichnung strukturierter Informationen (Dokumente jeglicher Art, Berechnungen, Konfigurationen und Datensätze jeglicher Art).

## 2 Standardauszeichnungssprachen

### 2.1 GML/SGML

Basierend auf Äußerungen und Ideen zur Trennung von Formatdefinition und Inhalt in elektronischen Dokumenten, die der Informatiker William Warren Tunnicliffe auf einer Konferenz 1967 äußerte, entwickelten Charles Goldfarb, Edward Mosher und Raymond Lorie ab 1969 und in der ersten Hälfte der siebziger Jahre für den Elektronikkonzern IBM die Auszeichnungssprache IBM Generalized Markup Language (IBM GML).[4] GML ermöglichte eine logische Strukturierung eines Dokuments, die auf darstellungsbezogene Auszeichnungen oder Befehle verzichtet. So beinhaltet GML Tags, also Auszeichnungen, für Überschriften, Kapitel, Absätze, Tabellen usw., nicht aber Informationen bzw. Tags dazu, wie diese auszusehen haben bzw. die das Layout betreffen. Somit war die zu

---

2 Kristin BRINEY, Data Management for Researchers. Organize, Maintain and Share Your Data for Research Success, Exeter 2015, unpag. 1 The Data Problem; https://www.nasa.gov/mission_pages/apollo/apollo_tapes.html [2023-09-08]. Als Beispiel für ein Datenrettungsprogramm sei das Lunar Orbiter Image Recovery Project (LOIRP) genannt (https://moonviews.com/ [2023-09-08]).
3 Im Bewusstsein dieses Problems, begann man in neuerer Zeit neben der Archivierung von digitalen Daten bzw. von Datenträgern auch die zugehörige Technik samt den nötigen Dokumentationen und der zugehörigen Software einzulagern und funktionsfähig zu halten.
4 http://www.sgmlsource.com/history/roots.htm [2023-09-08].

enge Kopplung des eigentlichen Textes und der Textverarbeitungs- bzw. Präsentationssoftware aufgelöst und ein erster großer Schritt Richtung Standardisierung getan.

Ein Meilenstein zur Standardisierung war die Entwicklung der Auszeichnungssprache SGML (Standard Generalized Markup Language), die wiederum Charles Goldfarb vollzog. Aufbauend auf GML entwickelte er SGML, dessen erster Arbeitsentwurf 1980 veröffentlicht wurde. Nach Jahren der Weiterentwicklung konnte sich SGML im Jahr 1986 als allgemeiner Standard durchsetzen und wurde zur ISO-Norm erhoben (ISO 8879:1986 Standard Generalized Markup Language).[5] Damit war erstmals ein international anerkannter, festgelegter und gültiger Standard zur Auszeichnung und Strukturierung von elektronisch erstellten Dokumenten geschaffen.

Kurze Zeit danach wurde mit der Arbeit an spezifischeren Auszeichnungsmethoden begonnen. Zu diesem Zweck gründete sich 1987 die TEI (Text Encoding Initiative). Diese entwickelte ab 1988 ein gleichnamiges maschinenlesbares Dokumentformat zur Kodierung und zum Austausch von Texten, das auf SGML basierte. Die erste stabile TEI-Version wurde unter der Versionsbezeichnung P3 im Jahr 1994 veröffentlicht.

## 2.2 XML

Die grundlegende Auszeichnungssprache XML (Extensible Markup Language) basiert ebenfalls auf SGML und wurde vom W3-Consortium erstmalig im Jahr 1998 veröffentlicht.[6] XML hat sich seitdem immer mehr als Nachfolger von SGML etabliert. XML erlaubt es, hierarchisch strukturierte Texte anhand einer Textdatei zu erstellen, die sowohl von Menschen als auch von Computern gelesen werden können. Mit Hilfe dieser Metasprache war und ist es möglich, anwendungsspezifische Sprachen zur Auszeichnung von Texten zu erschaffen.

Im Jahr 2005 wurde auch XML zu einer ISO-Norm (ISO/IEC 19503:2005) erhoben.[7] Die letzte Version wurde am 26. November 2008 unter der Bezeichnung 1.0 (Fifth Edition) freigegeben.[8]

XML zeichnet sich durch eine hohe Universalität aus. Gleichzeitig ist es durch seine simple und dennoch sehr strikte Syntax leicht verständlich, gut lesbar und übersichtlich. Durch XSLT (Extensible Stylesheet Language Transformation) ist es zukunftssicher, da dadurch eine Transformationsmöglichkeit in andere aktuelle und künftige Standards gegeben ist.[9]

Mit XML ist es, wie schon gesagt, möglich, weitere eigene Auszeichnungssprachen zu entwickeln, wobei XML als Regelwerk dient und die Syntax der Auszeichnungssprache vorgibt.[10]

---

5 http://www.sgmlsource.com/history/sgmlhist.htm [2023-09-08].
6 https://www.w3.org/Consortium/Offices/Germany/Misc/XML-in-10-points.html.de [2023-09-08].
7 https://www.iso.org/standard/32622.html [2023-09-08].
8 https://www.w3.org/TR/REC-xml/ [2023-09-08].
9 Susanne Kurz, Digital Humanities. Grundlagen und Technologien für die Praxis, Wiesbaden ²2016, S. 131, 179.
10 Stefan Münz/Clemens Gull, HTML 5 Handbuch, München 2014, S. 28.

```xml
<?xml version="1.0" encoding="UTF-8"?>
<!DOCTYPE brief SYSTEM "brief.dtd">

<brief>
  <aussteller>
     <name>Hz. Johann<name>
  </aussteller>

  <empfaenger>
     <name>Kf. Friedrich</name>
  </empfaenger >

  <anrede>Bruederliche lieb mit ganntzen treuen allzeit zuvor.</anrede>

  <absatz>...magister Alexus Crosner hat uns zu erkennen gegeben...</absatz>

  <schlussformel>Das wellen wir umb euer lieb...</schlussformel>

  <datum>Dienstag nach nach dem Sonntag Exsurge</datum>
</brief>
```

Abb. 3: Beispiel eines XML-Dokuments

## 2.3 TEI-XML

Bedingt durch die immer stärkere Verbreitung von XML und die Ablösung von SGML durch XML war es nötig, auch TEI entsprechend anzupassen. Nach einigen Vorbereitungen auf Initiative der Universitäten von Virginia und Bergen (Norwegen) in den Jahren 1999 und 2000 wurde im Dezember 2000 ein Internationales Konsortium zur Pflege, Weiterentwicklung und Förderung von TEI gegründet. Das neue »TEI Consortium« nahm seine Arbeit im Januar 2001 auf.

Eine der vorrangigen Aufgaben des Konsortiums war es, TEI so anzupassen, dass es mit dem XML Toolset genutzt werden konnte. Die Version P4 wurde im Juni 2002 veröffentlicht und war im Wesentlichen eine angepasste Version von der seit 1994 in Gebrauch stehenden Version P3 ohne substantielle Änderungen.

Für unser derzeit laufendes Editionsprojekt wesentliche Änderungen an TEI wurden mit der am 1. November 2007 veröffentlichten Version P5 vorgenommen. So beinhaltete TEI mit der Version P5 erstmalig Standardelemente zur Beschreibung von Handschriften.

## 2.4 HTML

Ebenfalls auf SGML basiert HTML (Hypertext Markup Language). HTML dient zur Beschreibung der Struktur von gewöhnlichen Websites mit der Möglichkeit zur Einbindung von Grafiken und multimedialen Inhalten. HTML-Dokumente bilden die Grundlage des World Wide Web.[11]

```
<html>
   <head>
      <title>BAKFJ</title>
   </head>
   <body>
   <!-- Inhalt Projektwebsite -->
   </body>
</html>
```

Abb. 4: Beispiel eines HTML-Dokuments[12]

Vor der Entwicklung von HTML war es nicht möglich, dass Personen untereinander schnell und strukturiert Dokumente elektronisch austauschen. Daher entstand 1989 am CERN-Forschungszentrum ein Projekt, welches sich dieses Problems annahm. Die Gründung dieses Projekts gilt als die Geburtsstunde des World Wide Web (www). Beruhend auf einem Konzept von Robert Cailliau, entwickelte Tim Berners-Lee das http-Protokoll, HTML und die erste Client-Server-Software. Er programmierte auch den ersten Webserver der Welt und machte die erste Website am 20. Dezember 1990 verfügbar. 1991 wurde der erste Webserver außerhalb Europas an der Stanford Universität in Betrieb genommen.[13] Das CERN gab diese Technologie 1993 kostenlos für die Allgemeinheit frei.[14] 1994 gründete Lee das World Wide Web Consortium (W3C). Dieses Konsortium entwickelt weltweit standardisierte Technologien für das World Wide Web. Dieser Prozess ist in einem hohem Maß transparent gestaltet und bezieht relevante Nutzergruppen mit ein.[15]

---

11  MÜNTZ/GULL, HTML 5 (wie Anm. 10), S. 21, 27.
12  Ein HTML-Dokument beginnt mit <html> und endet mit </html>. Ebenso sind auch alle Elemente innerhalb eines HMTL-Dokuments aufgebaut. Sie beginnen mit einem Starttag und enden mit einem Endtag. Zwischen den jeweiligen Tags steht dann der Inhalt des Elements. Das Element <head></head> beinhaltet allgemeine Informationen zum Dokument und das ihm untergeordnete Elememt <title></title> beinhaltet den Titel des Browserfensters. Das Element <body></body> beinhaltet alle Informationen, die im Browserfenster angezeigt werden sollen (Texte, Bilder, Adressen, Links usw.), die wiederum jeweils mit den entsprechenden Tags versehen als Elemente geordnet und strukturiert werden.
13  https://www.w3.org/People/Berners-Lee/ [2023-09-08]; https://www.w3.org/about/history/ [2023-09-08]; https://www.w3.org/cms-uploads/w3c10-timeline.png [2023-09-08].
14  https://www.w3.org/People/Berners-Lee/ [2023-09-08].
15  KURZ, Digital Humanities (wie Anm. 9), S. 4.; https://www.w3.org/People/Berners-Lee/ [2023-09-08].

Abb. 5: Der erste Webserver des World Wide Web[16]

So lagen im Jahr 2007 alle nötigen Technologien vor, die es im Zusammenspiel mit immer schnelleren Übertragungsraten und schnellerer Rechentechnik ermöglichen, das Projekt »Briefe und Akten zur Kirchenpolitik Friedrichs des Weisen und Johanns des Beständigen 1513 bis 1532. Reformation im Kontext frühneuzeitlicher Staatswerdung« in dem Umfang durchzuführen, wie es im Folgenden dargestellt wird.

## 3 Das Editions-Projekt

Das Editions-Projekt nahm im Jahr 2014 seine Arbeit auf und konnte von Beginn an durch die an der Universität Trier entwickelte virtuelle Forschungsumgebung FuD die bis hierhin skizzierten Entwicklungen vollumfänglich nutzen.

Die kirchenpolitische Korrespondenz Friedrichs des Weisen und seines Bruders Johanns des Beständigen, der beiden Landesherren Martin Luthers, zu erfassen, ist Ziel des Projekts. Das Hauptaugenmerk liegt dabei auf den im Landesarchiv Thüringen-Hauptstaatsarchiv Weimar und im Sächsischen Hauptstaatsarchiv Dresden aufbewahrten Schriftstücken. Dazu gesellen sich Schriftstücke aus anderen in- und ausländischen Archiven.

---

16 Wikimedia Commons, Foto von 2005; Coolcaesar, First Web Server, CC BY-SA 3.0, https://commons.wikimedia.org/wiki/File:First_Web_Server.jpg.

Die Projektdatenbank umfasst momentan ca. 5.400 Schriftstücke und wird ständig erweitert und bearbeitet. Ziel des Projekts ist es, über 6.000 Schriftstücke als eigenständige Nummern zu edieren und ca. 3.000 weitere Schriftstücke in den Anmerkungen zu den eigenständigen Nummern zu verarbeiten und damit der weiteren Forschung zur Verfügung zu stellen.

Nur durch die Nutzung einer Datenbank bzw. virtuellen Forschungsumgebung ist es möglich, die große Anzahl an Schriftstücken innerhalb der Projektlaufzeit zu erfassen, zu bewerten und zu bearbeiten.

### 3.1 FuD

Die virtuelle Forschungsumgebung FuD[17] bildet das Hauptinstrument zur Erfassung, Aufbereitung, Drucklegung und zur Präsentation der Schriftstücke auf der Website des Projekts.

Grundlage von FuD ist eine SQL-Datenbank[18], die über einen Client[19] gefüllt wird. Die Erfassung der projektrelevanten Schriftstücke, deren Metadaten und Inhalt kombiniert mit einem Regest und teilweise mit einer Teil- oder Volledition erfolgt über diese Datenbank.

Dabei steht kooperatives Arbeiten im Vordergrund. Ein speziell für unser Projekt angepasster Client ermöglicht es, dass jeder Mitarbeiter zu jeder Zeit auf alle Daten zugreifen und damit arbeiten kann.

Der kooperative Aspekt der Projektarbeit ist über FuD so realisiert, dass bewusst auf Nutzungseinschränkungen und Freigaben für bzw. durch einzelne Mitarbeiter verzichtet wird. Zugleich jedoch wurden ein hohes Maß an Kommunikation, gemeinsame Absprachen und ein festes Reglement bei der Bearbeitung der einzelnen Schriftstücke bzw. der Themenkomplexe etabliert. So führt die für alle Bearbeiter uneingeschränkte Nutz- und Sichtbarkeit aller im Projekt zu bearbeitenden Schriftstücke in FuD einerseits und die durchgehende und offene Kommunikation zwischen den Projektmitarbeitern anderseits zu einem Höchstmaß an Produktivität.

Hinzu treten die Editionsrichtlinien, die zu Beginn des Projekts erarbeitet wurden.[20] Diese liegen nicht nur der Arbeit an und mit den Schriftstücken zu Grunde, sondern sie bildeten auch die Basis für die projektspezifische Anpassung des Clients, der LaTeX-Klasse für die Exportfunktion, aus der dann die Druckausgabe resultiert, der Konfiguration von Elasticsearch und für das Layout und die Funktionen unserer Website bzw. die dortige Form der Präsentation der edierten Schriftstücke.

---

17 Die virtuelle Forschungsumgebung FuD wird seit dem 01.06.2015 vom Servicezentrum eSciences der Universität Trier bereitgestellt, betreut und weiterentwickelt (FuD = Forschungsnetzwerk und Datenbanksystem).

18 Die relationale Datenbank, die den Kern von FuD bildet, basiert auf MySQL (SQL = Structured query language).

19 Der FuD-Client wurde mit der Skriptsprache TCL (Tool command language) und dem GUI-Toolkit (GUI = Graphical user interface) TK (Tool kit) erstellt.

20 Die Editionsrichtlinien sind jedem Band unserer Edition beigegeben und auf der Website des Projekts (bakfj.saw-leipzig.de) einsehbar.

Alle genannten Aspekte sorgen neben dem hohen Produktivitätslevel zugleich auch für ein hohes Maß an Konformität der bearbeiteten Schriftstücke. Diese Konformität ermöglicht im endredaktionellen Prozess eine starke Reduktion der Arbeitsbelastung im Hinblick auf Korrekturlesen, Registererstellung, Vereinheitlichung usw.

### 3.2 Skizzierung des Arbeitsprozesses

Neben der Erfassung projektrelevanter bereits edierter Schriftstücke in der Datenbank FuD, stand zu Beginn des Projekts die Erhebung des bisher unedierten Schriftgutes in den Archiven.[21] Dazu erfolgt die genaue Verzeichnung aller Metadaten in der Inventarisierungsmaske des FuD-Clients.

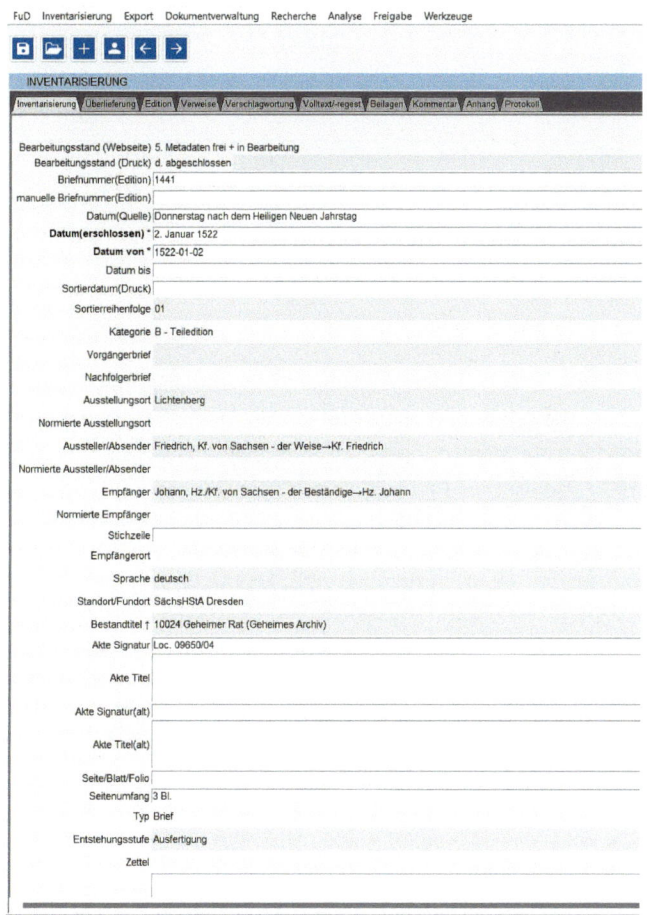

Abb. 6: Ausschnitt aus der Inventarisierungsmaske des projektspezifischen FuD-Clients

---

21 Dabei ist zu bedenken, dass diese Arbeit auch im weiteren Verlauf des Projekts fortgesetzt wird.

Der Client wurde zu Beginn des Projekts bewusst so gestaltet, dass durch ihn eine größtmögliche Anzahl unterschiedlicher Informationen verzeichnet werden kann, auch wenn im Laufe des Projekts nicht alle Möglichkeiten ausgeschöpft wurden und dem Zeitplan geschuldete Beschränkungen eine Limitierung forderten.

Sind alle Metadaten erfasst und verifiziert, vorhandene Überlieferungsstufen und Editionen verzeichnet sowie ggf. Vorgänger- und Nachfolgedokumente verlinkt bzw. eingetragen, beginnt die Tiefenerschließung der Schriftstücke, gefolgt von der Erstellung der gewählten Präsentationsform (Volltext, Teiledition, Regest oder Kurzregest). Dazu werden die Schriftstücke in Sinneinheiten unterteilt, die dann über Marker in FuD kenntlich gemacht werden.

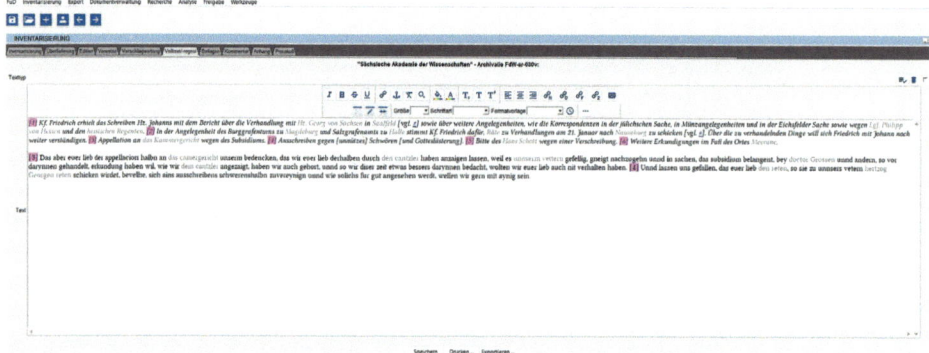

Abb. 7: Text (Volltextedition) mit markierten Sinneinheiten

Abschließend erfolgt die genaue Auszeichnung des Textes. So werden in der Analysekomponente von FuD alle im betreffenden Schriftstück vorkommenden Personen und Orte markiert und mit dem Personen- bzw. Ortsverzeichnis verknüpft. In diesem Zusammenhang erfolgt auch die Eingabe der jeweiligen GND-Links zu den vorkommenden Orten und Personen, soweit sie vorhanden sind. Das Orts- und Personenverzeichnis kann von jedem Mitarbeiter jederzeit eingesehen und bearbeitet werden. So können Einträge bereits im Erschließungsprozess angelegt und die relevanten Daten eingegeben werden. Dies hat die großen Vorteile, dass der Mitarbeiter, der sich mit dem jeweiligen Dokument intensiv beschäftigt hat, die Ergebnisse seiner mitunter aufwendigen Orts- und Personenrecherche in die Datenbank eingeben kann, sie dadurch unmittelbar allen anderen Mitarbeitern zur Verfügung stehen, Nachrecherchen reduziert werden und das Register für die Druckausgabe automatisch erstellt werden kann. Die Zeitersparnis im Redaktionsprozess im Zuge der Drucklegung ist dabei nicht zu unterschätzen.

Ebenfalls werden in der Analysekomponente alle Anmerkungen, die das Schriftstück in der Druck- und Onlineausgabe enthalten soll, beigegeben. Dazu werden die zugehörigen Textteile markiert und daran die entsprechenden Anmerkungen (Anmerkung oder Textkritik) verankert. In Anmerkung oder Textkritik vorkommende Personen oder Orte können dann wiederum in der Analyseumgebung mit dem Personen- oder Ortsregister verknüpft werden.

In den Anmerkungen können auch Literaturangaben vorhanden sein, die ebenso wie die Angabe der Editionen in der Inventarisierung (vgl. Abb. 6) über eine Schnittstelle aus einer externen Zotero-Datenbank[22] übernommen werden. Über die entsprechenden Abfragen wird so für jeden Band automatisch ein Literaturverzeichnis erstellt.

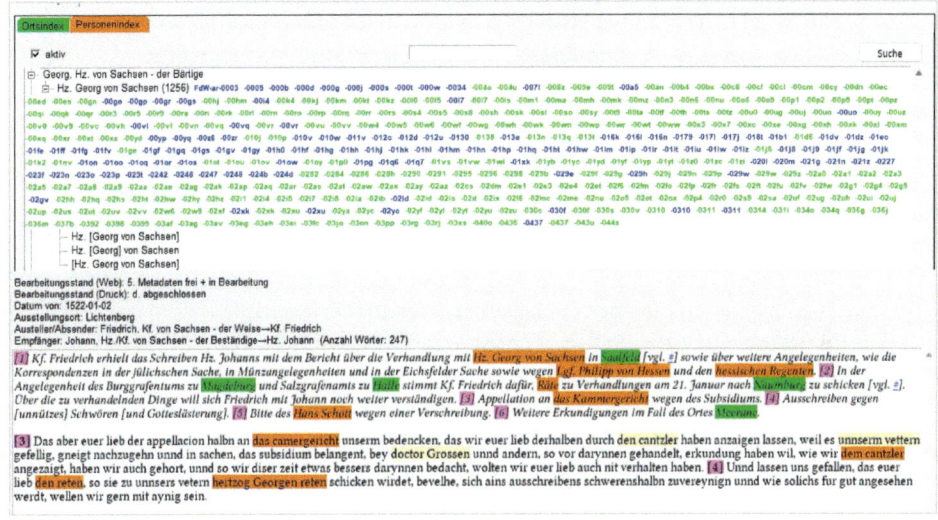

Abb. 8: Analyseumgebung in FuD[23]

### 3.2.1 Druckausgabe

Die Druckausgabe unserer Edition entsteht direkt aus der Datenbank unter Verwendung einer integrierten Exportfunktion. Diese Funktion ermöglicht, neben einer TXT-Ausgabe, eine TEI-konforme XML-Ausgabe und die Erstellung eines TeX-Dokuments, welches durch BiB-TeX Dateien ergänzt wird. Aus diesen Dateien wird zugleich eine PDF-Datei kompiliert. Bei dieser PDF-Datei handelt es sich um eine Rohsatzdatei, die dann weiter bis zur fertigen Veröffentlichung gesetzt werden kann.

---

22 Zotero ist eine open-source Literaturverwaltungssoftware, mit deren Hilfe sich umfangreiche Bibliographien und Kataloge erstellen lassen. Zugleich sind Zotero und die dort erstellten Bibliographien und Kataloge durch zahlreiche Import- und Exportfunktionen einfach in andere Systeme integrierbar.

23 Der obere Teil der Abbildung zeigt einen Ausschnitt des geöffneten Personenverzeichnisses (die grünen Markierungen zeigen an, welche Verknüpfungen der gerade an dem Dokument arbeitende Nutzer vorgenommen hat, während die Verknüpfungen anderer Nutzer blau markiert sind). Der untere Teil der Abbildung zeigt einen Ausschnitt der Analyseumgebung für die Texte. Farbige Markierungen zeigen an, welcher Art die jeweilige Auszeichnung ist (Magenta für Sinnabschnitte, Grün für Orte, Orange für Personen und Institutionen, Gelb für Anmerkungen und Textkritik). Die Italic-Auszeichnung kennzeichnet Regesten, während Volltexte und Teileditionen eine Regular-Auszeichnung erhalten.

Das Aussehen der TeX- bzw. PDF-Datei hängt von der eingebundenen LATeX-Klasse[24] ab. Für das Projekt »Briefe und Akten zur Kirchenpolitik Friedrichs des Weisen und Johanns des Beständigen« ist diese Klasse in einem hohen Maß ausgearbeitet und an die Editionsrichtlinien angepasst. Diese intensive Vorbereitung und Pflege der LATeX-Klasse sorgen dafür, dass die exportierte PDF-Datei dem endgültigen Produkt samt Registern und Literaturverzeichnis schon sehr nah kommt und die endredaktionellen und satztechnischen Arbeiten bis zum fertigen Produkt stark minimiert werden.

### 3.2.2 Website

Neben der Druckausgabe ermöglicht die Systemstruktur von FuD auch, die edierten Schriftstücke online zur Verfügung zu stellen. Die zugrundeliegenden Technologien neben der MySQL-Datenbank sind Elasticsearch und PHP[25] bzw. Cake-PHP. Das Zusammenspiel dieser Technologien ermöglicht es, auf unserer Website Funktionen und Informationen zu bieten, die über die Druckfassung hinausgehen.

Alle auf unserer Website veröffentlichten Schriftstücke (Regesten und die ggf. hinzutretenden Editionen) sind im Volltext durchsuchbar. Dabei können über eine erweiterte Suchfunktion die Suchparameter bestimmt und die Ergebnisse eingegrenzt werden.

Die Personen-, Institutionen- und Ortsverzeichnisse für das jeweils aufgerufene Stück werden ebenso wie vorhandene Anmerkungen und der Textkritische Apparat aufklappbar neben dem geöffneten Dokument angezeigt. Über die angezeigten Personen, Institutionen und Orte können die entsprechen GND-Einträge aufgerufen werden, sofern sie vorhanden sind. Zusätzlich können alle Textstellen, die mit einer Person, einem Ort, einer Anmerkung oder dem Textkritischen Apparat verknüpft sind, durch farbliche Markierungen hervorgehoben werden. Dies hat besonders bei längeren Texten den Vorteil, dass eine Textpassage, die eine Person, Institution oder einen Ort betrifft, schnell gefunden werden kann. Auf verlinkte Schriftstücke kann direkt und bandübergreifend gesprungen werden. Verlinkte Schriftstücke können auch in einem neuen Browserfenster geöffnet werden, sodass Parallelansichten möglich sind.

Die angegebenen Archivkürzel im Dokumentkopf werden per Mouseover und Tooltip aufgelöst und sind so für jeden Nutzer verständlich. Ebenso werden die Literaturkürzel aufgelöst. Die im Tooltip erscheinenden Literaturangaben können vom Nutzer kopiert und für eigene Arbeiten übernommen werden.

---

24 TeX (vom griechischen τέχνη) ist ein Textsatzsystem, das über eine Makrosprache gesteuert wird. Bei LaTeX (Lamport TeX) handelt es sich um ein von Leslie Lamport entwickeltes Makropaket, das die Nutzung von TeX vereinfacht und erweitert. Makros sind Anweisungen und Deklarationen, die im Fall von LaTeX bestimmen, wie bestimmte Daten und Datensätze satztechnisch gestaltet werden sollen.

25 PHP (Hypertext Preprocessor) ist Skriptsprache zu Erstellung von dynamischen Websites. Mit PHP ist es möglich, Daten aus einer Datenbank problemlos auf einer Website darzustellen.

Abb. 9: Ein geöffnetes Schriftstück auf unserer Website

### 3.2.3 Nachnutzbarkeit

Die Auszeichnung mit TEI konformen Tags der von uns erstellten Texte übernimmt FuD, wobei besondere Vorkenntnisse der Bearbeiter in den genannten Technologien nicht nötig sind.

FuD ermöglicht es problemlos, Daten in einem TEI-konformen Datenformat (TEI-XML) zu exportieren, diese Daten zu teilen, zu archivieren und auf lange Sicht nutzbar zu halten, selbst wenn die Website oder die Datenbank in ihrer bisherigen Form nicht mehr nutzbar sein sollten.

## 4 Schlussbemerkungen

Anhand der skizzierten Entwicklung von digitalen Schlüsseltechnologien, der Möglichkeit, die Technologien an geisteswissenschaftliche Standards anzupassen und sie für die (kirchen)historische Forschung nutzbar zu machen, erscheinen die sich daraus ergebenden Möglichkeiten geradezu grenzenlos. So liegt zum Beispiel mit Transkribus mittlerweile eine KI-Software vor, die, wenn sie entsprechend trainiert wurde, Handschriften lesen und in digitale Textdokumente umwandeln kann, was zwar mit genauem Blick und hoher fachlicher Kompetenz geprüft werden muss, aber zugleich auch ungeahnte Möglichkeiten bietet.

Trotz der verführerischen Möglichkeiten darf nicht außer Acht gelassen werden, dass es auch Grenzen des Machbaren gibt. Schaut man auf so manche Stellenausschreibung im geisteswissenschaftlichen Bereich, beschleicht deren Leser der Eindruck, dass nach einem Universalgenie gesucht wird, das neben einer hohen fachlichen Kompetenz und

Qualifikation auch immer eine ebenso hohe Kompetenz im Bereich der Informationstechnologie und der elektronischen Datenverarbeitung vorweisen muss. Auch die Anforderungen, in welcher Geschwindigkeit selbst größte Mengen an Forschungsmaterial zu bewerten und zu bearbeiten sind, erscheinen immer höher. Der Trugschluss, dass die Technologie es schon richten wird, ist sehr gefährlich und führt wiederum zu Missverständnissen und falschen Erwartungen.

Der Faktor Mensch darf bei aller Euphorie für das Digitale nicht außer Acht gelassen werden. Dinge müssen in Ruhe bedacht, erhoben und erforscht werden. Kein Computer kann in ein Archiv reisen, die handschriftlichen Findbücher und Kataloge mit der richtigen Fragestellung durchsuchen, Schlüsse und Querverbindungen auf Grundlage langjähriger und aufwendiger Forschungsarbeit ziehen, um dann letztlich nach mühsamer Arbeit das gesuchte Material zu finden.

Solche Forschungen sind sehr zeitaufwendig und arbeitsintensiv, ebenso wie die Entwicklung neuer Technologien. Es braucht motivierte Mitarbeiter und viel Geld.

Dies scheint gerade im geisteswissenschaftlichen Bereich ein besonderes Problem zu sein. So fehlt es beispielsweise zur intensiven Erforschung frühneuzeitlicher Texte an Nachwuchs und immer wieder an dem Willen, derartige Projekte langfristig in ausreichendem Maß zu finanzieren und den qualifizierten Mitarbeitern damit auch eine langfristige Perspektive zu geben. Ebenso gilt dies für die IT-Komponente im geisteswissenschaftlichen Bereich. Oft wird hier zu kurz gedacht. Entwickler sowie Mitarbeiter im Bereich Digital Humanities werden kurzfristig mit zu geringer Stundenzahl eingestellt oder sind unterfinanziert.

So gilt es in ständigem gegenseitigem Austausch zu bleiben, um Verständnis für die jeweilige Situation und Position zu werben, die Grenzen des Machbaren ehrlich anzuerkennen, für die Arbeit die nötige Zeit einzuräumen, für eine dementsprechend ausreichende Finanzierung zu sorgen und kooperatives Arbeiten zu fordern und zu fördern. Nur so können die Grenzen des Machbaren kontinuierlich erweitert und die neuen Technologien auch im geisteswissenschaftlichen Bereich vollumfänglich genutzt werden.

# Autorinnen- und Autorenverzeichnis

Dipl.-Theol. Alexander Bartmuß, Sächsische Akademie der Wissenschaften zu Leipzig, Wissenschaftlicher Mitarbeiter

Dipl.-Theol. Konstantin Enge, Sächsische Akademie der Wissenschaften zu Leipzig, Wissenschaftlicher Mitarbeiter

Dr. des. Saskia Jähnigen, Staatsbibliothek zu Berlin – Preußischer Kulturbesitz, Bibliotheksreferendarin (bis 09/2023 Sächsische Akademie der Wissenschaften zu Leipzig, Wissenschaftliche Hilfskraft)

Prof. Dr. phil. Armin Kohnle, Theologische Fakultät der Universität Leipzig, Lehrstuhl für Spätmittelalter, Reformation und territoriale Kirchengeschichte; Ordentliches Mitglied der Philologisch-historischen Klasse der Sächsischen Akademie der Wissenschaften zu Leipzig, Projektleiter

Dr. phil. Beate Kusche, Sächsische Akademie der Wissenschaften zu Leipzig, Wissenschaftliche Mitarbeiterin/Arbeitsstellenleiterin

Dr. phil. Ulrike Ludwig, Sächsische Akademie der Wissenschaften zu Leipzig, Wissenschaftliche Mitarbeiterin

Prof. em. Dr. phil. Manfred Rudersdorf, Historisches Seminar der Universität Leipzig, Ordentliches Mitglied der Philologisch-historischen Klasse der Sächsischen Akademie der Wissenschaften zu Leipzig, Projektleiter

# Personen- und Ortsregister

**A**

Adolf, Fürst von Anhalt-Zerbst, Bischof von Merseburg 41, 53, 59 f., 62, 74–84, 97, 105
Albrecht, gen. der Beherzte, Herzog von Sachsen 19, 54
Allstedt 34
Altenburg 94, 107
- Marienstift 94

Augsburg 23, 28, 30, 43 f., 57
- Karmeliterkloster 43

**B**

Berners-Lee, Tim 116
Bodenstein, Andreas, aus Karlstadt 41–46, 48–52, 90, 104
Borna 75, 77, 83
Brandis 105
Briesmann, Johann 93
Brück, Gregor → Heintz, Gregor, aus Brück
Buch
- Zisterzienserkloster 93

Buchholz 103
Büchner, Johann 102 f.
Burckhard, Peter 50
Burger, Gregor 69, 98

**C**

Cailliau, Robert 116
Cajetan (de Vio), Thomas 43, 55, 57 f.
Calvin, Jean 10
Capito, Wolfgang 89
Chieregati, Francesco 81
Clay (Heynack), Nicasius 64, 67, 70
Colditz 67 f., 77, 80
Cottbus
- Franziskanerkloster 93

**D**

Demuth, Nikolaus 95
Dornreichenbach 106
Dresden 92, 106
- Augustinereremitenkloster 92, 106

Drossel
- Günther von der 100
- Kunz von der 100

Düben 64, 67, 71, 97, 105–107
Dungersheim, Hieronymus, aus Ochsenfurt 69 f.

**E**

Eberlin, Johann, aus Günzburg 100
Eck
- Johannes 41, 43–45, 47–52, 57 f.
- Michael 49

Eilenburg 103 f., 107
Einsiedel
- Haubold von 65 f., 68 f., 98, 105
- Heinrich Abraham von 37
- Heinrich Hildebrand von 37

Eisfeld
- Augustinereremitenkloster 92

Eisleben
- Augustinereremitenkloster 92

Ende
- Nikel vom 83, 100
- Ulrich vom 108

Erasmus von Rotterdam, Desiderius 45 f.
Erfurt 43
- Augustinereremitenkloster 92
- Universität 50

Ernst, Kurfürst von Sachsen 19, 54

**F**

Feilitzsch, Philipp von 81
Frankfurt am Main 10, 46–48
Friedrich III., gen. der Weise, Kurfürst von Sachsen 10, 12, 14, 19 f., 22, 24–27, 29–38, 42–52, 54–60, 62–85, 88–90, 93, 95–100, 102–105, 107 f., 117
Friedrich d. J., Herzog von Sachsen 33
Friedrich, Pfalzgraf bei Rhein 62

**G**

Georg, gen. der Bärtige, Herzog von Sachsen 14, 19, 24–26, 29–35, 37, 41, 44 f., 47, 49, 53–56, 58, 62 f., 70, 72 f., 78 f., 95 f., 102
Georg, König von Böhmen 53, 56
Georgenthal 102
Gerlender
- Johann 89, 102
- Margarethe 102

Goldfarb, Charles 113 f.
Gortler, Bartholomäus 102
Gotha 102
Gräfendorf, Hans von 101
Grimma 46 f., 75–78, 82 f., 92, 97
  • Augustinereremitenkloster 76, 92, 97
Grimmenthal 101
Großbothen 106
Großbuch 80, 82
Grünhain 94
  • Zisterzienserkloster 94
Günther, Franz 64, 70, 106
Güttel, Kaspar 92

**H**
Hadrian VI. (Adrian Florent), Papst 81
Halle an der Saale 95
  • Augustinerchorherrenstift (Neuwerk) 95
Heidelberg 57
Heideler, Nikel 29 f.
Heiliges Römisches Reich Deutscher Nation 12, 14, 22, 26 f., 38 f., 59, 85, 108
Heinrich, gen. der Fromme, Herzog von Sachsen 106
Heintz, Gregor, aus Brück 19 f., 33–35, 56, 65 f., 76–80, 82–84, 89 f., 105
Helt, Konrad 89, 91, 95, 102
Hennig, Johannes 69 f.
Herzberg 64, 66–71, 96–100, 105 f.
  • Augustinereremitenkloster 92, 98 f., 105
Hitzschold (Hisolidus), Matthäus 48 f.
Holzapfel, Johann 102
Hus, Johannes 47–50, 53, 56 f.

**I**
Ingolstadt 43, 49 f.

**J**
Joachim, Kurfürst von Brandenburg 62, 73
Johann, gen. der Beständige, Herzog / Kurfürst von Sachsen 10, 12–14, 19 f., 24–27, 29 f., 32–39, 42, 55–57, 59 f., 65–67, 70–72, 74 f., 77–84, 93, 95 f., 99 f., 102, 108 f., 117
Johann d. J., Herzog von Sachsen 33
Johann Friedrich, gen. der Großmütige, Kurfürst von Sachsen 106
Johann Friedrich der Mittlere, Herzog von Sachsen 102

Jonas, Justus 32

**K**
Kalbfleisch, Johann, gen. Schreiner 76, 82, 92
Karl V., römischer König / Kaiser, als Karl I. König von Spanien 10, 31, 74, 80 f.
Karlstadt, Andreas → Bodenstein, Andreas
Kauxdorf, Andreas 107
Kitzscher, Georg von 67 f.
Kleinspinn, Heinrich 102
Klotzsch, Franz 80, 82
Klug, Konrad 75 f., 104
Köln 24 f.
Konstanz 53, 57
Koppe, Leonhard 108
Kress, Johann 82
Kronberg, Hartmut XII. von 55
Küchenmeister, Sebastian 102

**L**
Lamperswalde, Balthasar 107
Lamport, Leslie 122
Lang, Johannes 45, 92
Lauterberg (heute Petersberg) bei Halle
  • Petersstift 104
Leipzig 11, 19, 24, 41–54, 56, 58, 62, 69, 78
  • Universität 41, 44, 47, 57, 78
Leisnig 67 f., 93
Liebenwerda 67
Linck, Wenzeslaus 90 f., 107
Lindenau
  • Albrecht von 70, 76, 104 f.
  • Heinrich von 70, 76, 104
  • Sigismund von 77
  • Wilhelm von 82
Lochau 64 f., 67–71, 97, 105 f.
Lorie, Raymond 113
Lose, Jakob 67
Luther, Martin 9 f., 13 f., 21, 32 f., 38, 41–58, 63, 67, 73, 78, 81, 87, 89–95, 98 f., 103, 107–109, 117

**M**
Machern 75–77, 87, 97, 104 f.
Maximilian I., römischer König / Kaiser 23 f., 30
Meißen 13, 62, 70
  • Bischof → Schleinitz, Johann VII. von
  • Domstift 69

Merseburg 13, 59, 62, 82, 106
- Bischof → Adolf, Fürst von Anhalt-Zerbst; Trotha, Thilo von

Miltitz, Karl von 51, 55
Minckwitz, Hans von 67–69, 74, 83, 105
Mosher, Edward 113
Mühlberg 68
Mühlhausen 103

**N**
Naumburg 13, 26, 33–35, 62
- Administrator → Philipp, Pfalzgraf bei Rhein

Naunhof 77
Neustadt an der Orla 92
- Augustinereremitenkloster 92, 108

Nimbschen
- Zisterzienserkloster 108

Nürnberg 13, 32 f., 37, 43, 63, 72 f., 80–82, 96

**O**
Oekolampad, Johannes 108
Oschatz 102
Ottel, Jakob 82

**P**
Paris
- Universität 50, 58

Pauli, Benedikt 83 f.
Pfeffinger, Degenhardt 48
Pfleumler, Moritz 94
Philipp, Pfalzgraf bei Rhein, Bf. von Freising, Administrator des Bistums Naumburg 62
Pistoris
- Simon d. Ä. 47 f., 50
- Simon d. J. 47, 49

Planitz, Hans Edler von der 32, 46 f., 49, 62 f., 73, 82, 84 f., 96 f., 104
Podiebrad, Georg von → Georg, König von Böhmen
Polenz 82
Pusch, Matthes 103

**R**
Rabe, Hermann 88
Reinhardsbrunn
- Benediktinerkloster 102

Rittersdorf 103

Rom 10
Rudloff (Rudelauf), Hieronymus 76–80, 84, 105

**S**
Saalfeld 33 f., 37, 56
Scheurl, Christoph 43
Schleiffer, Heinz 102
Schleinitz
- Johann VII. von, Bischof von Meißen 59 f., 62, 64–72, 74, 83, 96 f., 105–107
- Wolf von 69

Schmalkalden 10
Schmiedeberg 64, 67–70
Schneeberg 24, 29
Schönbach 75–78, 80, 82
Schreiner, Johann → Kalbfleisch, Johann
Schwarzenberg, Johann von 49
Schweiz 10
Sidonie, Herzogin von Sachsen 53
Spalatin, Georg 14, 44–47, 49, 51 f., 57 f., 94 f., 98 f., 106–108
Spörner, Benedikt 80
Starck, Johann 106
Stein, Wolfgang 109
Stolpen 67
Straßen, Michael von der 75
Stumpf, Johann 75, 77, 80, 82
Stumpfel, Friedrich 75
Sturn, Balthasar 92, 106

**T**
Tetzel, Johann 53
Tham, Valentin 70
Thomas (Prediger) 107
Thun, Friedrich von 35
Torgau 67–70, 101
Trier 24
Trotha, Thilo von, Bischof von Merseburg 64
Tunnicliffe, William Warren 113
Tyle, Jakob 93

**U**
Ulscenius, Felix 89

**W**
Warbeck, Veit 47
Wartburg 14, 90 f.

Weimar 14, 34 f., 65
Wildenritt, Hans 98 f.
Wittenberg 9, 12–14, 19, 41, 44–46, 48–53, 55–57, 66, 68 f., 73, 75, 83, 88–95, 98, 100–102, 104, 107 f.
- Allerheiligenstift 32, 90, 95
- Augustinereremitenkloster 75, 89, 91 f., 98, 102, 108
- Franziskanerkloster 89, 92 f., 98
- Universität (Leucorea) 10, 13, 50, 55, 57, 70, 90

Worms 13, 22 f., 28, 31 f., 36, 77

**Z**

Zeitz 13
Zeschau, Wolfgang von 76, 92
Zürich 10
Zwetze, Heinrich 108 f.
Zwickau 94
Zwilling, Gabriel 89 f., 98, 102–104, 106 f.
Zwingli, Huldrych 10